Theunert · Pescher · Best · Schorb

ZWISCHEN VERGNÜGEN UND ANGST – FERNSEHEN IM ALLTAG VON KINDERN

HAM Schriftenreihe der Hamburgischen Anstalt für neue Medien · Band 5

ZWISCHEN VERGNÜGEN UND ANGST – FERNSEHEN IM ALLTAG VON KINDERN

Eine Untersuchung zur Wahrnehmung und Verarbeitung von Fernsehinhalten durch Kinder aus unterschiedlichen soziokulturellen Milieus in Hamburg

von
Helga Theunert, Renate Pescher,
Petra Best, Bernd Schorb

unter Mitarbeit von
Dorothea Knodt, Hilde Kneidl, Christian Bogner,
Erich Mohn und Anja Rohde.

Eine Studie im Auftrag der
Hamburgischen Anstalt für neue Medien (HAM)

VISTAS

Die Deutsche Bibliothek – CIP-Einheitsaufnahme

Zwischen Vergnügen und Angst – Fernsehen im Alltag von Kindern : eine Untersuchung zur Wahrnehmung und Verarbeitung von Fernsehinhalten durch Kinder aus unterschiedlichen soziokulturellen Milieus in Hamburg / [Hrsg. Hamburgische Anstalt für Neue Medien (HAM)]. Von Helga Theunert ... Unter Mitarb. von Dorothea Knodt ... Eine Studie im Auftr. der Hamburgischen Anstalt für Neue Medien (HAM).
– Berlin : VISTAS, 1992
(Schriftenreihe der HAM ; 5)
ISBN 3–89158–077–0
NE: Theunert, Helga: Hamburgische Anstalt für Neue Medien;
Hamburgische Anstalt für Neue Medien: Schriftenreihe der HAM

Herausgeber
Hamburgische Anstalt für
neue Medien (HAM)
Schauenburgerstraße 47–49
2000 Hamburg 1

ISBN 3-89158-077-0

Umschlaggestaltung: ApunktMpunkt, Berlin
Gesamtherstellung: WB–Druck, Rieden am Forggensee

Inhalt

VORWORT

"Wenn ich Kinder hätte, würde ich sie nur bis 19 Uhr fernsehen lassen; entweder nur Kinderfilme oder jedenfalls nicht allein".

Das ist weder die Quintessenz eines Elternratgebers noch die Äußerung eines klugen Vaters, sondern die eines zehnjährigen Mädchens aus unserer Untersuchung über Wahrnehmung und Verarbeitung von Fernsehinhalten. Das Mädchen hat das verinnerlicht und gibt es wieder, was viele Erwachsenen meinen: Fernsehen ist eigentlich nichts für Kinder. Sie verbringen sowieso schon viel zu viel Zeit vor dem Apparat und auf keinen Fall sollten sie auch noch abends, nach acht Uhr sehen. Kinder, so denken viele Erwachsene weiter, lassen sich zu leicht beeinflussen. Die Gewalt, die im Fernsehen so häufig dargestellt wird, ängstigt sie und verleitet sie dazu, selbst Gewalt anzuwenden.
Was bei den Erwachsenen mit weitem Abstand zu sinnvolleren Tätigkeiten an erster Stelle des Freizeitverhaltens steht, was sie als einen Teil ihrer persönlichen Freiheit ansehen und wo sie keine Einschränkungen hinnehmen wollen, auch wenn noch so schlechtgemachte Filme voll von Klischees mit Gewalt oder Techno-Sex den Bildschirm füllen, all das, so meinen sie, schadet den Kindern, die das ja noch nicht so gut verstehen und verarbeiten können, und sollte von ihnen ferngehalten werden.

Dagegen stehen die Programm-Macher. Sie brauchen Einschaltquoten und Zuschauer, die an 'ihre' Sender gebunden sind. Kinder sind gut für die Zuschauerbindung, für die Einschaltquoten und für die Werbung. Deshalb werden aus dieser Ecke die Kinder ganz anders eingeschätzt. Sie gelten als zwar kleine, aber vollkommene Wesen, die genau wissen, was sie wollen und mit Bedacht das aus der Fülle der Programme auswählen, was für sie gut ist.

Wie aber gehen Kinder wirklich mit dem Fernsehen um? Es stimmt ja, daß sie einen Großteil ihrer Freizeit vor dem Apparat verbringen. Es stimmt auch, daß das Niveau vieler Programme erschreckend niedrig ist. Was nehmen Kinder von den Programmen an? Wie verarbeiten sie die Angebote? Können sie wirklich wählen, was für sie gut ist, oder werden sie hilflos von Programmen voller Gewalt infiltriert? Antworten auf diese Fragen erst können klären helfen, welchen Anteil am Verhalten von Kindern das Fernsehen und welchen Anteil andere Einflüsse haben.

In der Untersuchung 'Rezeption und Verarbeitung medialer Gewalt durch Kinder aus unterschiedlichen soziokulturellen Milieus' geht es uns darum, den gängigen Pauschalurteilen einer negativen oder einer Nichtbeeinflussung der Kinder Erkenntnisse entgegenzusetzen, die nicht nur durchschaubar und wissenschaftlich belegt sind, sondern darüber hinaus Schritte zu einer Veränderung der Wirklichkeit ermöglichen. Wir wollen darstellen, was Kinder im Fernsehen beeindruckt. Wir wollen zeigen, wie sie es verarbeiten. Wir wollen Hinweise geben, was die Fernsehanbieter bedenken sollten. Und wir wollen beschreiben, wie man mit Kindern mit Vergnügen an ihren Fernseherlebnissen arbeiten und sie auf ihrem Weg der Verarbeitung dieser Erlebnisse begleiten kann.

Ziel unserer Untersuchung ist es also, zu beschreiben und zu erklären, wie Kinder Fernsehen wahrnehmen, was sie im Fernsehen wahrnehmen und wie sie das Wahrgenommene verarbeiten. Besonders richten wir unser Augenmerk dabei darauf, welche Spuren Gewaltdarstellungen im Verhalten und Handeln der Kinder hinterlassen, und was die Kinder damit tun. Wir erforschen in dieser Untersuchung einerseits die Einschätzung und den Umgang der Kinder mit den Inhalten des Fernsehens. Wir überprüfen andererseits diese Einschätzungen am Material, an den Fernsehangeboten. Wir erforschen also nicht nur, wie und warum Kinder wahrnehmen und verarbeiten, sondern auch was sie verarbeiten und welcher Art diese Inhalte sind. Aus der Beschreibung, wie Kinder mit dem Fernsehen umgehen und besonders mit Gewaltdarstellungen, ziehen wir Schlußfolgerungen und Vorschläge für die Programmmacher und für alle 'FernseherzieherInnen' in Elternhaus, Schule, Kindergarten und Hort.

Um diese Vorschläge machen zu können, mußten wir eine Menge Wissen erwerben. Zuerst einmal mußten wir soviel wissen wie die Kinder auch. Wir legten fest, daß wir die Untersuchung an einem Montag durchführen. Am Samstag und am Sonntag davor, es waren der 15. und 16. September 1990, taten wir das gleiche wie viele Kinder, wir setzten uns Tag und Nacht vor den Fernsehapparat. Anders aber als die Kinder zeichneten wir das gesamte Programm auf. Am nächsten Tag, am Montag, den 17. September, führten wir dann die eigentliche Untersuchung durch. Zuerst war es uns wichtig herauszufinden, was denn die Kinder überhaupt gesehen haben und was sie gerne sehen.

Hundert Hamburger Jungen und Mädchen im Alter zwischen 8 und 13 Jahren baten wir deshalb an diesem Tag, einen Fragebogen auszufüllen. Auch die Eltern füllten einen kurzen Fragebogen aus. Insgesamt gaben uns 96 Kinder den Fragebogen zurück und 94 davon waren brauchbar.

Geschlecht und Altersverteilung

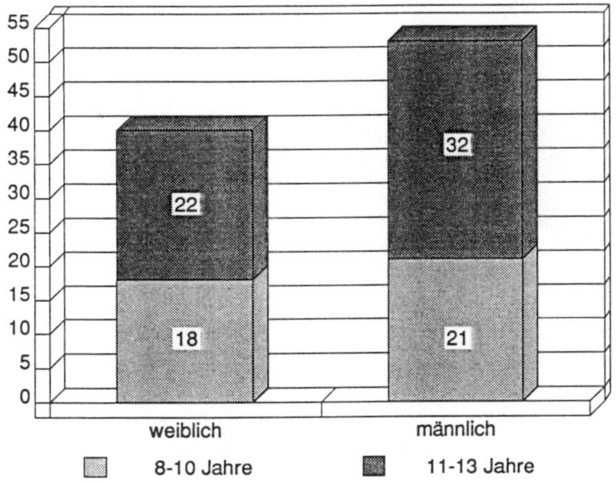

Die meisten Kinder waren Deutsche, knapp ein Viertel kam aus ausländischen oder von der Nationalität her gemischten Familien.

Nationalität

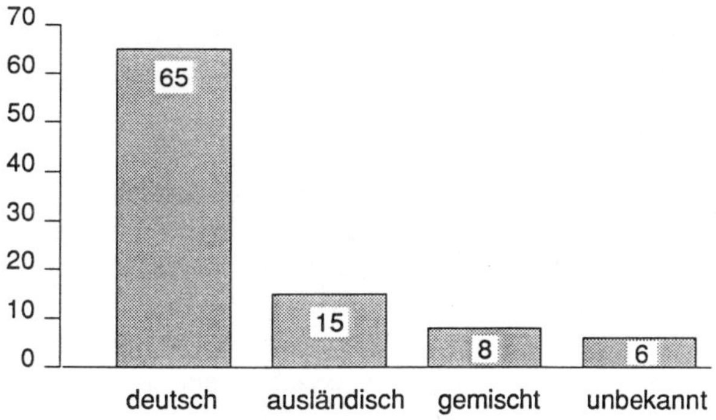

Die Kinder stammten aus verschiedenen Hamburger Stadtteilen, 'besseren' und 'schlechteren'. Manche lebten allein mit ihrer Mutter, andere in einer 'vollständigen' Familie, manche kamen aus Akademikerfamilien, andere aus nicht so gut gestellten Familien, manche waren gute Schüler, andere schlechte.

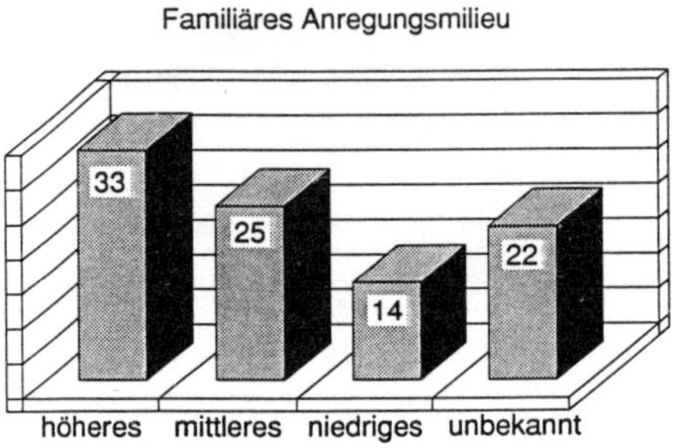

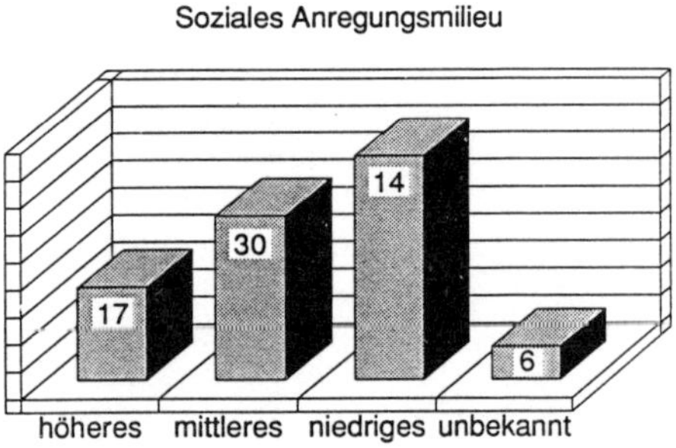

Diese Kinder sind in etwa typisch für all die unterschiedlichen Kinder, die in Hamburg leben.

Durch den Fragebogen wußten wir, was die Kinder sehen und was sie mögen. Wir wußten auch, wo die Kinder leben, wie ihre Familie aussieht, wir kannten also die soziale und familiäre Umgebung der Kinder.

Sechsundsechzig dieser Kinder baten wir, uns in kurzen Aufsätzen etwas darüber zu schreiben, wie sie das Fernsehen finden. Die Schüler, die mitmachten, kamen aus drei unterschiedlichen Schularten, aus der 4. Klasse einer Grundschule, der 6. Klasse einer Gesamtschule und der 7. Klasse eines Gymnasiums.

Mit dem letzten Drittel der Kinder verbrachten wir den Montagnachmittag. Je zwei ForscherInnen arbeiteten zusammen mit den ErzieherInnen mit Kleingruppen in fünf Hamburger Kindertagesstätten. Diese lagen in verschiedenen Stadtteilen, die wir nach der dortigen Bevölkerungsstruktur ausgewählt hatten. Wir machten mit den Kindern zusammen Spiele und diskutierten - alles zum Thema Fernsehen.
Mit sechs Kindern aus den Kindertagesstätten führten wir darüber hinaus intensive Einzelinterviews, in denen wir die nötigen detaillierten Kenntnisse über die Wahrnehmung und Verarbeitung von Fernseherlebnissen erwarben. Die Interviews mit den einzelnen Kindern haben die Tiefe und das Leben in unsere Untersuchung gebracht.

Damit war die Untersuchung natürlich nicht zu Ende. Im Gegenteil, jetzt begann der 14 Monate dauernde Prozeß der Auswertung. Alle Materialien wurden gesichtet, zusammengefaßt und interpretiert. Die Summe dieser Arbeit ist das Buch, das wir hier vorlegen.

Die Untersuchung hat uns eine Reihe allgemeiner Ein- und Ansichten gebracht, was und warum Kinder fernsehen, und sie hat uns viele Feinansichten gegeben, wie Kinder tatsächlich mit dem Fernsehen umgehen, und wie das Fernsehen Einfluß auf ihr Denken und Handeln und ihren Alltag nimmt. In den folgenden vier Kapitel wollen wir dies darstellen. Wir haben uns bemüht, anschaulich zu schreiben; selbst auf die Gefahr hin, daß das von einigen KollegInnen als unwissenschaftlich bezeichnet wird[1]. Uns ist wichtig, daß viele Menschen unsere Ergebnisse lesen und verstehen, weil wir sie wichtig finden und, ehrlich gesagt, auch hilfreich.

Die Ergebnisse präsentieren wir in vier Teilen. Im **ersten Teil** stellen wir dar, welchen Zugang Kinder zum Fernsehen haben, wann sie sehen, aus welchen Motiven heraus, mit wem oder gegen wen (weil sie sich z.B. gegen ihre Eltern durchsetzen müssen), und welche Rolle das Fernsehen für sie spielt. Wir betrachten dabei auch die Sendungen selbst, die Kinder sehen: Welche dies sind; welche Vorlieben welche Kinder für welche Sender und Sendungen haben; wie sie Sendungen beurteilen und im besonderen die, die sie mögen und die, die sie ablehnen; welche Protagonisten, Helden und Heldinnen, Kinder sich aus dem Fernse-

---

[1] Um der Anschaulichkeit Willen haben wir auch auf Literaturverweise im Text verzichtet. Diese finden sich zusammengefaßt am Ende des Buches.

hen wählen und wie sie diese bewerten. Und wir fragen, woher diese Vorlieben kommen.

Im **zweiten Teil** stellen wir die Auseinandersetzung der Kinder mit Gewalt im Fernsehen dar: Welche Gewalt kommt vor in den am häufigsten und liebsten gesehenen Sendungen? Wie bewerten die Kinder Gewaltdarstellungen und was ist für sie Gewalt? Wie gehen sie innerlich und äußerlich mit den aufgenommenen Gewaltdarstellungen um? Gibt es in ihrem Denken und Handeln Spuren, die auf einen Einfluß von Gewaltdarstellungen hinweisen? Kann man daraus Schlüsse auf Effekte von Gewaltdarstellungen ziehen?
Im **dritten Teil** geht es uns um die Verarbeitungsweisen von Kindern überhaupt, also nicht nur speziell im Zusammenhang mit Gewalt: Welche Faktoren beeinflussen die Verarbeitung von Fernsehsendungen? Welche Rolle spielen hierbei die Lebenssituation, die gemachten Erfahrungen, die Persönlichkeit der Kinder? Welche Möglichkeiten gibt ihr Alltag und ihre Geschichte den Kindern, Fernseheindrücke zu verarbeiten? Welche Kinder suchen beeindruckende Inhalte zu ignorieren? Welche verarbeiten diese Inhalte rational mit dem Kopf? Welche Kinder identifizieren sich mit Protagonisten und nehmen die Inhalte in ihre Phantasievorstellungen auf? Welche Formen finden Kinder, Beeindruckendes in ihr Handeln einzubeziehen?

Im **vierten Teil** ziehen wir die Schlußfolgerungen, die unser Material ermöglicht. Wir fassen die Ergebnisse zusammen über das WAS, WIE und WARUM der Wahrnehmung und Verarbeitung medialer Darstellungen durch Kinder. Wir machen Vorschläge für die pädagogische Praxis, die den Kindern den Umgang mit dem Fernsehen erleichtern kann und soll. Wir formulieren Vorschläge an die Programmveranstalter, ausgehend von der Annahme, daß diese sich nicht allein den Einschaltquoten und Werbeeinnahmen, sondern auch den Zuschauern und gesellschaftlichen Normen verpflichtet fühlen.

Wie sind wir vorgegangen, um zu unseren Ergebnissen zu kommen? Wie haben wir die Untersuchung aufgebaut, wie haben wir sie durchgeführt? Welche Methoden haben wir für die Erfassung und welche für die Auswertung benutzt? Diese Punkte behandelt der **letzte Teil** des Buches. Wir wollen durchsichtig machen, wie wir gearbeitet haben, damit jeder selbst entscheiden kann, ob er Ergebnisse, die so gewonnen wurden, akzeptieren kann, oder damit er unsere Vorgehensweise ähnlich oder gleich übernehmen kann, um selbst mehr Einsichten über den

Umgang der Kinder mit dem Fernsehen zu gewinnen. Wir sind bei unserer Arbeit auf viele Antworten, aber auf noch mehr Fragen gestossen, die der Beantwortung harren.

Unsere Perspektive, das sei nochmals zusammengefaßt, sind die Kinder und ihre Fähigkeiten, mit dem Fernsehen umzugehen. Insbesondere die sechs Einzelfälle, die wir genau erforscht haben, geben uns die Hinweise, welche tatsächlichen Prozesse bei der Rezeption und Verarbeitung von Fernsehinhalten ablaufen. Und wir konfrontieren die Einschätzungen der Kinder mit dem, was ihnen im Fernsehen angeboten wird, mit den inhaltlichen Möglichkeiten, die ihnen die Fernsehprogramme präsentieren oder auch verschließen.

Eine so umfangreich angelegte Untersuchung braucht viel Unterstützung, und wir hatten das Glück, viele Einrichtungen und Menschen zu finden, die uns geholfen haben. Allen können wir schon aus Platzgründen nicht danken, und die mögen es uns verzeihen. Wir haben sie aber nicht vergessen. Wer uns wo geholfen hat, das sei hier kurz zusammengestellt:

Die Anregung, eine solche Untersuchung durchzuführen und die Finanzierung dieser Forschung verdanken wir der Hamburgischen Anstalt für neue Medien (HAM). Sie hat uns die finanziellen Möglichkeiten gegeben und uns durch ihr Interesse an den Ergebnissen gestützt, und zwar ohne inhaltliche Vorgaben zu machen.

Die ersten persönlichen Kontakte zu interessierten ErzieherInnen haben wir Bernd Allenstein von der 'Behörde für Jugend und Soziales, Amt für Jugend' zu verdanken. Die Erlaubnis, mit ausgewählten Kindertagesstätten zusammenzuarbeiten, erteilte die 'Vereinigung städtischer Kinder- und Jugendheime der freien und Hansestadt Hamburg e.V.' Die Erlaubnis, die Aufsätze an den von uns gewählten Schulen schreiben zu lassen, bekamen wir von der 'Behörde für Schule, Jugend und Berufsbildung' und von den SchulleiterInnen der drei Schulen: Frau Kunze, Herr Holzapfel und Herr Glockauer. Die Schulklassen betreuten die LehrerInnen Frau Adachi-Collatz, Herr Kagel und Frau Pietsch. An den Kindertagesstätten unterstützten uns die LeiterInnen und ErzieherInnen: Herr Barnsen, Frau Hagenou, Herr Heins, Frau Koch, Frau Limmer de Chavez, Frau Müller, Frau Porath, Frau Rönfeldt und Herr Schulenburg. In der Vorbereitung und in der Erhebung unterstützten uns StudentInnen aus Hamburg. Andreas Hedrich und Gesa Becher bewerkstelligten die gesamte Organisation vor Ort, was von München aus nicht zu leisten gewesen wäre. Diese beiden und Catrin Beissner, Sabine Offermann und Heike Walter führten mit uns zusammen auch die Erhebung in den Kindertagestätten durch.

Aus München unterstützten uns - neben all den im Titel genannten - Fred Schell bei der Durchführung in Hamburg, sowie Hans Jürgen Palme, Wolfgang Zankl und die Bayerische Landeszentrale für neue Medien (BLM) bei den Fernsehkontrollaufzeichnungen, und Christian Lupp beim Fertigstellen des Buches.

Allen, die hier erwähnt, oder leider vergessen wurden, haben wir unsere jetzt vorliegenden Ergebnisse zu verdanken. In erster Linie aber sind es die Kinder, die diese Ergebnisse ermöglicht haben. Ihnen gilt unser besonderer Dank. Ohne sie hätten wir die Untersuchung nicht machen können, hätten wir uns nicht mit soviel Entdeckerfreude in die Durchführung und Interpretation gestürzt und wäre es uns kaum passiert, daß wir gerade in der Abschlußphase auch unsere Wochenenden in das Projekt investiert hätten. Es hat Spaß gemacht und sich hoffentlich auch gelohnt.

Hamburg-München, November 1991

Helga Theunert
Renate Pescher
Petra Best
Bernd Schorb

KAPITEL 1

SWITCHEN BIS ZUR NÄCHSTEN SERIE - WIE NUTZEN KINDER DAS FERNSEHEN IN IHREM ALLTAG?

"Heutzutage sitzen die Kinder den ganzen Tag vor der Glotze und lassen sich nur noch berieseln", so das (Vor-)Urteil vieler Erwachsener, das es auch schon gab, bevor die privaten Programme ihren Einzug in unser Fernsehen hielten.

Eins ist gewiß: In Sachen Fernsehen sind Kinder ausgesprochene Fachleute und sie kennen eine Menge Sendungen. Doch wer denkt, Kinder ziehen sich ziellos die Angebote rein, der irrt sich. Kinder wissen, was sie wollen. Sie greifen im Fernsehen auf bestimmte Sendungen zu und sie holen sich aus diesen Sendungen das heraus, was sie brauchen können. Kinder gehen an das Fernsehen - wie Erwachsene übrigens auch - thematisch voreingenommen heran, und diese Voreingenommenheit bestimmt ihre Erwartungen an und ihre Auswahl von Sendungen, ihre Wahrnehmung und Bewertung von Inhalten. Die thematische Voreingenommenheit bilden Kinder in ihrem Alltag heraus, abhängig von Geschlecht, Alter, sozialem Umfeld und persönlichen Erfahrungen. Entsprechend unterschiedlich sind auch ihre Themen und damit ihre Orientierungen in bezug auf das Fernsehen.

In diesem Kapitel geht es darum, wie Kinder das Fernsehen nutzen, was sie in den Angeboten suchen und was sie finden. In Teil 1 und 2 wird zunächst gefragt, welche Programme Kinder wählen, wann sie fernsehen und an welchen Genres und Sendungen sie sich bevorzugt orientieren. Unter diesen Aspekten wird auch nachgesehen, was die Programme den Kindern bieten. In Teil 3 und 4 kommen die Kinder zu Wort. Sie beschreiben ihre bevorzugten Sendungen und Figuren. Daran wird deutlich, was sie sich aus den Sendungen 'herauspicken', womit ihre Vorlieben und ihre Ablehnungen zusammenhängen, welche Merkmale ihrer bevorzugten Figuren sie faszinieren und welche Gefühle sie mit Sendungen und Figuren verbinden.
Insgesamt spielt das Fernsehen mit seinen vielfältigen Angeboten eine nicht unbedeutende Rolle für die Persönlichkeitsentwicklung der Kinder,

da es ihnen Vorbilder und Symbole anbietet, auf die die Kinder ebenso wie auf die ihrer Umwelt zugreifen. Sie versuchen damit unter anderem Lösungsmöglichkeiten für ihre altersbedingt noch unbewältigten Identitätsprobleme zu finden. Anhand der sechs Einzelfallkinder werden diese Zusammenhänge in Teil 5 erläutert.

1. Welchen Zugang haben Kinder zum Fernsehen?

Mit der Einführung der privaten Sender hat sich das Fernsehangebot um ein Vielfaches erweitert. Für die Kinder - jedenfalls sollte man das annehmen - bringt das auch die Qual der Wahl mit sich, insbesondere da die privaten Anbieter beträchtliche Programmteile an dieser Zielgruppe ausrichten. In einem ersten Schritt soll deshalb ein Blick auf die Senderpräferenzen der Kinder geworfen und geprüft werden, was diese Sender den Kindern anbieten.

1.1 *"Am liebsten Tele 5, da sind ja die meisten Kinderprogramme"* - Die Senderpräferenzen der Kinder

So beantwortet der 9jährige Mark die Frage, welche Sender er denn am liebsten sieht.
In Hamburg - dem Ort unserer Untersuchung - konnten 1990 folgende Programme terrestrisch empfangen werden: ARD, ZDF, N 3, Tele 5, RTLplus[2], SAT.1 und die DFF-Programme. Weitere Programme sind den verkabelten Haushalten zugänglich. Den von uns untersuchten Kindern stand also ein beträchtliches Spektrum an Programmen zur Verfügung, auch wenn sie nicht am Kabel hingen.

---

[2] RTLplus und Tele 5 teilten sich zum Zeitpunkt unserer Erhebung einen Kanal. Beide Programme wurden in einem festen Rhythmus abwechselnd ausgestrahlt.

Kinder

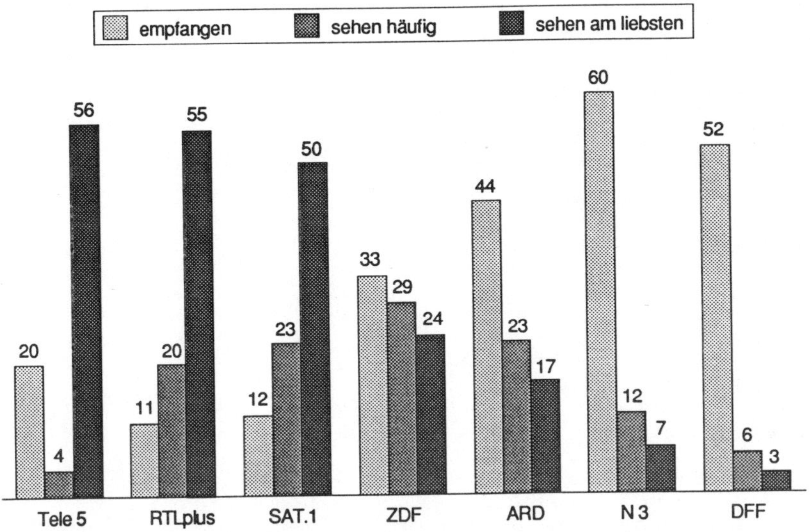

Abb. 1: Senderpräferenzen. Anzahl der Nennungen, Mehrfachnennungen möglich.

Sieht man sich die Häufigkeiten bei ARD, N 3 und den DFF-Programmen in der Säule 'empfangen' an, dürfte dies wohl den Bekanntheitsgrad dieser Sender in den Familien widerspiegeln. Die Säule 'sehen häufig' hingegen sagt einiges über das Sehverhalten in den Familien aus: Eltern sehen kein Tele 5, aber ZDF, ARD, SAT.1 und RTLplus, und die Kinder sehen mit. Die starke Besetzung der Privatsender Tele 5, RTLplus und SAT.1 in der Säule 'sehen am liebsten' macht die Orientierung und Vorliebe der Kinder deutlich. Es sind diese Sender, die Kinder am liebsten sehen oder sehen würden.

Verändern sich die Vorlieben, wenn Kinder in verkabelten Haushalten leben? Von unseren 33 Kindern, die angeben, Kabelfernsehen zu empfangen, haben 21 die Frage nach ihren Lieblingskabelprogrammen beantwortet. PRO 7 ist hier mit sieben Nennungen der Spitzenreiter. Entgegen der Meinung, MTV gehöre zu den bevorzugten Sendern junger Zuschauer, weil er Clips Non-Stop bietet, ist er bei unserer untersuchten Altersgruppe nicht beliebt, lediglich zwei Kinder nennen ihn.

Warum Kinder vor allem die Privatsender bevorzugen, wird deutlich, wenn man einen Blick auf die Programmstruktur der Sender wirft. Wir haben diese Programmstruktur für das Untersuchungswochenende (15. und 16. September 1990) an sieben in Hamburg empfangbaren Sendern analysiert: ARD, ZDF, N 3, RTLplus, SAT.1, Tele 5 und PRO 7[3].

Sieht man sich das Programmangebot aller Sender am Untersuchungswochende an, ebenso wie es der Zuschauer macht, wenn er die Programmzeitschrift durchblättert, bietet sich folgendes Bild:

	Unterhaltung			**Information**				
	Spielfilm	Serie	Show	Reportage	Aktuelles	Live	Kurzpr.	Sonstige
Sa	13 %	33 %	9 %	5 %	29 %	0 %	11 %	0 %
So	12 %	28 %	16 %	7 %	22 %	3 %	9 %	3 %
Sa / So	12 %	30 %	12 %	6 %	25 %	1 %	10 %	3 %
	einmalig	regelmäßig		einmalig	regelmäßig	einmalig	regelmäßig	

Abb. 2: Analyse des Wochenendprogrammes 15./16.9.1990. Anteil der Grobgenres in Prozent.

Insgesamt wird von allen Sendern mit 54% vorwiegend Unterhaltung angeboten, in Form von Serien, Shows und Spielfilmen.
Differenziert man nach den einzelnen Sendern, zeigt sich, daß der Anteil an unterhaltsamer Kost in den privaten Sendern bedeutend höher liegt als in den öffentlich-rechtlichen: Bei SAT.1, Tele 5, RTLplus und PRO 7 bewegt sich der Anteil an unterhaltenden Sendungen zwischen 53% und 90%; bei den öffentlich-rechtlichen Anstalten N 3, ZDF und ARD hingegen nur zwischen 19% und 32%. Das Kinder sich den privaten Sendern bevorzugt zuwenden, dürfte mit dieser Angebotsstruktur zusammenhängen.

Kinder der von uns untersuchten Altersgruppe geben den privaten Sendern eindeutig den Vorrang vor den öffentlich-rechtlichen Sendern. Diese Vorliebe hängt offenbar mit der Angebotsstruktur dieser Sender zusammen, deren Schwerpunkt auf Unterhaltung liegt.

---

[3] MTV und die DFF-Programme, die ursprünglich ebenfalls als exemplarische Sender vorgesehen waren, wurden aufgrund der zu vernachlässigenden Nennungen nicht in die Analyse einbezogen.

1.2 *"Wenn's zu spät wird, dann wird Schluß gemacht."* - Die Hauptsehzeiten der Kinder

Ein geringes Programmangebot - wie noch vor einigen Jahren - war, wenn es um Sehzeiten und Sehdauer von Kindern ging, ein gewisses Regulativ. Die Möglichkeit des 'Rund-um-die-Uhr-Fernsehens' eröffnet den Kindern im Prinzip 'unendliche' Möglichkeiten des Fernsehkonsums, aber eben nur im Prinzip, denn Kinder sitzen vor allem zu bestimmten Zeiten vor dem Apparat. Mark (9), der am liebsten den ganzen Tag Tele 5 sehen würde, ist froh, daß es wenigstens am Wochenende bei seinem Vater keine Beschränkungen gibt: *"Bei meinem Vater darf ich immer so lang aufbleiben, wie ich will, na ja fast immer"*.

Kinder sehen oft fern

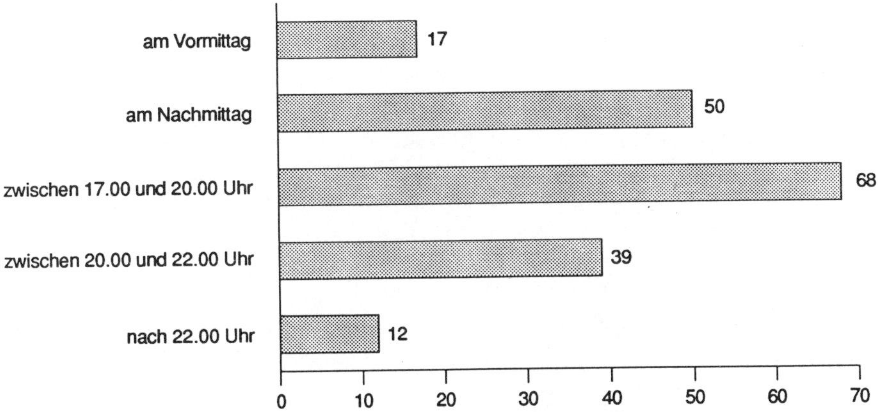

Abb. 3: Sehzeiten der Kinder. Angabe in Prozent, Mehrfachnennungen möglich.

Kinder aller Altersgruppen sitzen hauptsächlich in der Vorabendzeit vor dem Fernseher. Der Nachmittag ist bei vielen Kindern 'fernsehfrei', weil Kinder wie die von uns befragten in Kindertagesstätten sind oder weil, wie Pamela (10) meint, *"spielen besser ist als vor der Glotze sitzen"*. Nachmittags sind es eher die jüngeren wie Sarah (10), die unter der Woche *"eigentlich immer um halb fünf oder um vier"* einschaltet. Ab der 'Tagesschau' sieht sie während der Woche nicht, weil *"um acht muß ich auch ins Bett"*. Nach 20.00 Uhr sehen eher die Älteren fern, wie Haydar (12), der am liebsten abends guckt, weil *"morgens kommen die schlechten Filme und abends die guten, wo Kinder nicht gucken dürfen"*.

Die Zeit zwischen 17.00 und 20.00 oder 21.00 Uhr hingegen ist der Tagesabschnitt, in dem sich allmählich alle Familienmitglieder zu Hause einfinden. Bei dem türkischen Jungen Haydar (12) läuft das in der Weise ab: *"So halb sieben komm ich nach Hause, dann esse ich, und dann, wenn wir noch 'n bißchen rausgehen dürfen, dann spiel ich mit Ronny, Aydin und Idib, und da hol ich sie ab, und dann spielen wir noch was, und dann geh ich so um acht nach Hause oder halb neun ... Dann komm ich nach Hause, dann müssen wir unseren Schlafanzug anziehen und dann können wir noch 'n bißchen Fernsehen gucken"*.

Die Hauptfernsehzeiten von Kindern liegen zwischen

Beim Vormittags- und Nachtprogramm geben zwei Drittel der Kinder an, daß sie das selten oder nie sehen. Dies gilt vor allem während der Woche. Vormittags sind die Kinder in der Schule, und ein ausreichender Schlaf der Kinder ist dem Großteil der Eltern wichtig.

Am Wochenende allerdings weiten sich die Sehzeiten der Kinder um einiges aus, vor allem auf die Morgen- und Nachtstunden, wie bei Sarah (10): *"Samstags und sonntags dann gucke ich so, wenn ich aufstehe, um acht oder so"*. Am Wochenende darf sie auch abends länger fernsehen: *"So um elf, halb zwölf oder halb eins ... darf ich, weil da am nächsten Tag keine Schule ist"*.

Abgesehen davon, daß der kindliche Alltag vor allem unter der Woche dem Fernsehkonsum Grenzen setzt, ist anzunehmen, daß auch die Eltern noch ein Wort mitzureden haben: Die von uns untersuchten Kinder jedoch geben an, vorwiegend selbst zu entscheiden, ob ferngesehen wird oder nicht, wie Sarah (10): *"Wenn ich gucken will, dann gucke ich"*. Fernsehverbot seitens der Eltern bekommt die Hälfte der Kinder nie, die andere Hälfte deshalb, weil der Familienalltag nicht funktioniert: Die Kinder haben ihr Zimmer nicht aufgeräumt, im Haushalt nicht mitgeholfen oder es gab Streit mit den Geschwistern. Schlechte Noten oder zuviel Fernsehkonsum sind kein Grund, daß Kinder aufs Fernsehen verzichten müssen. Einschränkungen gibt es jedoch bei bestimmten Filmen. Haydar (12) darf keine *"Pornofilme"* sehen, weil *"die sind ja nix für kleine Kinder"*.

Welches Programm bieten die Sender zu den Sehzeiten der Kinder?

Setzt man die Hauptsehzeiten der Kinder in Beziehung zu den Angeboten, die die verschiedenen Sender zu diesen Zeiten machen, ergibt sich für das Untersuchungswochenende folgendes Bild:

Samstag

	6 - 10 Uhr	**15 - 17 Uhr**	**17 - 20 Uhr**	**20 - 22 Uhr**
ARD	Reportage Kurzprogramm Aktuelles	Serie Show Reportage	Kurzprogramm Reportage Serie	Spielfilm Kurzprogramm Aktuelles
ZDF	Reportage Kurzprogramm Aktuelles	Serie Aktuelles Spielfilm	Aktuelles Serie Show	Show
N 3	Kurzprogramm	Kurzprogramm	Aktuelles Reportage Serie Kurzprogramm	Live Aktuelles
Tele 5	Serie Kurzprogramm Aktuelles	Aktuelles Kurzprogramm	Serie Show Aktuelles Kurzprogramm	Aktuelles
Sat.1	Aktuelles Serie Kurzprogramm	Spielfilm Kurzprogramm	Serie Show Aktuelles Reportage	Serie Aktuelles Kurzprogramm
RTLplus	Serie Aktuelles Show	Serie	Serie Kurzprogramm Aktuelles	Spielfim
PRO 7	Serie	Spielfilm Reportage	Serie Spielfilm	Spielfilm

Sonntag

	6 - 10 Uhr	15 - 17 Uhr	17 - 20 Uhr	20 - 22 Uhr
ARD	Serie	Spielfilm Show	Aktuelles Kurzprogramm Serie	Show Aktuelles
ZDF	Kurzprogramm	Live	Aktuelles Live Reportage	Spielfilm
N 3	Kurzprogramm	Dokumentation	Aktuelles Dokumentation	Dokumentation Show Aktuelles
Tele 5	Serie Kurzprogramm Aktuelles	Show	Serie Aktuelles	Show Serie Aktuelles
Sat.1	Serien Kurzprogramm	Live	Spielfilm Serie Aktuelles	Spielfilm Aktuelles
RTLplus	Serie Aktuelles	Spielfim	Serie Show Aktuelles Kurzprogramm	Spielfilm
PRO 7	Serie Spielfilm	Spielfilm Serie	Spielfilm Serie	Spielfilm

Abb. 4: Angebot der Sender am Wochenende in den Sehzeiten der Kinder. Innerhalb der Zeitblöcke pro Sender erfolgte die Rangvergabe der Grobgenre nach Sendungsminuten.

Auffällig ist, daß in der Hauptfernsehzeit der Kinder zwischen 17.00 und 20.00 Uhr ihre Lieblingssender Tele 5, RTLplus, SAT.1 und PRO 7 am Samstag und Sonntag hauptsächlich Serien anboten. Der Vorabendblock bei den Privaten stand also vor allem unter dem Aspekt regelmäßiger Unterhaltung, während die öffenlich-rechtlichen Sender zur gleichen Zeit mehr Informationssendungen ausstrahlten. Sieht man sich unter dem Gesichtspunkt Unterhaltsames oder Informatives den Abendprogrammblock zwischen 20.00 und 22.00 Uhr an, ging die Tendenz bei allen Sendern in Richtung Unterhaltung, und zwar überwiegend in

Form von Spielfilmen. Im Nachmittagsblock zwischen 15.00 und 17.00 Uhr sendeten ARD, RTLplus und PRO 7 an beiden Tagen entweder Spielfilme oder Serien.
Am Beispiel des Wochenendprogrammes wird an dieser Stelle deutlich, daß Kinder genau die Sender als ihre Lieblingssender bezeichnen, die ihnen während ihrer Sehzeiten ein unterhaltsames Programm anbieten.
Ein weiterer Aspekt ist offenbar die Regelmäßigkeit von Sendungen. Sieht man sich unter diesem Gesichtspunkt das Angebot der Sender im Morgenblock zwischen 6.00 und 10.00 Uhr an, bietet sich dort das gleiche Bild wie im Vorabendblock. Bei den Privatsendern folgte zwei Tage lang Serie auf Serie. Die anderen Sender boten überwiegend ein Programm, das den Zuschauer darüber informierte, was in der Welt passierte. Dieses Serien-Morgenprogramm der Privaten genießen Kinder am Wochenende gleich wenn sie ausgeschlafen haben, *"um acht oder so"*.

Daß Kinder nicht immer fernsehen können, wenn sie es vielleicht gerne möchten, liegt vor allem an den natürlichen Einschränkungen des Kinder-Alltags. Unter diesem Aspekt liegen ihre Hauptsehzeiten unter der Woche am späten Nachmittag und am frühen Abend. Am Wochenende jedoch weiten sich die Sehzeiten der Kinder beträchtlich aus, und zwar vor allem auf den frühen Morgen und den späteren Abend. Zu ihren Hauptsehzeiten finden Kinder in ihren bevorzugten Sendern insbesondere unterhaltsame Sendungen, die auf festen Sendeplätzen regelmäßig ausgestrahlt werden. Vor allem sind dies Serien.

1.3 *"Ich guck nicht in dieses Fernsehprogramm, weil ich will nicht immer soviel lesen"* - Die Programmauswahl der Kinder

Die Fülle des Programmangebots macht es schwer, den Überblick zu behalten und sich zu entscheiden, was man jetzt sehen will. Wie gehen Kinder damit um?

Kinder schauen fern, wenn

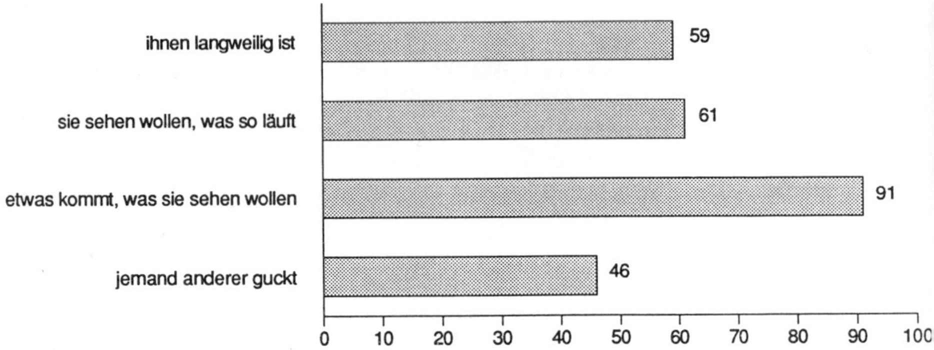

Abb. 5: Sehmotive. Angabe der Nennungen in Prozent, Mehrfachnennungen möglich.

Kinder scheinen sehr genau zu wissen, was sie wollen. 91% geben an, dann fernzusehen, wenn etwas kommt, was sie sehen wollen. Sie haben wie Sarah (10) das Programm im Kopf. Um 16.00 Uhr herum *"da fangen die Trickfilme an"* und Samstag/Sonntag *"... um acht oder so. Dann gibt's auch schon Kinderfilme"*.
Faßt man die ersten beiden Antworten unter dem Aspekt zusammen: *"Wenn mir langweilig ist, schaue ich was so läuft"*, dann gibt es für die Kinder daneben noch einen wichtigen Grund fernzusehen - die pure Langeweile. Mark (9) schaut *"manchmal morgens, wenn's mir langweilig ist"*, und Sarah (10) immer dann, *"wenn ich nichts zu tun habe"*. Wenn jemand anderer bereits guckt, wird die Hälfte der Kinder zum Mitschauen verleitet, die andere nicht.

Haben Kinder ihr Programm nicht im Kopf, dann gehen sie auch nicht gezielt an die Auswahl ihrer Programme heran. Manchmal überlassen sie das wie Özlem (8) ihren älteren Geschwistern: *"Ich guck nicht in dieses Fernsehprogramm, weil ich will nicht immer soviel lesen, nur wenn da ein Bild is, dann guck ich, ... oder ich sag, sie (ihre große Schwester) soll gucken"*.

Meistens treffen Kinder jedoch ihre Wahl direkt am Fernseher. Sie schalten, wie Haydar (12), solange zwischen einzelnen Sendern herum, bis sie etwas finden, das sie anspricht. *"Wenn's jetzt auf dem 1. Programm nix gibt, nur diese Tagesschau oder ... keine Filme oder so, die erzählen nur, mach' ich auf'n anderes Programm, und, wenn's da nix*

gibt, wenn jetzt hier 'ne Show is', so wie Pyramide oder so, ich mach' auf RTL, äh Dritten, da is' nix, immer nur langweilig auf'm Dritten, dann mach' ich auf'n RTL, da is' auch langweilig, reden sie nur rum und so, und dann mach' ich auf SAT.1, da isses auch langweilig, und dann lass' ich auf die Show". Auch Pamela (10) switcht querbeet: *"Mozartmusik oder so, da schalt ich sowieso um"*, und ansonsten *"guck ich, welches am besten ist, und das laß ich dann an"*. Beim Switchen ist sie auf der Suche nach Spannendem und Bekanntem: *"Dann guck ich, welcher am besten ist von den beiden, welcher spannender ist ... Erstmal gucke ich, um was sich das da handelt, und wenn das sich dann nur so um Sachen handelt, die gar nicht spannend sind, dann schalt ich auf das andere Programm um. Und wenn dann da so Krimis sind wie Mike Hammer, dann laß ich die an"*. Auch wenn, wie bei Sarah (10), keine Fernbedienung da ist, ändert sich nichts an der kindlichen Art, Programme auszuwählen: *"Ich geh nach vorn und drück auf die Knöpfe. Ich drücke einfach herum, solange, bis ich was gut finde"*. Wenn ihr zwei Filme gefallen: *"Dann guck ich erst mal, welchen ich besser finde, und erst mal ein bißchen den und dann den anderen"*. Wenn sie dann immer noch keine Wahl treffen kann, entscheidet der Zufall, *"und sonst guck ich dann irgendeinen"*.
Kinder switchen sich auf diese Weise durch ihre Lieblingsprogramme. Im Gedächtnis bleiben dabei oft Einzelbilder und Fragmente, die Kinder schwer oder gar nicht einordnen bzw. verarbeiten können (vgl. Kapitel 3).

Das Switchen funktioniert jedoch nur dann, wenn Kinder den Fernseher für sich allein haben. Das jedoch ist wohl eher selten der Fall. Nur etwa die Hälfte der Kinder gibt an, häufig allein fernzusehen, und nur 26% der Kinder besitzen einen eigenen Fernseher. Am häufigsten wird mit den Geschwistern geguckt. Die Jüngeren sehen dann oft nicht ihre bevorzugten Sendungen, sondern wie Özlem (8) das Programm der Älteren: *"Ja, muß ich denn ... ja, ich muß nicht, aber ich will ja fernsehen"*. Oft wird also das Programm von anderen bestimmt, und die Kinder gucken mit.

Mit Freunden sieht die Hälfte der Kinder selten fern, denn nur manchmal fällt den Kindern nichts Besseres ein und sie einigen sich, wie Sarah (10) und ihre Freundin: *"Dann frage ich sie, ob wir das nicht sehen wollen, oder ob wir was anderes machen wollen. Dann sagt sie manchmal, komm, wir sehen das, weil sie das selber sehen will"*. Im Alltag der Kinder wird Fernsehen Ersatz, wenn wie bei Mark (9) keine

Freunde da sind: *"Ich hab da keine richtigen Freunde, deswegen ... möchte ich immer fernsehgucken"*.
Kinder entziehen sich geschickt der Qual der Wahl, indem sie durch die Programme turnen. Sie lassen erstmal die Sendung für sich sprechen. Welches Programm Kinder unterhaltsam finden und sich ansehen, davon haben sie durchaus klare Vorstellungen. *"Serien"* und *"Shows"* entsprechen ihrer Erwartung, und all diese Genres gehören dem Bereich Unterhaltung an. Vergleicht man diese Aussagen der Kinder mit Abb. 4, wird ersichtlich, daß Kinder genau die Genres beschreiben, die die Privatsender hauptsächlich in den relevanten Sehzeiten der Kinder anbieten. Das Angebot dieser Sender kommt demnach den Erwartungen der Kinder entgegen und zwar zu Zeiten, in denen Kinder unter der Woche und vermehrt am Wochenende fernsehen.

Kinder wollen fernsehen. Sei es aus Langeweile oder weil etwas läuft, was ihnen gefällt. Sie wandern mit der Fernbedienung durch die Programme und bleiben bei dem Sender hängen, der ihnen Unterhaltung anbietet, mit der sie etwas anfangen können. Sender, die dies mit schöner Regelmäßigkeit tun, werden Lieblingssender.

2. An welchen Sendungen orientieren sich Kinder?

Kinder finden die privaten Sender vor allem deshalb gut, weil sie ihnen ein Programm bieten, das vorwiegend aus Unterhaltung besteht. Diese Vorliebe der Kinder sagt jedoch noch nichts darüber aus, wie Kinder zu diesem Angebot stehen, welche Art von Unterhaltung sie nutzen und präferieren. Dazu muß man sich die Sendungen ansehen, die Kinder mögen. Im folgenden wird dargestellt, welche Genres die Kinder aus dem Angebot nutzen und welche Vorlieben sie dabei haben.

2.1 *"A-Team, He-Man und Alf, am liebsten Serien"* - Die Genrepräferenzen der Kinder

Wie bereits deutlich wurde, bevorzugen Kinder vorwiegend Unterhaltung, und zwar möglichst regelmäßige (vgl. 1.). Auf welche Art der reglmäßig gebotenen Unterhaltung sie sich dabei konzentrieren wird deutlich, wenn man sich ihre bevorzugten Genres ansieht.

Um die Programmangebote der verschiedenen Sender vergleichen zu können, wurden sie in einer **Genre-Einteilung** geordnet. Diese unterteilt die Programmangebote auf einer ersten Ebene in die Bereiche Unterhaltung und Information und in einmalige und regelmäßige Angebote. Auf einer zweiten Ebene, der Grobgenre-Ebene, werden die Sendungsgattungen differenziert. Auf der dritten Ebene, der Feingenre-Ebene, werden die Sendungen nach der im Vordergrund stehenden Thematik in z.B. Krimi und Science Fiction eingeteilt. Gegebenenfalls wird zusätzlich nach dramaturgischen Variationen und Besonderheiten differenziert, beispielsweise nach Action und Slapstick. Im Überblick ergibt sich folgende Einteilung:

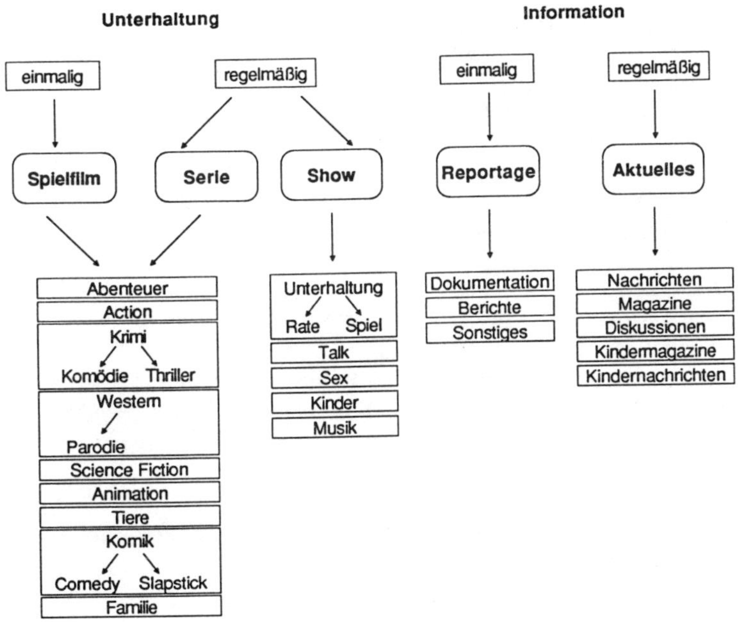

Das übrige Programm, das weder der Unterhaltung noch der Information zuzuordnen ist, teilt sich auf in einmalig ausgestrahlte **Live**sendungen, regelmäßig gesendete **Kurzprogramme**, beispielsweise Video- und Kinovorschauen und Sportsendungen, und **Sonstiges**, worunter die Sendungen gefaßt wurden, die sich in keinem Grobgenre einordnen lassen.

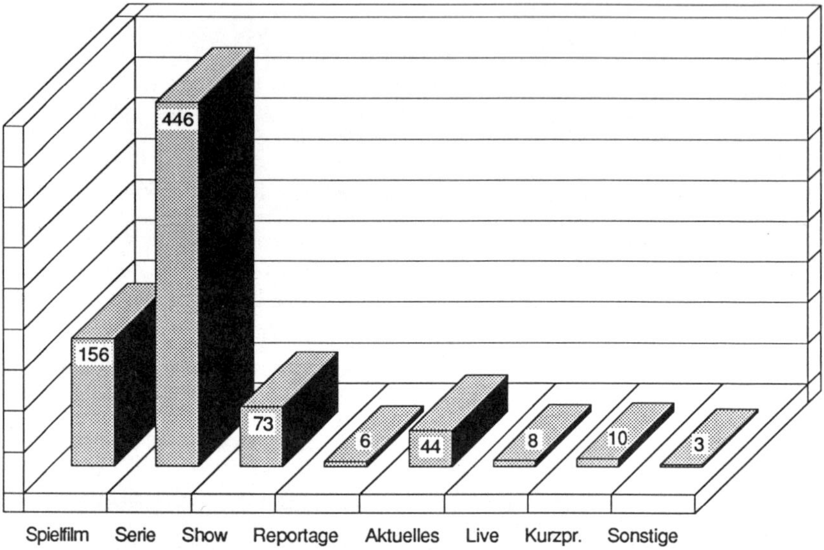

Abb. 1: Anzahl der Sendungsnennungen der Kinder pro Genre.

Die Sendungsnennungen[4] der Kinder bestätigen zweierlei: Einmal den bereits angedeuteten Trend, daß Unterhaltung das ist, was Kinder in erster Linie vom Fernsehen erwarten, egal ob als Serie, Spielfilm oder Show. Zum zweiten zeigt sich, daß diese Unterhaltung in einer Form geboten werden muß, die wie bei Serien einen festen Sendeplatz haben und regelmäßig ausgestrahlt werden.

Die Sendungsnennungen der Kinder verdeutlichen u.a. auch den Geschmack ihres immerhin schon länger dauernden Fernsehkonsums. Wie aber sieht es damit aktuell aus? Der derzeitige Trend bei den Kindern läßt sich anhand eines Vergleichs feststellen: Für die vier hochgewichteten Genres Spielfilm, Serie, Show und Aktuelles werden die Gesamtnennungen der Kinder dem Programmangebot vom Wochenende und den Nennungen der Kinder, die sich auf dieses Wochenende beziehen, gegenübergestellt.

[4] Von insgesamt 753 Sendungsnennungen der Kinder aus allen Erhebungsmethoden wurden 746 identifiziert und den Grobgenres zugeordnet, sieben Sendungsnennungen waren nicht identifizierbar.

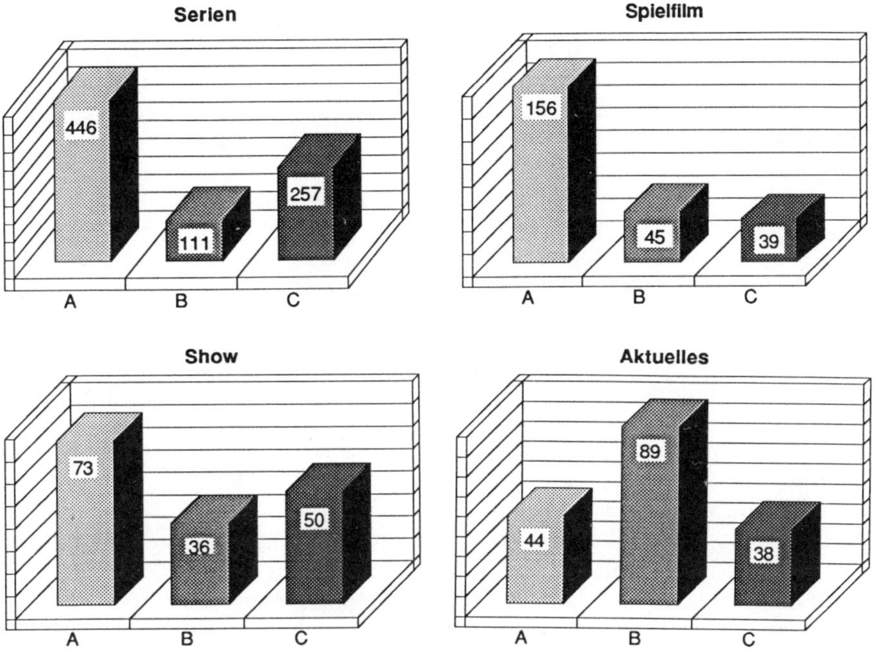

Abb. 2:
A: Anzahl der Sendungsnennungen der Kinder pro Genre
B: Anzahl der ausgestrahlten Sendungen im gesamten Wochenendprogramm pro Grobgenre
C: Anzahl der von den Kindern genannten Sendungen aus dem Wochenendprogramm pro Grobgenre

Die Abbildung macht deutlich, daß Serien von den Kindern nicht nur insgesamt besonders häufig genannt werden, sondern auch das Wochenendangebot dieses Genres sehr hoch war. Dieses Überangebot besteht auch unter der Woche, vor allem in den Hauptsehzeiten der Kinder. Kein Wunder also, daß Kindern Serien im Gedächtnis bleiben, und daß sie bei Mädchen und Jungen gleichermaßen beliebt sind. Serien sind vor allem in den privaten Sendern allgegenwärtig (vgl. 1.), kommen regelmäßig und werden dadurch Kindern - und nicht nur diesen - zu 'treuen Begleitern'. Wann sie auf welchem Sender dieses Genre finden, prägt sich Kindern schnell ein und sie lernen Serien auf diese Weise allmählich schätzen. Dem Serienangebot zu entkommen wäre sicher ein Kraftakt.

Die Nennungen der Kinder von Spielfilmen aus dem Wochenende sind relativ hoch. Bedenkt man, daß allein im Nachtprogramm nach 22.00

Uhr 17mal Spielfilme gesendet wurden, kommen hier anscheinend die speziellen Wochenendsehzeiten der Kinder (vgl. 1.2) zum Tragen. Insgesamt nannten Kinder noch öfter Spielfilmtitel, allerdings lief die Mehrzahl von ihnen nicht am Wochenende. Spielfilme bleiben Kindern, besonders den Jungen, nachhaltig im Gedächtnis.

Vergleichsweise oft wurden von den Kindern Shows genannt, die am Wochenende liefen. Dies wird verständlich, wenn man sich vergegenwärtigt, daß der Sendeplatz von Shows am Wochende der Abendblock ist, die Zeit also, in der sich meist die gesamte Familie vor dem Fernseher trifft, und dann nicht die Kinder das Programm bestimmen.

Unsere Kinder nannten zwar nicht so zahlreich, wie am Wochenende tatsächlich angeboten, Sendungen aus dem Bereich Information. Dennoch sind die Nennungen insbesondere in der Sparte 'Aktuelles' erstaunlich hoch, wenn man davon ausgeht, daß Kinder in erster Linie Unterhaltungsprogramme bevorzugen. Daß die Sparte 'Aktuelles' so hoch besetzt ist, liegt daran, daß hierunter als regelmäßige Sendungen mit informativen Anteilen auch Kindermagazine fallen. Von den 38 Nennungen der Kinder aus dem Wochenendangebot waren 35 Kindermagazine, und von den Sendern wurden diese immerhin 15mal angeboten. Es sind besonders die jüngeren Kinder, die noch gerne Kindermagazine sehen, während die älteren bereits das Interesse daran verloren haben.

Serien, Spielfilme und Shows bietet das Fernsehen in vielfältigen inhaltlichen und dramaturgischen Variationen an. Kinder haben auch innerhalb dieser Genres ihre speziellen Orientierungen.

Kinder kennen:

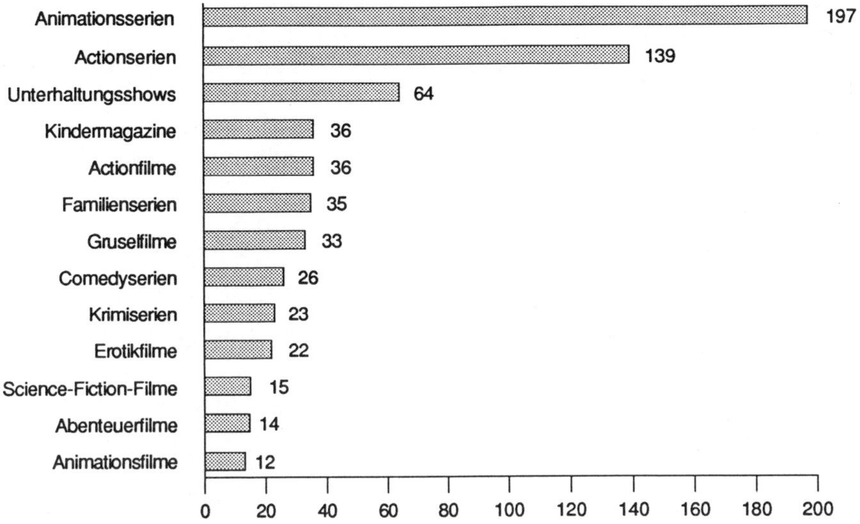

Abb. 3: Anzahl der Sendungsnennungen der Kinder pro Feingenre. Nennungen unter 10 wurden nicht aufgenommen.

Hier wird nochmals deutlich, wie sehr Kinder Wert auf Wiedererkennbarkeit legen. Allein fünfmal tauchen Serien bei den Spitzenreitern auf. Nimmt man Unterhaltungsshows und Kindermagazine, die ebenfalls feste Sendeplätze haben, hinzu, beziehen sich mehr als die Hälfte der Sendungsnennungen auf regelmäßig ausgestrahlte Programme. Vor allem Serien zeigen, egal ob Zeichentrick- oder Realdarstellungen, immer wiederkehrende Muster. An die Protagonisten haben sich Kinder schnell gewöhnt, und auch 'was Sache ist', wird ihnen spätestens nach dem dritten Mal klar.

Sieht man sich die Thematik der hochgewichteten Genres genauer an, dann lautet das Motto bei den Kindern: Abenteuer, Spaß und Spannung, letztere auch in Form von Grusel. Daß Actionserien das bieten, darüber sind sich alle Kinder einig. Die jüngeren Jungen und Mädchen finden Spaß und Spannung vor allem in Animationsserien und -filmen und in Kindermagazinen. Bei den Actionfilmen und den Familienserien trennt sich der Geschmack der Jungen und Mädchen: Die Jungen nennen neben den Actionserien häufig auch Actionfilme, während das Thema Familie überwiegend die Mädchen interessiert.

Unterhaltung im Fernsehen schätzen Kinder besonders, wenn sie regelmäßig auf festen Sendeplätzen angeboten wird. Ausschlaggebend ist offenbar die Wiedererkennbarkeit und das leichte Auffinden. Unabhängig von Geschlecht und Alter muß diese Unterhaltung mit Action und Spannung verbunden sein und Spaß machen. Während es anscheinend für die Jungen nicht genug Action sein kann, finden die Mädchen auch ruhigere Sendungen sehenswert.

2.2 *"Alles, was so witzig und so spannend ist und wo ein Held drinne is"* - Sendungen, die Kinder mögen

Am Untersuchungswochenende wurden von sieben Sendern 260 unterschiedliche Sendungen angeboten. Von den insgesamt 158 verschiedenen Sendungstiteln, die die Kinder nannten, liefen 65 direkt am Erhebungswochenende. Die Kinder haben demnach nur 25% des Fernsehprogramms angenommen bzw. es ist ihnen nur ein Viertel davon im Gedächtnis geblieben. Welche Sendungen sprechen Kinder nun eigentlich an?
Zu diesem Zweck haben wir uns angesehen, wie oft welcher Sendungtitel von Kindern genannt wurde und welche dieser Sendungen am Wochenende liefen. Veranschaulicht wird dies anhand der ersten zehn Genres (vgl. Abb.3).

Animationsserien

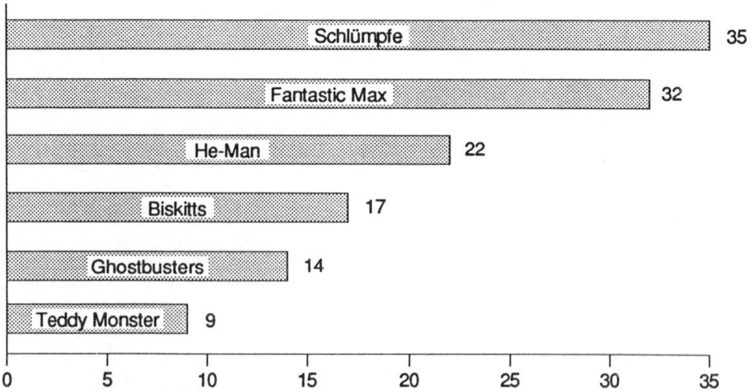

Abb. 4: Animationsserien. Anzahl der Nennungen je Sendungstitel. Selten genannte Titel sind nicht mehr dargestellt. Von insgesamt 29 Titeln, die Kinder hier nannten, liefen 18 am Wochenende.

Im Bereich Animationsserien werden von Kindern ausschließlich **Zeichentrickserien** genannt. Bei allen Sendungen, die hier aufgeführt sind, rankt sich das Geschehen um einen oder mehrere Protagonisten. Irrealität und Komik sind in diesen Serien wesentliche Bestandteile, die Inhalt und Dramaturgie der Geschichten auszeichnen. Alles ist möglich. Zaubereien oder phantastische Vorkommnisse sind fast als 'normal' zu bezeichnen, so häufig treten sie auf.
Bis auf die 'Ghostbusters', die auf SAT.1 kamen, liefen alle Serien auf Tele 5. Die Kinder werden während der Woche und am Wochenende mit diesen Serien ununterbrochen konfrontiert, zum Teil mehrmals täglich, wie beispielsweise mit den 'Schlümpfen', die am Wochenende dreimal gesendet wurden.[5]

Actionserien

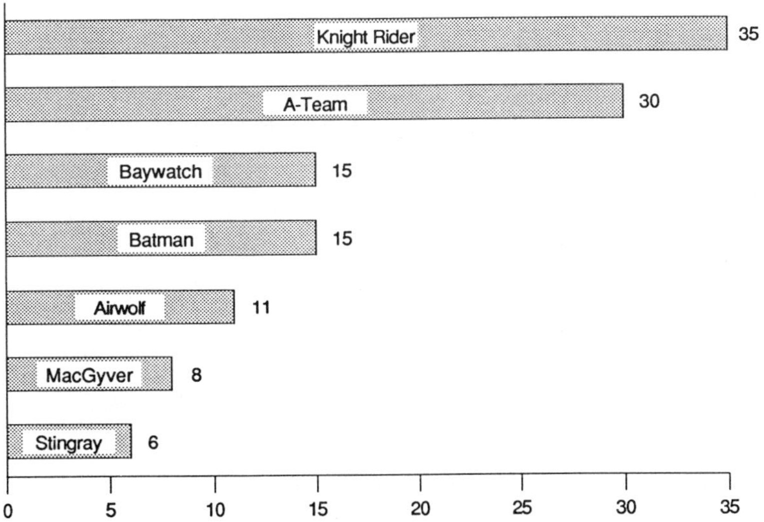

Abb. 5: Actionserien. Anzahl der Nennungen je Sendungstitel. Selten genannte Titel sind nicht mehr dargestellt. Von insgesamt 13 Titeln, die Kinder hier nannten, liefen 4 am Wochenende.

[5] Die häufige Nennung der 'Schlümpfe' liegt vermutlich an der Methode, die wir in den Kindertagesstätten angewendet haben. Die Kinder konnten hier die Sendungen mit Hilfe von 'Schlumpf-Bildern' bewerten (vgl. Kapitel 5). Dies kann die Nennung dieser Serie angeregt haben.

Im Mittelpunkt von Actionserien stehen temporeiche und actiongeladene Handlungen, die häufig mit filmischen Trickeffekten in Szene gesetzt und nicht selten von physischen Gewalthandlungen begleitet werden. Inhaltlich werden die unterschiedlichsten, mehr oder weniger harten Delikte aus dem Kriminalitätsspektrum angesprochen. Es gibt Actionserien, die alltägliche bis hin zu märchenartigen Geschichten erzählen, und andere, deren inhaltlicher und dramaturgischer Mittelpunkt der Kampf ist. Auch hier sind es 'vertraute' Figuren, in diesem Fall Erwachsene, um die sich das Geschehen rankt.
'Batman' und 'Stingray' liefen am Wochenende auf SAT.1, 'A-Team' auf RTLplus, die restlichen Sendungen sind unter der Woche regelmässig zu sehen. 'Knight Rider' und 'Airwolf' auf RTLplus, 'Baywatch' in der ARD. Wie wichtig diese festen Sendeplätze für Kinder sind, zeigt sich bei MacGyver, der schon vor längerer Zeit auf SAT.1 kam, und den Kindern trotzdem noch gut im Gedächtnis ist.

Unterhaltungsshows

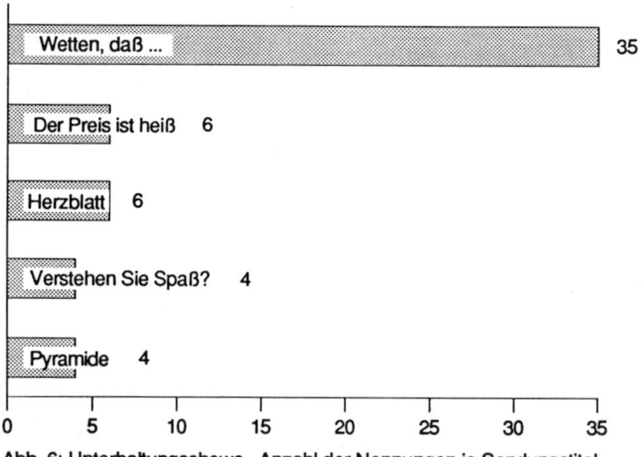

Abb. 6: Unterhaltungsshows. Anzahl der Nennungen je Sendungstitel. Selten genannte Titel sind nicht mehr dargestellt. Von insgesamt 11 Titeln, die Kinder hier nannten, liefen 4 am Wochenende.

Unterhaltungsshows bieten von Ratespielen über Interviews mit Prominenten bis hin zu künstlerischen und musikalischen Vorführungen viel Abwechslung. Durch die Sendung führen Moderatoren, und ihre Präsenz bestimmt den Verlauf der Sendungen. In den reinen Rate- und Werbungsshows, in denen geladene Kandidaten, meist Privatpersonen, Aufgaben zu lösen haben, steht im Mittelpunkt ein nicht unbeträchtlicher Geldgewinn. In den Spielshows müssen Kandidaten, Privatleute, aber auch Prominente, ebenfalls Aufgaben lösen, aber der Erfolg wird nicht unbedingt mit einem Geldgewinn dotiert, da hier die besonderen Spiele im Mittelpunkt stehen. Daneben sorgen Gesprächsrunden oder künstlerische und musikalische Einlagen für die Unterhaltung des Zuschauers. Das ZDF bot am Wochenende 'Die Pyramide' und 'Wetten, daß ...?' an. Letztere ist eine der beliebtesten Familienunterhaltungsshows, die natürlich auch die Kinder sehen. Zudem war der Stargast dieser Folge David Hasselhoff, der Hauptdarsteller von 'Knight Rider' und 'Baywatch'. Dies erklärt die häufige Nennung dieser Show. 'Der Preis ist heiß', eine Werbeshow, ist täglich unter der Woche auf RTLplus zu sehen und wird, wie die anderen Shows, überwiegend im Vorabendblock gesendet, der Hauptsehzeit der Kinder.

Kindermagazine

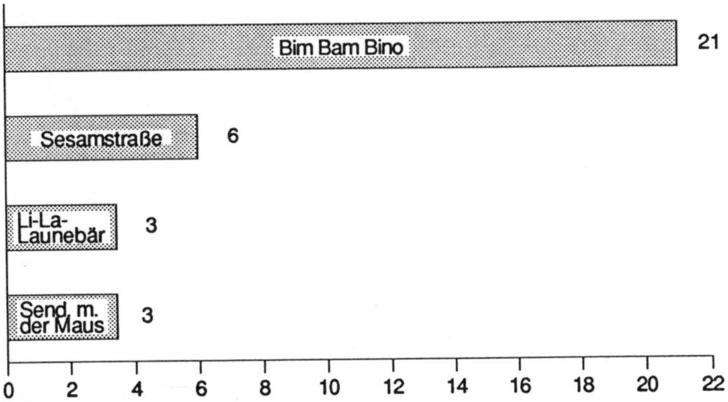

Abb. 7: Kindermagazine. Anzahl der Nennungen je Sendungstitel. Selten genannte Titel sind nicht mehr dargestellt. Von insgesamt 7 Titeln, die Kinder hier nannten, liefen 6 am Wochenende.

Kindermagazine sind eine Mischung aus Zeichentrickgeschichten, Erzählungen, Kinderinterviews und sachlichen Informationen zu einem bestimmten Thema. Diese stammen aus der kindlichen Erlebnis- und Interessenwelt und der gesellschaftlichen Umwelt. Daneben werden Spielhinweise und -anleitungen und Mitmachaktionen geboten. Die Moderation geschieht durch Erwachsene, Puppen oder Kinder.
Bis auf 'Li-La-Launebär' waren die Kindermagazine am Wochenende zu sehen: in Tele 5 'Bim Bam Bino', in N 3 'Sesamstraße' und in der

ARD 'Die Sendung mit der Maus'. Vor allem 'Bim Bam Bino' ist der Ort, wo Kinder Zeichentrickfilme finden, die bei ihnen besonders beliebt sind (vgl. Abb. 4). Dies erklärt die hohe Gewichtung dieses Kindermagazins.

Actionfilme

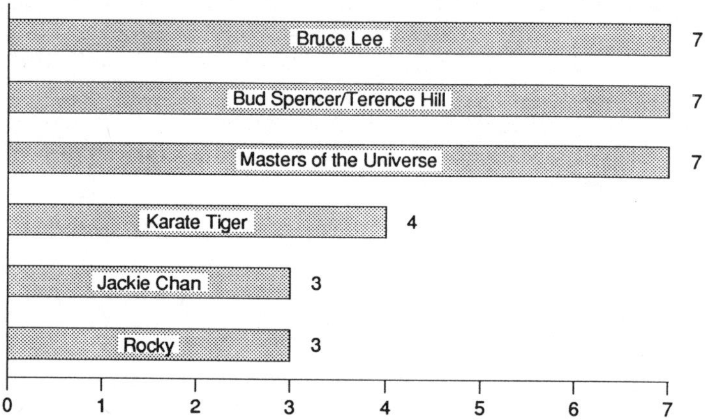

Abb. 8: Actionfilme. Anzahl der Nennungen je Sendungstitel. Selten genannte Titel sind nicht mehr dargestellt. Von insgesamt 10 Titeln, die Kinder hier nannten, lief keiner am Wochenende.

Actionfilme schildern handlungsreiche Ereignisse, wie Natur- oder technische Katastrophen, oder Verbrechen, wie Geiselnahmen und Entführungen, aber auch Kampfsportarten und kriegerische oder kriegsähnliche Auseinandersetzungen. Neben der tempo- und spannungsreichen Abfolge von Handlungen und der spektakulären und dramatischen Inszenierung der Ereignisse spielen filmische Trickeffekte und Stunts eine wesentliche Rolle. Oft wird die rasante Abfolge actiongeladener Szenen zum Ersatz für eine zusammenhängende Geschichte.
Am Untersuchungswochenende lief auf RTLplus 'Bruce Lei', eine Imitation der 'Bruce Lee'-Filme. 'Masters of the Universe' ist der Real-Spielfilm zur Zeichentrickserie 'He-Man'. Auffällig ist, daß in den oben genannten Sendungen die Helden Kampfsportarten wie Karate, Kung-Fu oder Boxen beherrschen, oder aber wie Bud Spencer und Terence Hill echte, wenn auch lustige, 'Schlägertypen' sind. Diese Filme wurden vorwiegend von Jungen genannt.

Familienserien

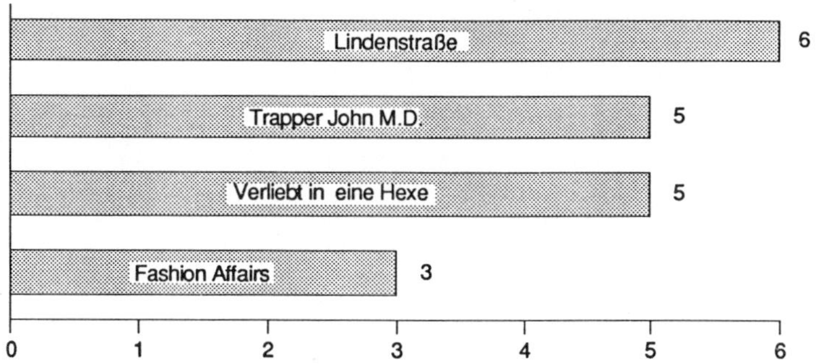

Abb. 9: Familienserien. Anzahl der Nennungen je Sendungstitel. Selten genannte Titel sind nicht mehr dargestellt. Von insgesamt 15 Titeln, die Kinder hier nannten, liefen 5 am Wochenende.

Im Mittelpunkt des Geschehens steht eine Familie oder eine familienähnliche Gemeinschaft. Den inhaltlichen Stoff liefern die Erlebnisse, Beziehungen, Verwicklungen und Konflikte der Mitglieder. Meistens werden wirklichkeitsnahe Geschichten und Lebensläufe einer Familie erzählt, aber auch Geschichten, deren Inhalt teilweise irreale Elemente wie 'Hexen können' enthalten.

Die 'Lindenstraße' war am Wochenende in der ARD zu sehen, 'Fashion Affairs' auf Tele 5, die anderen beiden regelmäßig im Zeitraum davor auf SAT.1. Diese Serien haben ebenfall am Wochenende und unter der Woche feste Sendeplätze. Die Lindenstraße hat zudem hohe Einschaltquoten bei den Erwachsenen, kommt am Sonntag im Vorabendprogramm und wird somit auch von den Kindern gesehen, ohne daß diese sie besonders mögen (vgl. 3.4).

Gruselfilme

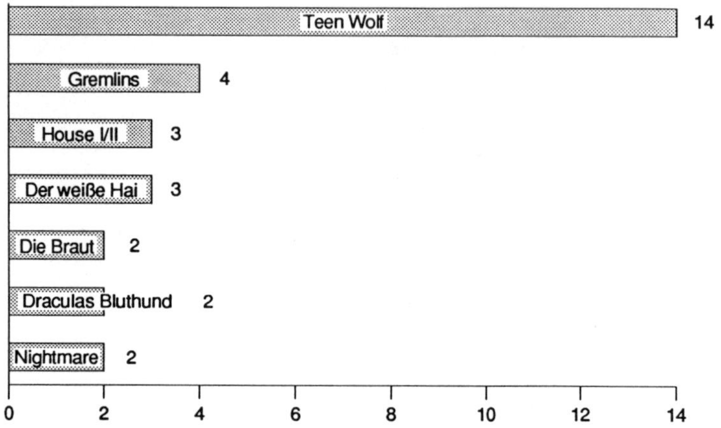

Abb. 10: Gruselfilme. Anzahl der Nennungen je Sendungstitel. Selten genannte Titel sind nicht mehr dargestellt. Von insgesamt 10 Titeln, die Kinder hier nannten, lief nur einer am Wochenende als Trailer.

Im Mittelpunkt dieser Filme steht die Bedrohung und das Ausgeliefertsein des Menschen durch die Existenz und das Handeln zum Teil bedrohlicher und phantastischer Phänomene und Wesen wie Vampire, menschliche Bestien, Werwölfe, Zombies, Teufel, mutierte Menschen, Pflanzen und Tiere. Effektvoll werden Angst und Qualen der Opfer, blutige Massaker und Opferrituale durch Kulisse, Maske, Kamaraführung, Musik und Geräusche inszeniert.
Einen Monat vor dem Erhebungswochenende wurde 'Teen Wolf' auf RTLplus gesendet. Offensichtlich hat dieser Film bei den Kindern einen starken Eindruck hinterlassen. Die 'Gremlins' kamen am Samstag gleichzeitig als Vorschau in der Cinemathek, einer Kino-Trailer-Show in Tele 5, und viermal als Trailer in den Werbeblöcken von RTLplus, das diesen Trailer auch am Sonntag noch einmal sendete. Die übrigen Nennungen sind Titel von Filmen, die schon vor längerer Zeit im Fernsehen liefen oder Titel von Videofilmen.

Comedyserien

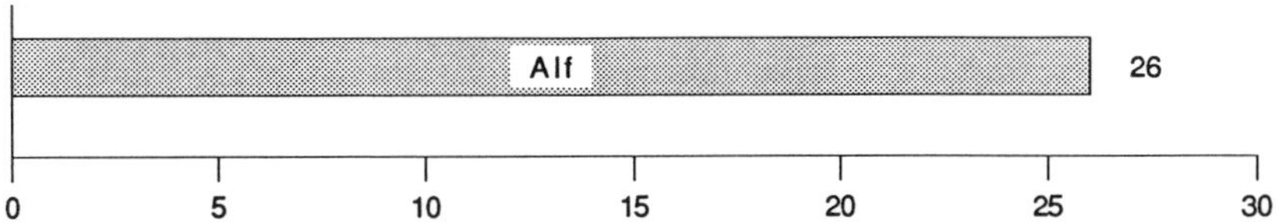

Abb. 11: Comedyserien. Anzahl der Nennungen je Sendungstitel. Alf war die einzige Nennung.

Nicht der Inhalt, sondern die Dramaturgie machen die Besonderheit von Comedyserien aus. Im Stil von aufgezeichneten Theateraufführungen hört man lachendes Publikum im Hintergrund. Zentral sind hier die 'witzigen' Dialoge und Wortspielereien.
'Alf', die einzige von den Kindern genannte Comedyserie, lief weder am Erhebungswochenende noch unmittelbar davor. Die Figur ist jedoch im Medienverbund schon lange Zeit präsent und dadurch den Kindern sehr vertraut. Hinzu kommt, daß Erwachsene diese Sendung, die früher im Vorabendblock am Freitagabend lief, auch recht unterhaltsam fanden.

Krimiserien

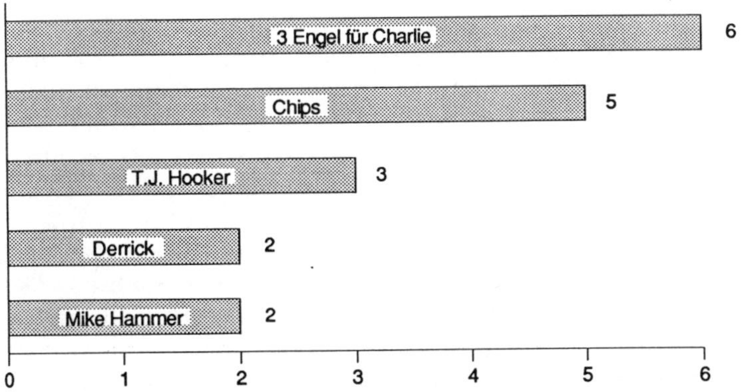

Abb. 12: Krimiserien. Anzahl der Nennungen je Sendungstitel. Selten genannte Titel sind nicht mehr dargestellt. Von insgesamt 9 Titeln, die Kinder hier nannten, liefen 2 am Wochenende.

Hier steht die Aufklärung eines Verbrechens durch Polizei, Detektive oder Agenten im Zentrum. Gezeigt werden häufig auch die Motive des Verbrechers und der Werdegang der Tat.
SAT.1 sendete 'Drei Engel für Charly' am Wochenende. 'Chips'

(RTLplus), 'T.J. Hooker' (SAT.1) und 'Derrick' (ARD) kamen unmittelbar vorher. Auch Krimis haben feste Sendeplätze im Programm. Sie werden jedoch eher von Erwachsenen gesehen, und die Kinder mögen sie auch nicht besonders (vgl. Kapitel 2).

Erotikfilme

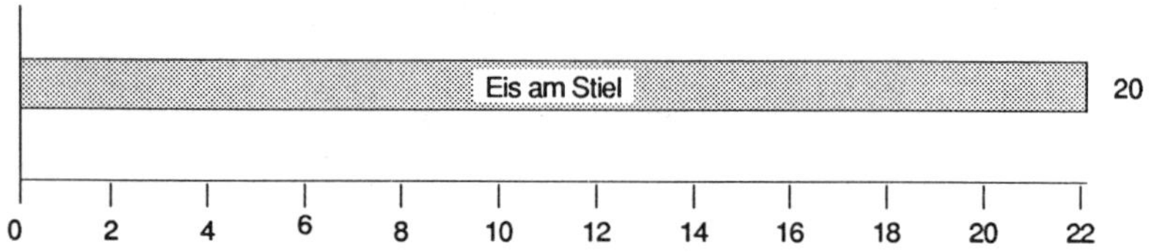

Abb. 13: Erotikfilme. Anzahl der Nennungen je Sendungstitel. Selten genannte Titel sind nicht mehr dargestellt. Von insgesamt 3 Titeln, die Kinder hier nannten, liefen 2 am Wochenende.

Im Zentrum stehen die erotischen und sexuellen Beziehungen zwischen Mann und Frau, wobei bei 'harten' Filmen der Schwerpunkt meist auf sexuellen Praktiken liegt. In dem oben genannten Film geht es eher um den Wunsch männlicher Jugendlicher nach sexuellen Praktiken, die jedoch meist durch widrige Umstände vereitelt werden.
'Eis am Stiel', Teil 8, lief am Wochenende um 20.00 Uhr in RTLplus. 'Die vollkommene Ehe', einmal genannt, lief ebenfalls in RTLplus, 'Emmanuelle', eine Nennung, wurde lange vor der Erhebung gesendet. Erotikfilme tauchen in der Rangfolge der Kinder nur deshalb auf, weil 'Eis am Stiel' - durch seine ca. 12 Teile fast eine Serie - am Wochenende lief und gleichzeitig als Beispiel für 'Teeny-Erotik'-Filme steht.

Kinder nennen am häufigsten Titel, die am Wochenende gesendet wurden, da sie sich an diese besonders gut erinnern können. Der Großteil der anderen mehrmals genannten Titel sind Sendungen, die mit festen Sendeplätzen regelmäßig ausgestrahlt werden. Sendungen bleiben Kindern dann im Gedächtnis, wenn sie sie sehr gut kennen, weil sie oft zu sehen sind, oder aber, weil diese Sendungen sie besonders, positiv oder negativ, beeindruckt haben.

3. Wie bewerten Kinder ihre bevorzugten Sendungen?

Kinder lieben Unterhaltung und sie bevorzugen vor allem regelmäßig ausgestrahlte Serien. Daneben spielen in ihren Vorlieben aber auch Sendungen eine Rolle, die sie besonders beeindruckt haben, vor allem Spielfilme. Letzteres verweist darauf, daß es nicht allein Aspekte wie Regelmäßigkeit und Wiedererkennbarkeit sind, die die Orientierungen und Vorlieben der Kinder beeinflussen.
Wir wollen nun die Kinder selbst zu Wort kommen lassen, um zu sehen, welche Gefühle sie mit Sendungen verbinden, auf welche inhaltlichen und dramaturgischen Elemente sie ihr Augenmerk richten, wie sie selbst ihre Vorlieben begründen und welche Elemente sie veranlassen, Fernsehinhalte abzulehnen. Wir greifen dazu auf die häufig genannten Sendungen in den hochgewichteten Genres Animationsserien, Actionserien und -filme und Unterhaltungsshows zurück, beziehen aber auch die weniger geschätzten Familienserien mit ein (vgl. 2.2).[6]

Um die vielfältigen Beschreibungen und Aussagen der Kinder fassen zu können, wurden diese unter **Bewertungskategorien** gebündelt, die wir aus einer Stichprobe des Materials gewonnen haben.

Selten erzählen Kinder die Handlung einer Sendung vollständig. Häufig beziehen sie sich auf einzelne Szenen, bestimmte immer wiederkehrende Muster und Inhaltselemente oder auf verschiedene Handlungen der Protagonisten. Je nachdem bewerten sie diese Elemente mit zwei Gegensatzpaaren:

Zustimmung | **Ablehnung**

Beides wird von den Kindern als Bewertung zu einer Sendung geäußert, ohne daß sie sich weiter auf den inhaltlichen und/oder dramaturgischen Kontext beziehen.

Spannung	**Langeweile**
Spannend sind Sendungen für Kinder, wenn - **Action** geboten wird, d.h. wenn handlungsreiche, schnell	Langweilig sind Sendungen für Kinder, wenn - **Spannung** fehlt, insgesamt wenig Geschehen geboten

[6] Gruselfilme und Krimis bleiben hier unberücksichtigt. Sie werden unter dem Aspekt Gewalt in Kapitel 2 behandelt.

aufeinanderfolgende und unerwartete Szenen, Personen und Abenteuer auftauchen;
- **Interesse** am Inhalt besteht, weil er neu ist oder etwas gelernt wird.

wird und keine Auflösung der Handlung erfolgt;
- **Desinteresse** besteht, Themen und Inhalte keinen Bezug zur Erfahrungswelt und den Interessen der Kinder haben oder nicht nachvollziehbar sind.

Das Fernsehen spricht aber auch Gefühle an, und die Kinder schildern in ihren Aussagen ihre Empfindungen, sei es bezogen auf Inhaltselemente und Dramaturgieformen oder - was sehr häufig ist - bezogen auf die Helden der Sendung und deren Erleben und Handeln. Auch hier nutzen sie zur Bewertung zwei Gegensatzpaare:

Bewunderung

Bewunderung empfinden die Kinder, wenn
die Helden stark sind oder besondere Fähigkeiten besitzen.

Bedauern

Bedauern empfinden die Kinder, wenn
entweder der Held eine Situation durchläuft, die er nicht auf Anhieb meistern kann, oder wenn eine beliebige Person eine Situation erlebt, die Mitleid hervorruft.

Freude

Freude haben Kinder an Sendungen, die
- **Genußfreude** bieten, weil der Sendungsinhalt oder der dramaturgische Aufbau komisch und zum Lachen sind und die Kinder sich wohlfühlen;
- **Schadenfreude** hervorrufen, weil ohne allzu ernste Folgen jemandem ein Mißgeschick passiert oder Bösewichte ausgetrickst werden.

Angst

Angst verbinden Kinder mit Sendungen, die
- **Angstlust** hervorrufen, weil die Sendung schön gruselig, nicht ernsthaft beängstigend ist, und das gute Ende gewiß ist;
- **Angstschrecken** hervorrufen, weil der Sendungsinhalt Betroffenheit auslöst, die Kinder zum Filmgeschehen keine Distanz haben und in ihren Gefühlen überfordert sind.

Welche Merkmale Kinder an bestimmten Sendungen schätzen, wird im folgenden anhand ihrer eigenen Aussagen beschrieben. Dazu werden die allgemeinen Bewertungen mit individuellen Äußerungen der Kinder belegt.

3.1 Animationsserien

Animationsserien sind bei den Kindern besonders beliebt. Bei den genannten Sendungen lassen sich drei Arten unterscheiden: Geschichten, deren Inhalt und Dramaturgie auf a) reine Komik, b) kämpferische Auseinandersetzungen oder c) alltägliche Begebenheiten ausgerichtet sind.

"Das ist soviel zum Lachen" - Komische Geschichten

In den Zeichentrickserien 'Fantastic Max' und 'Mein Teddy-Monster' werden Geschichten mit phantastischen Inhalten erzählt, die zum Lachen reizen. Alles wird auf den Kopf gestellt, nichts hat mehr seine gewohnte Ordnung, und die ausgefallenen Ideen der Protagonisten leisten dazu ihren Beitrag.

Fantastic Max *"ist ein Kinderfilm und voll was Lustiges"*, so schildert ein begeistertes Mädchen diese Sendung, die altersunabhängig vor allem den Mädchen viel Freude bereitet. Da fliegt ein *"Baby auf der Nuckelflasche"*, erzählt Sabine (10), und Janine (11) erklärt, daß Fantastic Max *"ein Baby ist, das sprechen kann und immer zum Weltall fliegt"*. Auch Pamela (10) findet in dieser Zeichentrickserie *"soviel zum Lachen"*, vor allem wenn Fantastic Max sagt: *"Hier kommt der phantastische Käpt'n Pupsermacher"*. *"Weltraumbaby"*, so nennen ihn die Jungen. Wie Peter (9) bewundern sie, daß Max *"coole Sprüche"* hat und *"tolle Tricks kennt"*, während in den Augen von Mustafa (11) Fantastic Max ganz toll ist, weil er *"immer in die Welt fährt und später den anderen hilft, wenn sie gefangen sind. Der Held eben"*.

Mein Teddy-Monster ist lustig, weil die gleichnamige Hauptfigur *"im Dreck wühlt"* und *"Quatsch macht"*, was besonders den 8-10jährigen Mädchen gefällt. *"Monsi"*, so sein Kosename in der Serie, *"macht viel Unfug und erschreckt auch manchmal die Leute"*, erzählt Nicole (8), doch *"es ist ein gutes Monster"*. Der Meinung ist auch Pamela (10) und sie ist begeistert davon, daß *"aus diesem richtigen Monster wieder ein Teddybär wird, wenn man ihm die Handschellen umbindet"*. *"Ein Kuscheltier"* also, und anlehnungsbedürftig ist es außerdem, denn Pamela schildert, daß *"Teddy-Monster letztes Mal etwas geschluckt hat, immer* *größer wurde und dann gesagt hat: 'Ich will umarmen'".* Hin und wieder kommt auch Schadenfreude auf, wie z.B. bei Sarah (10), die es lustig findet, *"wie Biester das Teddy-Monster fangen will, denn dann stoppt es und kehrt um. Dann fällt Biester selbst in das schwarze Loch".* Biester[7] ist das 'böse' Monster, das Teddy-Monster in die Monsterwelt, das schwarze Loch, zurückholen will. Das bereitet auch den Jungen viel Spaß. Boris (10) schildert, daß *"Teddy-Monster immer von den anderen Monstern genervt wird, und dann ist es so lustig, weil es dann jemand ist, der Quatsch macht und Leute erschreckt".* Die Jagd zwischen Biester und Teddy-Monster findet auch Mustafa (11) *"lustig und gut"*, selbst wenn es für ihn den Anschein hat, daß *"der Große den Kleinen als Monster vernichten will".*

Witzig finden auch alle Kinder die Comedyserie **Alf**. Ihre Äußerungen zeigen, daß sie sie insgesamt ähnlich wie Zeichentrickserien bewerten, zumal die gleichnamige Hauptfigur für die Irrealität und Komik sorgt, die für dieses Genre typisch ist.
Warum Alf für soviel Spaß sorgt, erfahren wir in erster Linie von den jüngeren Mädchen, denn die älteren und auch fast alle Jungen erzählen zu dieser Sendung nicht viel. Spaß hat z.B. Nicole (8), weil Alf immer *"Unsinn"* macht und *"sogesagt das ganze Haus umstellt".* Susanne (10) findet es besonders lustig, daß *"er immer die Katzen fressen möchte, doch die kriegt er nicht, leider!"* Die meisten Jungen finden die Sendung Alf *"witzig und fröhlich"*, und für Paul (9) ist Alf *"ein guter Ausserirdischer vom Planeten Melmack".*

"Da passiert viel" - Kämpferische Geschichten

In den Zeichetrickserien 'He-Man' und 'Ghostbusters' ist der Kampf gegen das 'Böse' sowohl inhaltlicher als auch dramaturgischer Mittelpunkt, und das einfache Gut-Böse-Schema wird effektvoll und handlungsreich in Szene gesetzt. Die sich im Kampf gegenüberstehenden Protagonisten benutzen dabei unvorstellbare Technik und Zaubereien.

*"**He-Man** ist von den Guten, und Skeletor ist von den Bösen, und He-Man und seine Bande erledigen Skeletor"*, so kurz und knapp die Inhaltsbeschreibung von Christian (10), der damit seine Bewunderung für den gleichnamigen Helden der Sendung ausdrückt. Fast ausschließlich

[7] 'Mein Teddy-Monster' ist eine Zeichentrickserie aus den USA. Die Schreibweise von 'Biester-Monster' wurde dem Sprachgebrauch der Kinder angepaßt.

die Jungen zwischen 8 und 10 Jahren nennen diese Sendung, und in ihren Bewertungen haben He-Man und sein Zauberschwert die zentralen Rollen. Für Christian (10) wird es z.B. spannend, *"wenn He-Man seine Hand zum Schwert macht"*.

Die Beschreibungen von einigen Jungen beziehen sich auch auf den Spielfilm **Masters of the Universe**, der in der Woche vor unserer Erhebung im Fernsehen lief. Zu diesem Realfilm schildern sie zum Teil ganze Szenen. Auch hier richten sie ihr Augenmerk in erster Linie auf den Helden He-Man, und es hat sie besonders beeindruckt, daß der irreale Zeichentrickheld real wurde und *"auf die Erde kam"*. Boris (10) fand es toll, *"wie He-Man seinem Freund geholfen und ihn mit einer Pistole mit einem Greifer dran, von so einem Winzling mit Ohren befreit hat"*. Und als He-Man erfuhr, daß das *"schöne Essen von einem Tier kommt"*, und gesagt hat: *"Iiiih, was für eine scheußliche Welt hier"*, da mußte Martin (10) sehr lachen.

In **Ghostbusters** geht es geisterhaft zu, vor allem für die 8-10jährigen Jungen. Die von ihnen bewunderten und gleichnamigen Helden *"fangen und töten Geister"*, wie Patrick (9) erklärt, und Jan (10) betont, daß *"die echt sind"*. Ob damit die Geister oder die Ghostbusters gemeint sind, wird nicht so klar. Doch das ist unwesentlich, denn einige Jungen in diesem Alter finden die Sendung *"witzig und am besten"*, auch wenn es für manche, wie Wang (8), gelegentlich gruselig wird: *"Da war ein Hund, der hat zwei Leute tot gemacht, so einen Turmwächter und ... tot gemacht"*. Mädchen nennen erst mit 11 Jahren diese Sendung und erzählen nicht viel dazu. Sie mögen den Geist Slimer besonders, denn er ist *"lustig"* und gleichzeitig, laut Janine (11), *"so eklig"*.

"Niedlich und süß" - Einfache Geschichten

In den Zeichentrickserien 'Die Schlümpfe' und 'Die Biskitts' werden in einfachen Handlungsmustern Geschichten von fabelähnlichen Wesen erzählt. Im Mittelpunkt steht ihr familienähnlicher Alltag, der sich aus den jeweiligen Eigenschaften der Figuren und ihren Beziehungen untereinander gestaltet. Aufregend und handlungsreich wird es nur, wenn dieser geordnete Alltag durch einen 'Widersacher' gestört wird, den es zu verjagen oder auszutricksen gilt.

Die Schlümpfe sind *"witzig und komisch"*, so lauten die meisten Bewertungen der Kinder, besonders der 8-10jährigen. Vom Sendungsinhalt

Bild 1: 'He-Man' aus 'Masters of the Universe', Foto: RTLplus

erzählen die Kinder insgesamt wenig. In ihren Augen sind nur die Schlumpffiguren von Bedeutung. Sie sind *"schlaue und süße kleine Wesen"*, die sich durch ihre besonderen Eigenschaften voneinander unterscheiden, und je nachdem die Symphathien der Kinder haben. Susanne (10) mag z.B. Torti-Schlumpf, weil *"der immer Torten essen will"*, und Janine (11) die Schlumpfine, weil sie *"hübsch und nett ist"*, während Christian (10), Hefti, den 'Haudegen und Fußballspieler', *"am besten findet"*. Auch Gargamel, ein trotteliger Zauberer, der die Schlümpfe zu Gold verwandeln oder zumindest fressen möchte, wird von den Kindern erwähnt. Eigentlich ist er der Widersacher der Schlümpfe, und Moni (10) packt die Angstlust, *"wenn er diese mal wieder fängt"*. Doch Gargamel ist harmlos und wenn er *"immer so doof ist, und ihm etwas passiert"*, dann ist für sie die Schadenfreude nicht weit. Das hindert Phillip (8) allerdings nicht daran, von sich folgendes zu behaupten: *"Ah, Schlümpfe! Ich bin Gargamel - gebt mir was zu fressen"*.
Die Schlümpfe sind im Übrigen gleich mehrmals am Tag zu sehen, und Sarah (10) findet das *"öde und gut. Ein paar Sendungen sind öde"*, damit meint sie die Wiederholungen der einzelnen Folgen.

Die Biskitts sind kleine Hunde, und die Serie hat für Sabine (10) *"mit dem verschwenderischen König Max zu tun. Er ist böse und er möchte immer den Schatz finden, den die Biskitts haben wollen"*. Nur die 8-10jährigen Mädchen finden diese Zeichentrickserie komisch. Die älteren Kinder nennen sie nicht, oder finden sie, wie Dörte (12), *"langweilig"*.

Eher langweilig finden die meisten Kinder die **Kindermagazine**. Eine Ausnahme macht 'Bim Bam Bino', wohl vor allem, weil hier sämtliche Zeichentrickfilme gezeigt werden, die die Kinder mögen.
Jüngere Kinder wie Paul (9) finden Bim Bam Bino insgesamt *"eine sehr gute Kindersendung"*, auch weil die *"Maus Bino witzig ist"*. Bei den Kindern ab 10 Jahren wird über Kindermagazine kritischer geurteilt. *"Die hab ich früher nie verpaßt, wenn ich sie verpaßt habe, war ich traurig"*, sagt Sarah (10) zur Sesamstraße, doch jetzt findet sie sie *"langweilig"*. Auch das eigentliche Kindermagazin Bim Bam Bino kommt nicht viel besser weg: *"Wenn sie nur mit Bino schwatzen, dann finde ich es langweilig, is'n bißchen doof"*, erklärt Jan (10).

Zeichentrickserien bieten besonders den jüngeren Kindern viel zum Lachen. Je mehr Irreales und Phantastisches in den Serien vorkommt, umso mehr sind sie davon fasziniert. Im Mittelpunkt stehen für sie dabei die Protagonisten. Die Mädchen beziehen sich auch auf die Inhalte, und das Handeln und Auftreten der Figuren bekommt hierüber seine Bedeutung. Die Jungen hingegen haben besonders die heldenhaften Taten der Protagonisten und ihre besonderen Fähigkeiten im Blick. Die Helden der Serien rufen ihre Bewunderung hervor. Unter diesem Aspekt mögen auch die älteren Jungen actionreiche Serien wie He-Man gern.

3.2 Actionserien und -filme

Actionserien liegen bei den Kindern auf dem zweiten Rang. Bei den von ihnen genannten Serien lassen sich zwei Arten unterscheiden: a) Alltägliche bis märchenhafte Geschichten mit freundlichen Protagonisten, und b) Geschichten, deren inhaltlicher und dramaturgischer Mittelpunkt kämpferische Auseinandersetzungen sind, und deren Protagonisten sich in dieser Weise für 'Recht und Ordnung' einsetzen.

"Dann ist alles wieder so klar" - Harmonische Geschichten

Einfache und klare Geschichten mit ebensolchen Protagonisten stehen im Mittelpunkt von Inhalt und Dramaturgie, im Alltag der Rettungsschwimmer aus der Serie 'Baywatch' ebenso wie bei 'MacGyver', dem phantasievollen Erfinder, oder in den modernen Märchen von 'Knight Rider' und 'Batman'.

Baywatch mögen die älteren Kinder, vor allem die Mädchen, *"weil da David Hasselhoff mitspielt"*, den sie hier als den Helden Mitch bewundern können, der laut Gabi (10) *"Menschen rettet"*. Für Edith (11) ist deshalb in dieser Sendung *"immer was los, denn da ertrinken welche"*, was aber *"gar nicht gruselig"* ist, und begeistert fügt sie hinzu: *"Find ich ganz toll, das gucke ich immer"*. Die Jungen dieser Altersgruppe nennen die Sendung zwar auch, doch zu erzählen wissen sie nicht viel. Lediglich Nico (11) betont die Glaubwürdigkeit dieser Actionserie: *"Es ist einigermaßen wirklichkeitsgetreu und nicht so übertrieben dargeschildert"*.

MacGyver *"kann gut umgehen mit Sachen, welche man noch nicht erfunden hat"*, so erklärt der 9jährige Mark seine Begeisterung für den Helden der gleichnamigen Serie. Insgesamt jedoch finden vor allem die älteren Kinder, und besonders die Jungen, die Serie spannend, zumal *"viele Abenteuer"* und *"tolle Tricks dabei sind"*, wie Sven (11) und Martin (12) betonen. In den Augen der 11-13jährigen Mädchen wäre dies jedoch ohne den gleichnamigen, *"symphatischen"* Helden MacGyver, der alles *"so schnell regelt"*, nicht denkbar. Ihm gilt ihre Bewunderung. Warum erklärt Edith (11): *"Guck mal, immer wenn die Leute Probleme haben, dann kommt er und hilft ihnen. Wenn er das geschafft hat, dann ist er ein Held".*

Knight Rider lebt von den Akteuren Michael Knight und seinem Auto K.I.T.T. Diese werden von den Kindern bewundert und allein ihre Anwesenheit scheint zu genügen, denn zur eigentlichen Sendung erzählen sie kaum etwas.
Die Bewunderung für das Computerauto K.I.T.T. rührt daher, daß es eine *"irre Technik"* ist, die *"sprechen und alleine fahren kann"* und sogar selbstständig Entscheidungen trifft. Ein fast menschliches, doch in jedem Fall phantastisches Auto also. Besonders die Kinder zwischen 8 und 10 Jahren sind von K.I.T.T. begeistert, weil es *"Menschen verprügelt"*, wie Phillip (8) meint, oder weil es - wie Sabine (10) vermerkt - *"so schnell fahren und die Leute auf dem Schleudersitz hochfliegen kann"*. So etwas bereitet nicht nur Spaß, sondern ist auch *"schön spannend"*. Michael Knight, alias David Hasselhoff, ist bewunderter Held bei allen Kindern, ihrer Ansicht nach *"der Typ"*. Für Ronny (11), weil er die *"Technik von Karate"* kann, und für Petra (9), weil er *"so schöne Locken"* hat.

Batman wird von Mädchen und Jungen unabhängig vom Alter genannt, jedoch äußern sie sich sparsam. Von den jüngeren Mädchen wird Batman bewundert, weil er einen *"tollen Umhang hat und süß aussieht"*, und Susanne (10) erklärt, daß er *"immer da ist, wenn jemand in Not ist"*. Janine (11) stellt dagegen zufrieden fest, daß da *"jetzt ein Mädchen gekommen ist"*, nämlich Batgirl. Für Phillip (8) ist die Sendung spannend, *"weil die sich da immer kloppen"*, und ein 11jähriger bewundert Batman, *"weil er so stark ist"*.

"Da wird viel geschossen" - Harte Geschichten

Handlungsreich und 'knallhart' geht es in den Serien 'Das A-Team' und 'Airwolf' zu. Kämpfe stehen inhaltlich im Mittelpunkt und werden dramaturgisch entsprechend in Szene gesetzt. Während das 'A-Team' noch mit Witz und Komik aufgelockert ist, besteht 'Airwolf' fast nur noch aus kriegsähnlichen Auseinandersetzungen und Zerstörungen, in denen der gleichnamige Helikopter zentrale Bedeutung hat.

Bild 2: 'Michael Knight' und 'K.I.T.T.' aus 'Knight Rider', Foto: RTLplus

Das A-Team bietet Action und das gefällt besonders den Kindern ab 10 Jahren, insbesondere den Jungen, *"weil da viel geschossen wird"*, wie Bernd (10) betont. Doch *"nicht nur, weil die immer schießen"*, mag er das A-Team, sondern auch, weil *"da nicht so oft gemordet"* wird, und außerdem, *"weil Murdock immer Witze macht"*. Murdock ist ein A-Team-Mitglied, daß *"immer verrückt spielt und schön doof ist"*. Neben der Action, den Schießereien und den komischen Elementen fasziniert die Jungen in A-Team auch die Technik, wie Nico (10): *"Ich bin ein Mensch, der Technik mag. Das A-Team spricht mich auf diesem Gebiet ganz besonders mit den irrwitzigen Erfindungen an"*.
Auch die Mädchen mögen diese Sendung, wie Pamela (10), für die *"die Leute da immer ein Held"* sind, und Gabi (11) *"macht es Spaß, das A-Team anzusehen"*. Besonders mögen die Mädchen den muskulösen Schwarzen B.A., ein weiteres Mitglied des A-Team. *"Stark"* und *"witzig"* ist er und *"er hat ganz viele Ketten und Ringe"*, begründet Edith (11) ihre Vorliebe für ihn.

Airwolf fesselt vorwiegend die älteren Jungen durch die gebotene Action. Ihre Aussagen beziehen sich nur auf die reinen Kampfhandlungen. *"In dieser Serie gibt es viel Action, denn der Helikopter ist gut"*, so die Beschreibung von Benny (13). Olaf (11) findet es toll, *"daß da viel geschossen wird"*, und er erklärt warum: *"Ich mag Luftkämpfe, weil sie meist spannend sind und ich stark für Spannung bin"*. Das einzige Mädchen (13), daß diese Sendung nennt, äußert sich bewundernd zu Hawk Santini, *weil der alles aufklärt.*

Bewertungen wie die der Jungen zu 'Airwolf' finden ihre Fortsetzung bei den Actionspielfilmen mit 'Bruce Lee' und 'Jackie Chan'. Sie beziehen sich auch hier vorwiegend auf die Karatekampfhandlungen. Das ist auch bei 'Bud Spencer' der Fall, wenngleich in diesen Filmen mit den Fäusten gekämpft wird. Da sich Actionspielfilme nur in der Länge, nicht aber in Inhalt und Dramaturgie von Actionserien unterscheiden, werden sie hier mit behandelt. Die am häufigsten genannten Filme mit 'Bruce Lee', 'Jackie Chan' und 'Bud Spencer' besitzen sowieso fast schon Seriencharakter.

Fast nur die Jungen zwischen 11 und 13 Jahren nennen **Actionspielfilme** dieser Art, und ihre Bewunderung für die Karatekämpfer **Bruce Lee** und **Jackie Chan** ist besonders groß. Da die Filme fast ausschließlich von den Karateszenen leben, und eine Handlung kaum zu erkennen ist, verwundert es wenig, daß die Bewertungen der Jungen nahezu identisch lauten. Bruce Lee und Jackie Chan können *"gut Karate"*. Bruce Lee besitzt dazu noch *"Schnelligkeit"*, *"ist stark"*, und *"er macht jeden fertig"*. Haydar (12) ist davon sehr beeindruckt. Jackie Chan bewundert er auch deshalb, weil er *"alles ganz schnell lernt"* und *"er hat auch keine Angst und läuft weg"*. Für diesen Karatekämpfer hegt auch manch jüngerer Junge Bewunderung, denn er *"ist von einem Berg runtergesprungen, der war ungefähr tausend Meter hoch, mit 'nem Heißluftballon"*, schildert Aydin (9) begeistert, und außerdem *"kann man sehen, wie er kämpft und dann kann man versuchen, das nachzumachen"*.

In Actionserien finden Kinder spannende und handlungsreiche Unterhaltung, worauf besonders die Jungen stehen. Die Protagonisten, die das Geschehen inszenieren, spielen dabei eine wichtige Rolle. Für die jüngeren Jungen müssen die Kämpfe durch lustige Darsteller und komische Handlungselemente aufgelockert sein. Die älteren Jungen bewerten unterschiedlich: Die einen empfinden Spannung, wenn Abenteuer erlebt und tolle Sachen gemacht werden, wie in MacGyver. Die anderen sind fasziniert von den reinen Kampfszenen, wie in Airwolf. Von hier bis zur Bewunderung für Bruce Lee und Jackie Chan als durchsetzungsstarke und immer siegreiche Helden ist es nicht weit. Für ältere Mädchen sind in Actionserien ebenso wie für die Jungen die Protagonisten ausschlaggebend. Die männlichen Darsteller, wie Michael Knight, Batman oder MacGyver, sind für sie nett, gut aussehend und vor allem sozial, weil sie anderen helfen. Besonders der letzte Punkt scheint für die Mädchen von Bedeutung zu sein, denn je mehr die Actionserien aus reinen Kampfhandlungen bestehen, umso weniger nennen sie diese. Jüngere Mädchen mögen Actionserien nur, wenn die Handlungen mit komischen und irrealen Elementen verbunden sind, wie mit dem Computerauto K.I.T.T. in Knight Rider, oder wenn moderne Märchenhelden, wie Michael Knight und Batman auftreten.

3.3 Unterhaltungsshows

Daß dieses Genre auf dem dritten Rang rangiert, liegt insbesondere an 'Wetten, daß ...?', der Familienunterhaltungsshow, die am Erhebungswochenende lief.

Wetten, daß ...? mögen die meisten Kinder, und die 11-13jährigen vor allem deshalb, *"weil es gute Unterhaltung am Abend ist"*. Benny (13) sieht sich die Show gerne an, *"weil die Wetten oft interessant sind,"* während es Lea (13) genießt, daß *"in der Sendung Prominente zu sehen sind,"* wie z.B. der aus Actionserien und als Sänger bekannte David Hasselhoff (vgl. 2.2). Die jüngeren Kinder finden wie Paul (9), daß *"Thomas Gottschalk gute Witze gemacht hat"*. Außerdem sind die *"Wetten so gut, und es ist spannend,"* zuzuschauen, ob sie gelingen. Zum Beispiel war es für Sarah (10) sehr aufregend, als *"über fünf Meter Gläser gestapelt wurden und am Schluß alles umgekippt ist"*. Als dann auch noch der Moderator Thomas Gottschalk seine Wette verloren hat, war es für die meisten Kinder ein Genuß, miterleben zu können, *"wie er ins Wasser gegangen ist und schwimmen mußte"*. Allerdings mögen Kinder nicht unbedingt die ganze Show, z.B. *"wo die nur geplappert haben"*, fand Jan (10) es sehr *"langweilig"*.

Ähnliche Bewertungen geben die Kinder auch zu anderen Unterhaltungsshows. Als langweilig bezeichnet Susanne (10) die 'Pyramide', *"denn da haben die nur geraten und geredet"*. Dagegen ist für Bernd (10) die Rateshow **Ruck Zuck** richtig spannend: *"Dann kommt da eine Frage und wer am schnellsten drückt, der kann sie beantworten. Wer da gewinnt, ist ein Held, der gewinnt 500 oder 600 Mark auf einmal"*.

Unterhaltungsshows haben für Kinder etwas mit Neugierde und Sensationen zu tun. Sensationell finden sie es, wenn jemand einen Haufen Geld gewinnt, Gläser zu Bruch gehen, oder fast unmögliche Dinge ausprobiert werden. Ihre Neugierde befriedigen sie, wenn sie beobachten können, wie Prominente sich darstellen, oder wenn ein bekannter Moderator sich 'bloßstellen' muß. Wird nichts in dieser Richtung geboten, werden Unterhaltungsshows eher langweilig für sie.

3.4 Familienserien

Familienserien werden nur von den Mädchen genannt, doch scheint dieses Genre auch bei ihnen nicht sehr beliebt zu sein, da bei den Sendungen kein richtiger Spitzenreiter auszumachen ist. Bei den genannten Sendungen lassen sich zwei Arten unterscheiden. Es werden a) irreale Geschichten mit außergewöhnlichen, nicht 'normalen' Protagonisten oder b) quasi wirklichkeitsnahe Geschichten und Lebensläufe einer Familie erzählt.

"Irreal und lustig" - Besondere Geschichten

'Trapper John M.D.' und 'Verliebt in eine Hexe' sind Familienserien, deren Geschichten klar und einfach und durch die im Vordergrund stehenden Protagonisten lustig und teilweise märchenhaft sind.

Trapper John M.D. handelt vom Krankenhausalltag, und Nicole (8) erzählt dazu: *"Da mag ich am liebsten, wenn immer Unfälle passieren. Die und auch die Operation sind dann spannend"*. Zum Lachen gibt es auch genügend, für Anja (11), weil der Hauptdarsteller *"ein toller Typ und immer so witzig ist"*.

In **Verliebt in eine Hexe**, geht es nicht mit rechten Dingen zu, was am Hexen liegt. Es gibt dort zwar *"einen Opa, der doof ist"*, wie Özlem (8) schildert, doch trotzdem finden die meisten Mädchen diese Sendung lustig und zum Genießen. Anja (11) erklärt warum: *"Da wird immer so verwandelt. Das ist komisch. Die Mutter verwandelt immer Samanthas Mann. Als ein Schwein oder als ein Engel und das ist total gut"*.

"Ich glaube, das ist echt" - Realistische Geschichten

Die Lindenstraße gehört zu den Familienserien, die sich den Anschein von Realitätsnähe geben. Das Geschehen rankt sich um den Alltag verschiedener Familien mit allen Höhen und Tiefen. Die Geschichten werden fortlaufend erzählt und jede Folge endet im spannendsten Moment. Dieser 'Cliffhanger' ist ein Serienprinzip, um den Zuschauer durch ein offenes Ende an die nächste Folge zu binden.
Die Lindenstraße erfreut sich keiner großen Beliebtheit bei den Kindern. Obiges Zitat von Sarah (10) verweist auf einen Grund hierfür, weil sie nämlich die Darstellung als sehr nah an der Wirklichkeit erleben. Aber auch der 'Cliffhanger' spricht Kinder nicht an. Daß *"beim spannendsten Teil immer Schluß ist"* findet Manuela (12) richtig doof.

In Familienserien suchen Kinder lustige und spannende Elemente. Diese finden offenbar nur die Mädchen, und auch nur vereinzelt. Ihre eigene Alltagserfahrung mag dabei eine Rolle spielen, denn nach wie vor werden Mädchen stärker auf das Familienleben hin erzogen. In Familienserien können sie sehen, wie es in anderen Familien zugeht. Ihre Vorliebe richtet sich dabei eher auf irreale und komische Familienserien, ohne deutlichen Realitätsbezug und ohne offenes Ende.

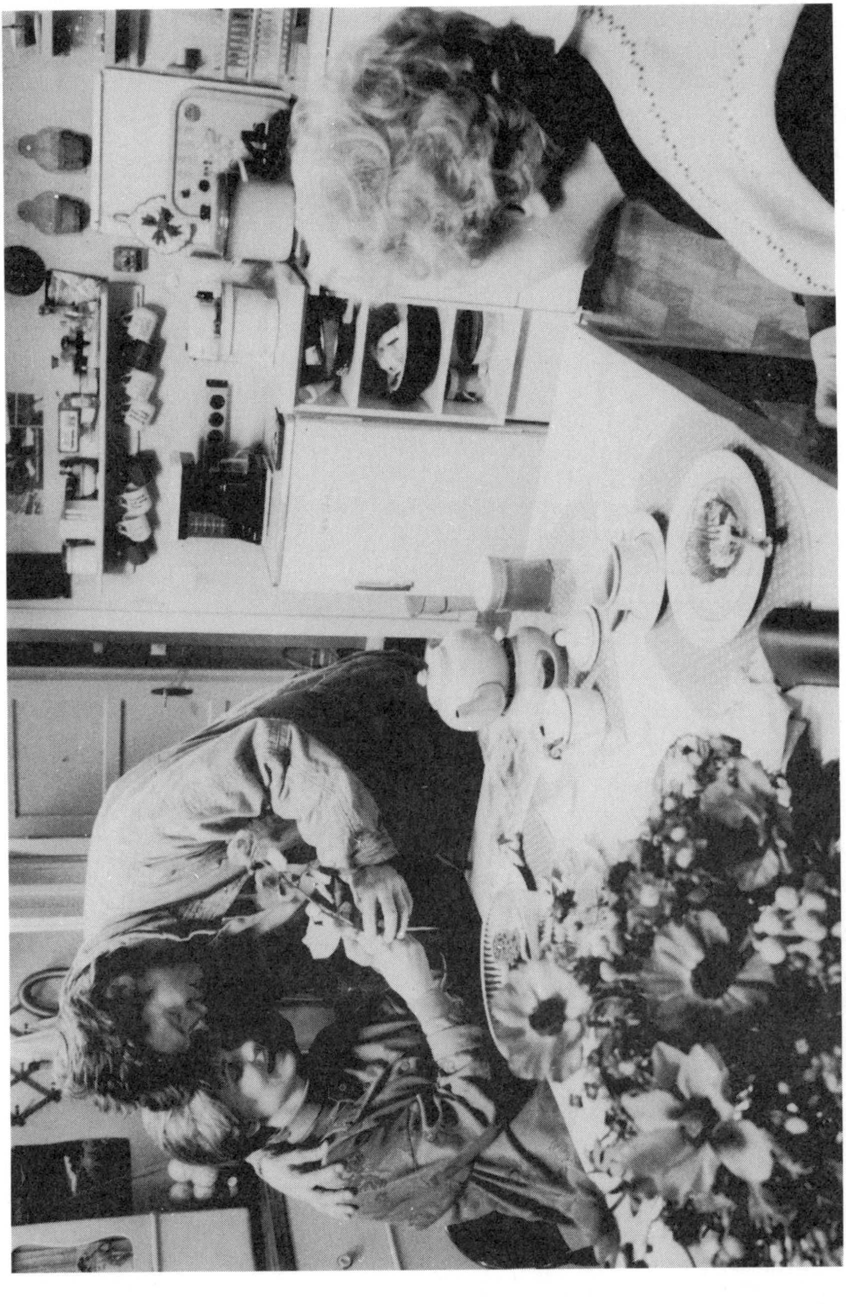

Bild 3: ‘Gabi’ und ‘Benno’ aus ‘Lindenstraße’, Foto: ARD/WDR/Seip

Vor allem die Realitätsnähe scheint auch der Grund zu sein, warum von den Kinder insgesamt Sendungen aus dem Informationsbereich kaum genannt oder aber ablehnend bewertet werden. Hier begegnet den Kindern Realität pur, was sie offenbar nicht nur nicht mögen, sondern was für sie oft auch belastend ist, jedenfalls dann, wenn diese Realität mit Gewalt versetzt ist. Darauf verweist insbesondere ihre Ablehnung der Nachrichten, mit dem Argument, in der **Tagesschau** seien *"tote Menschen"* zu sehen (vgl. Kapitel 2).

Action, Komik und tolle Helden - darauf richten Kinder im Fernsehen in erster Linie ihre Vorlieben, und diese Elemente binden sie an ihre bevorzugten Genres, die Animations- und Actionserien. Während die jüngeren Mädchen Komik, verbunden mit irrealen Elementen, vorziehen und diese besonders in Zeichentrickserien finden, orientieren sich die älteren Mädchen an Actionserien, in denen die Protagonisten vor allem soziales Verhalten zeigen. Auch die 8-10jährigen Jungen suchen irreale und lustige Elemente, doch richten sie dabei ihren Blick vorwiegend auf die besonderen Fähigkeiten und das Auftreten der Darsteller, die den Verlauf der jeweiligen Handlung bestimmen. Ältere Jungen orientieren sich vor allem an handlungsreichem Geschehen, das von Protagonisten mit außergewöhnlichen Fähigkeiten und durchsetzungsstarkem Auftreten initiiert wird.

4. Welche medialen Figuren bevorzugen Kinder?

Die Bewertungen, die Kinder zu ihren bevorzugten Sendungen abgeben, beziehen sich in erster Linie auf die Protagonisten, ihr Äußeres, ihre Fähigkeiten, ihre Eigenschaften, ihr Handeln. Sie spielen offenbar eine wichtige Rolle für die Vorlieben und die Bindung der Kinder an diese Sendungen.
Anhand der Lieblingsfiguren der Kinder beschreiben wir nun, welche Eigenschaften die Protagonisten einer Sendung besitzen müssen, damit sie für die Kinder bedeutungsvoll werden.

Die unterschiedlichen Lieblingsfiguren der Kinder haben wir, um sie vergleichen zu können, Figurentypen zugeordnet, die anhand der medialen Präsentation gebildet wurden. Die zentralen Eigenschaften dieser Figurentypen lassen sich folgendermaßen beschreiben:

Die überlegenen Retter sind stark, edel und gerecht

Die kindlichen Freunde sind lieb, witzig, mutig und hilfsbereit

Die siegreichen Kämpfer sind erfolgreich und stark oder listig

Die ewigen Verlierer sind immer erfolglos und Pechvögel

Die grausamen Angreifer sind böse und zerstörerisch

Die bekannten Stars sind erfolgreiche Mediendauerbrenner

4.1 *"Starke Typen und liebe Wesen"* - Die bevorzugten Figurentypen der Kinder

Überlegene Retter sind besonders erfolgreiche Verfechter der Gerechtigkeit, entweder weil sie sich, wie 'He-Man', dazu verpflichtet fühlen oder weil es, wie bei 'Michael Knight', ihr ausgeübter Beruf ist, oder weil sie zufällig wie 'Bud Spencer' Ungerechtigkeiten miterleben und ihre Hilfe erforderlich wird. Überlegene Retter treten als Einzelkämpfer oder im Team auf, sie retten und helfen mit Witz, mit besonderen Fähigkeiten oder körperlicher Kraft, und sie sind immer rechtzeitig da, um den Schwachen und Verfolgten mit Rat und Tat beiseite zu stehen.
Lieblingsfiguren der Kinder zu diesem Figurentyp sind vor allem He-Man, B.A. und Michael Knight. Weiterhin MacGyver, K.I.T.T. aus 'Knight Rider', Murdock aus dem 'A-Team', Mitch aus 'Baywatch', Hawk Santini aus 'Airwolf', Batman, Bill Murray aus 'Ghostbusters', Winnetou, Indiana Jones, Asterix, Old Shatterhand, Fuzzy.

'Überlegene Retter' nennen:

Alter	Jungen	Mädchen	Gesamt
8-10	23	16	39
11-13	30	35	65
Gesamt	53	51	104

Abb. 1: Überlegene Retter. Anzahl der Nennungen dieses Figurentypes als Lieblingsfigur differenziert nach Alter und Geschlecht.

'Überlegene Retter' finden Kinder in erster Linie in den Actionserien, doch auch die Animationserien bieten ihnen diesen Figurentyp an, der altersunabhängig von den Jungen und von den 11-13jährigen Mädchen bevorzugt wird.
Bemerkenswert ist, daß auch eine technische Erscheinung, nämlich das Computerauto **K.I.T.T.**, von den Kindern als ihre Lieblingsfigur bezeichnet und damit vermenschlicht wird. Von medialer Seite läßt sich das aufgrund der Präsentation dieses Autos erkären. Es kann nicht nur sprechen, sondern agiert insgesamt auch wie ein menschliches Wesen. Es besitzt z.B. Launen, Eitelkeiten und Humor und es kann sich ärgern, freuen und sogar traurig sein.
Weiterhin fällt auf, daß die Kinder hauptsächlich männliche Figuren nennen. Dies erklärt sich daraus, daß vor allem in Serien fast ausschließlich Männer als Helden auftreten.

Kindliche Freunde sind Phantasiewesen, Tiere oder Kinder. Sie sind lieb, witzig, hilfsbereit und oft auch mutig. Entweder initiieren sie wie 'Fantastic Max' oder 'Teen Wolf' mit ihren Ideen und Eigenschaften witzige und aufregende Geschichten. Oder es sind Figuren, wie z.B. die 'Schlümpfe' und 'Biskitts', deren lustige und manchmal auch traurige Erlebnisse den Inhalt der Geschichten bilden.
Lieblingsfiguren der Kinder sind vor allem Fantastic Max, Alf und Teen Wolf. Weiterhin Garfield, Cadichon, Pumuckl, Dumbo, Samson und Bert aus der Sesamstraße.

'Kindliche Freunde' nennen:

Alter	Jungen	Mädchen	Gesamt
8-10	13	31	44
11-13	12	21	33
Gesamt	25	52	77

Abb. 2: Kindliche Freunde. Anzahl der Nennungen dieses Figurentypes als Lieblingsfigur differenziert nach Alter und Geschlecht.

'Kindliche Freunde' finden Kinder vorwiegend in Animationsserien. Ausnahme ist die Figur 'Teen Wolf', die an sich in einem Gruselfilm zu sehen ist. Das erklärt sich daraus, daß in diesem Film zwar 'Gruseleffekte' vorkommen, der inhaltliche Schwerpunkt jedoch liegt eher auf

'Pubertätsproblemen', und die Figur 'Teen Wolf' ist ein liebenswerter Junge, durchaus ein kindlicher Freund (vgl. 4.2).
'Kindliche Freunde' sind besonders bei den jüngeren Mädchen beliebt. Daß zu diesem Figurentyp nicht viele verschiedene Figuren genannt werden, liegt daran, daß sich die Vorliebe der Kinder auf 'Alf', 'Fantastic Max' und 'Teen Wolf' konzentriert, die mit ihren Eigenschaften und Ideen komische Geschichten initiieren.

Siegreiche Kämpfer müssen sich durchs Leben kämpfen, doch sie bewähren sich in jedem Fall, entweder mit körperlichen Fähigkeiten wie 'Bruce Lee' und 'Jackie Chan' oder mit anderen Mitteln, etwa der List und Tücke wie z.B. die weibliche Figur 'Brooke' aus der Serie 'Fashion Affairs'.
Lieblingsfiguren der Kinder sind vor allem Bruce Lee und Jackie Chan. Weiterhin der Helikopter aus der Actionserie Airwolf, Sandokan, Brooke, Rocky und Arnold Schwarzenegger.

'Siegreiche Kämpfer' nennen:

Alter	Jungen	Mädchen	Gesamt
8-10	9	3	12
11-13	8	2	10
Gesamt	17	5	22

Abb. 3: Siegreiche Kämpfer. Anzahl der Nennungen dieses Figurentypes als Lieblingsfigur differenziert nach Alter und Geschlecht.

'Siegreiche Kämpfer' stammen vorwiegend aus dem Actionbereich und werden altersunabhängig besonders von den Jungen als Lieblingsfiguren benannt.
Auch hier sind es fast ausschließlich männliche Figuren, und ebenso wie bei den 'überlegenen Rettern' findet eine Vermenschlichung der Technik statt: Der Helikopter aus 'Airwolf' wird von den Kindern als Lieblingsfigur bezeichnet. In der medialen Präsentation unterscheidet er sich allerdings von dem Computerauto K.I.T.T. Der Helikopter, auch 'Lady' genannt, hat keinerlei menschliche Züge. Er ist einzig und allein eine perfekte Kampfmaschine. Aufgrund dieser technischen Fähigkeit wird er jedoch von den Darstellern in der Sendung 'Airwolf' sowohl 'gehätschelt' als auch gefürchtet.

Ewige Verlierer sind in jedem Fall Pechvögel, die ihre Ziele und Träume nicht verwirklichen können. Zu ihnen gehören sowohl die Widersacher der guten Helden, wie Gargamel bei den Schlümpfen, als auch jene, die für die Machtpläne anderer verwertet oder zur Zielscheibe des allgemeinen Gespötts werden, wie z.B. Zachi Noy, der 'Dicke' aus 'Eis am Stiel'.
Lieblingsfiguren der Kinder sind der Geist Slimer aus der Zeichentrickserie 'Ghostbusters', Gargamel und Zachi Noy. Weitere Lieblingsfiguren sind Skeletor und Donald Duck.

'Ewige Verlierer' nennen:

Alter	Jungen	Mädchen	Gesamt
8-10	1	3	4
11-13	3	2	5
Gesamt	4	5	9

Abb. 4: Ewige Verlierer. Anzahl der Nennungen dieses Figurentypes als Lieblingsfigur differenziert nach Alter und Geschlecht.

'Ewige Verlierer' gibt es in allen möglichen Genres. Insgesamt scheinen die Kinder jedoch nicht sonderlich viel für diesen Figurentyp übrig zu haben, da sie nur vereinzelt zugehörige Figuren nennen.

Stars sind die erfolgreichen Dauerbrenner der Medienwelt, zu denen es insgesamt nur **sechs** Nennungen gibt. Dabei sind z.B. Thomas Gottschalk, Karl Dall, Günther Jauch und David Copperfield, also vorwiegend Stars aus Unterhaltungsshows.

Grausame Angreifer sind die Personifizierung des 'Bösen' schlechthin, sie zerstören und morden. Dieser Figurentyp macht einen verschwindend geringen Anteil aus. Lediglich **zwei** Jungen (11) nennen dazu Lieblingsfiguren: Fred Krüger aus dem Horrorfilm 'Nightmare' und die 'Gremlins'.

Sie sind Spitze

Von allen Lieblingsfiguren, die Kinder genannt haben, stehen diese sechs Figuren an der Spitze.

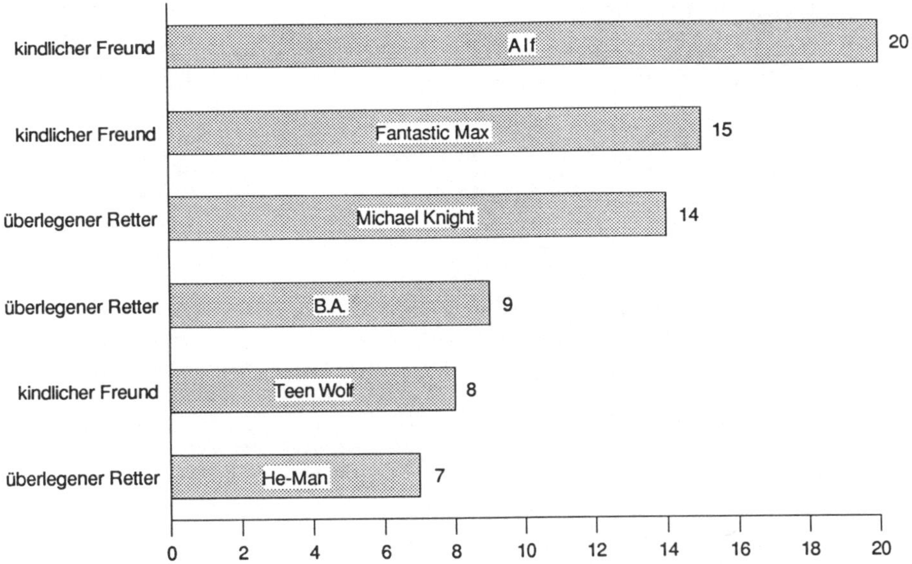

Abb. 5: Anzahl der Nennungen der Figur als Lieblingsfigur und Zuordnung zum Figurentypus.

Diese sechs Lieblingsfiguren der Kinder sind den Figurentypen **kindlicher Freund** und **überlegener Retter** zuzuordnen. Sie sind damit zugleich die Vertreter der insgesamt beliebtesten medialen Figurentypen von Kindern. Der Figurentyp 'kindlicher Freund' ist bei den Spitzenreitern höher besetzt als der Figurentyp 'überlegener Retter'. Das liegt daran, daß bei den überlegenen Rettern die Vorliebe der Kinder auf viele verschiedene Figuren streut.
In Animationsserien finden Kinder in erster Linie kindliche Freunde, wie 'Fantastic Max' und 'Alf'. Vertreter der überlegenen Retter ist hier 'He-Man'. Ansonsten finden Kinder diesen Figurentyp in den Actionserien, etwa 'B.A.' und 'Michael Knight'. 'Teen Wolf' hat als kindlicher Freund eine Außenseiterrolle, da er aus dem Gruselbereich stammt.

Im folgenden wird die mediale Präsentation dieser Spitzenreiter mit den

Bild 4: ‘Alf’ aus ‘Alf’, Foto: ZDF

Aussagen und Bewertungen der Kinder konfrontiert, um festzustellen, was Kinder an diesen Figuren beeindruckt.

4.2 *"Ich find den so gut!"* - Die Lieblingsfiguren aus Kindersicht

ALF - Ein Außerirdischer mit irdischem Wesen

> Alf ist ein Außerirdischer vom Planeten Melmack und lebt bei einer typisch amerikanischen Familie. Er hat immer Hunger, haßt Katzen und würde sie am liebsten verspeisen. Alf hat eine tiefe männliche Stimme, ist klein mit braunem Fell, einem großen Rüssel, Tierpranken und langen Haaren, die ihm ins Gesicht fallen. Er darf von den Nachbarn und Freunden seiner 'Pflegefamilie' nicht gesehen werden. Diese Tatsache, gekoppelt mit seinem eigenwilligen Wesen und seinem kindlichen Verlangen, im Mittelpunkt des Geschehens und im Zuwendungsbereich aller zu stehen, führt zu den unterschiedlichsten Komplikationen, zu Chaos und oft auch zur Verzweiflung seiner Familie, da ihr vorher so geordneter Alltag durcheinander gebracht wird. Andererseits ist Alf auch liebenswert und einfühlsam, so daß ihm niemand ernsthaft böse sein kann.

"... Und die Katzen kriegt er nicht, leider!", obwohl *"Alf die immer gerne essen möchte"*. Dieser kindliche Freund bereitet altersunabhängig den Mädchen und Jungen viel Freude.
Die Kinder zwischen 8 und 10 Jahren finden es toll und bewundernswert, daß Alf so *"frech ist, oder auch so doof"*, wie es Sabine (10) ausdrückt und sie erklärt: *"Ich mag ihn sehr, weil er so manche gute Sachen kann"*, und Nicole (8) ergänzt, *"sogesagt das ganze Haus wird umgestellt"*. Daß *"er Haare am Körper hat"*, stellt ebenfalls ein Mädchen dieser Altergruppe bewundernd fest. Peter (9) findet an Alf toll, *"daß er gut lacht"*, und ein Gleichaltriger mag Alf, *"weil er ein guter Außerirdischer vom Planeten Melmack ist"*. Den Kindern zwischen 11 und 13 Jahren, vor allem den Mädchen macht Alf Spaß, weil er *"lustig und witzig"* ist, und von Anja (11) wird er bewundert, weil *"er immer Sprüche drauf hat"*.

Alf finden die Kinder insgesamt lustig. Sein Verhalten beschreiben die jüngeren Kinder als frech. Dabei haben besonders die Mädchen seine 'kindlichen Eigenschaften' im Blick, mit denen er über die Regeln der

Bild 5: 'Fantastic Max' und seine Freunde aus 'Fantastic Max', Foto: TELE 5

'geordneten Erwachsenenwelt' hinwegfegt und so für Chaos im Familienalltag (bzw. Fernseherleben der Kinder) sorgt.

FANTASTIC MAX - Ein sprechendes Baby mit Rakete

> Fantastic Max ist ein Baby, aber kein normales, was schon an seiner roten Punkfrisur ersichtlich ist. Obwohl er eine Windel um den Po trägt, die eine Sicherheitsnadel zusammenhält, kann er sprechen, agieren und eigenständig denken. Das aber ist ein Geheimnis, von dem seine Familie nichts weiß. In der Nacht, wenn alles schläft, geht Max mit seinen Spielzeugfreunden A.B.-Sitter, einer hölzernen Puppe, und Fidibus, einem grünen Rüsselmännchen, auf Weltraumfahrt und erlebt auf einer Rakete, die als Nukkelflasche getarnt ist, aufregende Abenteuer. Hin und wieder ist er dann sogar ein Held, der anderen hilft.

"Baby-Punker mit einer Windel vor'm Po", fast nur die Mädchen ernennen diesen kindlichen Freund zu ihrer Lieblingsfigur. Die jüngeren finden ihn *"süß, lustig, abenteuerlich"* und *"ideenreich"*. Sie mögen ihn aber - wie Susanne (10) - auch, weil er einen *"süßen Menschen-Haarschnitt, ein niedliches Gesicht und eine schlanke Figur mit einer Windel vor'm Po"* hat. Sabine (10) hat ihren Spaß, *"weil er immer sagt: Ach du dicke Windel, wenn er in Schwierigkeiten ist"*, und Moni (10) bewundert ihn, denn es *"ist immer so gut, wenn er mit seiner Rakete hoch fliegt auf andere Planeten und dort andere Wesen kennenlernt"*. Daß Max *"sehr viel Reisen"* macht und ein *"Baby-Punker"* ist, ist auch für die älteren Mädchen interessant. Die 8-10jährigen Jungen schätzen Max vor allem als *"das Weltraumbaby, das im Raumschiff fliegt"*. Sie bewundern an ihm, daß *"er so gute Tricks und coole Sprüche hat"* oder, wie es Mustafa (11) beschreibt, *"eben der Held ist, weil er anderen hilft"*.

Fantastic Max kommt besonders bei den 8-10jährigen Mädchen an. Fasziniert sind sie vor allem davon, daß er einerseits ein süßes Baby mit lustigem Äußeren ist, andererseits aber Verhaltensweisen besitzt, die ihn von 'normalen' Babys unterscheiden. Er erlebt Abenteuer, lernt andere Wesen kennen, und ist alles in allem ein selbständig agierendes Kind. Die Jungen hingegen gehen auf sein Äußeres kaum ein. Für sie sind die Verhaltensweisen von Fantastic Max von Bedeutung, die ihn als 'souveränen' Jungen mit besonderen und heldenhaften Fähigkeiten beschreiben.

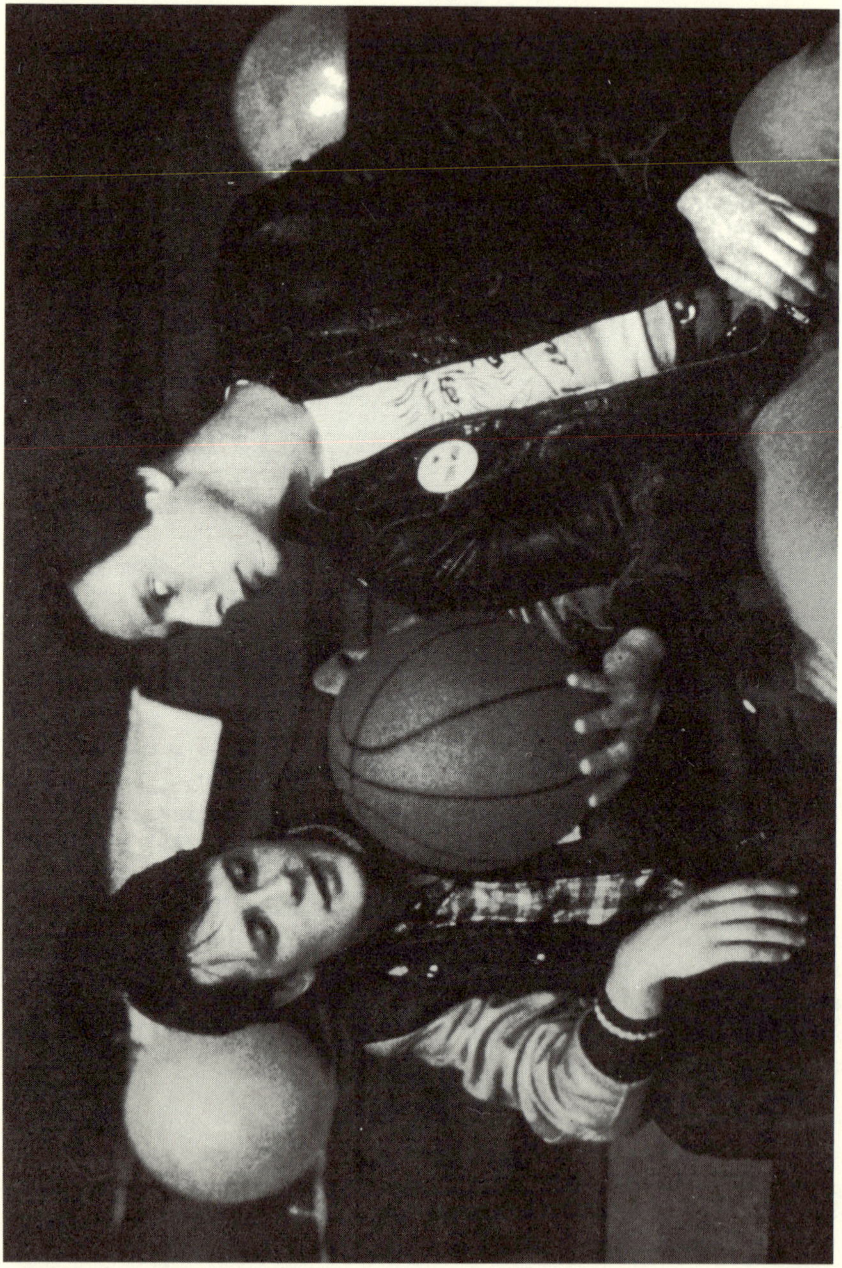

Bild 6: 'Scott' aus 'Teen Wolf', Foto: RTLplus

TEEN WOLF - Ein Jugendlicher mit Verwandlungskünsten

Teen Wolf heißt eigentlich Scott und ist ein durchschnittlicher amerikanischer Junge. Er ist etwas schüchtern und linkisch, hat ein nettes Aussehen, eine 'normale' Familie und die üblichen Liebesprobleme von Jugendlichen. Scott besitzt die Fähigkeit, sich, wann immer er will, in einen Werwolf zu verwandeln, ein genetisches Erbe seines Vaters. Als 'Teen Wolf' benutzt er die 'Wolfsfähigkeiten', um ein Super-Basketball-Spieler zu sein, und damit nicht nur seiner Mannschaft zum Sieg zu verhelfen, sondern auch seiner Angebetenden zu imponieren. Als die ihm verliehene Stärke jemand anderem zur ernsthaften Gefahr wird, beschließt Scott, mit seinen Verwandlungen aufzuhören.

"Dann ist er so gut", finden altersunabhängig besonders die Jungen. *"Er kann sich auf einmal als Werwolf verkleiden und dann hat er eine Kralle"*, so lauten die bewundernden Aussagen. Haydar (12) gefällt es, *"wenn er wütend wird, dann wird er ganz stark und dann ist er so gut"*. Doch, so wird vom 11jährigen Ronny eingeschränkt, *"er saugt nicht den Menschen das Blut aus, sondern er spielt Basketball und alle bewundern ihn, denn er kann gut Basketball spielen"*. Einige Mädchen, wie Dörte (12), mögen Teen Wolf auch, weil der *"Junge so niedlich ist und auf einmal ein Werwolf wird"*.

Teen Wolf wird von den Jungen vor allem bewundert, weil er sich in eine starke Persönlichkeit verwandeln kann: Als Werwolf kann sich der eigentlich schüchterne und schwache Scott durchsetzen und gleichzeitig zum bestem Basketballspieler werden, der von allen bewundert wird. Daß er als Werwolf niemandem ernsthaft gefährlich wird, verstärkt ihre Sympathie. Die Mädchen dagegen mögen insbesondere den männlichen Jugendlichen Scott.

MICHAEL KNIGHT - Ein Schönling mit sprechendem Auto

Michael Knight ist ein smarter 'überlegener Retter', der selbst bei gefährlichen Situationen sein unbekümmertes Wesen beibehält und stets einen lockeren Spruch auf Lager hat. Er arbeitet im Dienst der 'Foundation für Recht und Verfassung' und ist mit modernster Technik ausgerüstet. Sein ständiger Begleiter ist das sprechende Computerauto K.I.T.T., das selbst Verfolgungsjagden aufnehmen oder Verbrecher fangen kann. K.I.T.T. steht Michael Knight mit

Bild 7: 'B.A.' aus 'Das A-Team', Foto: RTLplus

Rat und Tat zur Seite und nicht selten ist es ihm überlegen.

"Das ist der Typ - mit der Technik von Karate und wenn er singt". Michael Knight ist altersunabhängig bei Mädchen und Jungen beliebt. Die Mädchen bewundern, daß *"er anderen Leuten hilft, stark und witzig ist"* und, laut Gabi (11), *"schön aussieht und ein tolles Auto hat"*. Petra (9) stellt zufrieden fest, daß *"er tolle Locken hat"* und außerdem *"auf der guten Seite ist"*. Die Jungen bewundern besonders seine *"Technik von Karate"* und *"seinen Uhr-Computer"*, wie Ronny (11) und Paul (9). Alles in allem *"er ist **der** Typ"* und *"kann kämpfen,"* sagt Phillip (8).

Bewunderung hegen die Mädchen für die äußerlichen Merkmale, die Michael Knight als gutaussehenden Mann beschreiben, der sich außerdem für andere Leute einsetzt. Auf Seiten der Jungen herrscht einmal Faszination für die kämpferischen Fähigkeiten von Michael Knight, und zum anderen für die Technik, mit der er sich umgibt.

B.A. - Ein Muskelpaket mit Schmuck

B.A. ist ein 'überlegener Retter' aus Leidenschaft und Mitglied des A-Team. Er ist ein muskulöser Schwarzer mit Irokesenschnitt und Bart und über und über mit Schmuck behangen. Er redet wenig, handelt schnell, und wenn es sein muß, mit den Fäusten. Es gibt nichts, was ihn aus der Ruhe bringt, es sei denn, er muß in ein Flugzeug steigen, denn vor dem Fliegen hat er Angst.

"Er mag nicht fliegen", eigentlich nur die Mädchen zwischen 11 und 13 Jahren nennen B.A. als Lieblingsfigur. Sie finden ihn toll, weil er so *"stark ist"* und sie mögen ihn, weil er *"viel Schmuck hat"*, eben die vielen *"Ketten und Ringe"*, wie Edith (11) vermerkt. Daß *"er nicht fliegen mag"*, ist für Anja (11) ein weiterer Pluspunkt. Was die *"Stärke"* von B.A. betrifft, sind zwei Jungen zwischen 8 und 10 Jahren gleicher Meinung, und Patrick (9) erklärt: *"Der ist beim A-Team. Die greifen ein, wenn irgendwo Krach ist, mit Maschinengewehren oder Kämpfen, und B.A. sorgt für Ruhe und Ordnung"*.

B.A. kennzeichnen die Mädchen durch seine hervorstechenden äußerlichen Merkmale: Starker Mann mit viel Schmuck, und einer einzigen Schwäche, der Angst vorm Fliegen. Auch die Jungen beschreiben in erster Linie B.A.'s äußere Merkmale: Stärke, die ihn befähigt, zu kämpfen und dominant aufzutreten.

HE-MAN - Ein verzauberter Prinz mit Schwert

> **He-Man** kämpft aus Leidenschaft gegen das Böse, um das Gute zu erhalten. Er hat Muskeln und ein Schwert mit Zauberkraft. Als Prinz Adam lebt er mit seinen Eltern auf dem Planeten Eternia auf Schloß Grayskull und ist an sich kein mutiger Held. Doch sobald durch Skeletor oder andere Bösewichte Eternia, insbesondere Schloß Grayskull, Gefahr droht, verwandelt sich Prinz Adam mittels seines Zauberschwerts in He-Man. Er ruft sich Macht herbei und kann nun stark und kämpferisch rechtzeitig das Böse abwenden. Von diesem Doppelleben dürfen nur drei Eingeweihte auf dem Planeten Eternia wissen, da sonst die Zauberkraft des Schwertes versagen würde.

"Er ist so tapfer und rettet auch Menschen": He-Man ist altersunabhängig Lieblingsfigur der Jungen. Till (10) findet es besonders toll, *"wenn er sich verwandelt"* und *"sagt: Bei der Macht von Grayskull"*, während Boris bewundert, daß He-Man *"nur mit diesem Schwert kämpft und damit Menschen rettet"*. Das Schwert findet auch Ronny (11) gut, denn *"wenn jemand auf ihn schießt mit einer Laserpistole, wehrt er sich mit'm Schwert, dann prallt das ab, damit es ihn nicht trifft"*. Nicht zu verachten sind auch seine *"Muskeln"*. Außerdem ist er *"stark"* und *"so tapfer"*. Traurig fand allerdings Martin (10), *"wo He-Man auf der Erde war und ausgepeitscht wurde"*. Daß He-Man *"stark ist"* und *"anderen hilft"*, mögen auch die zwei Mädchen (11), die ihn als ihre Lieblingsfigur bezeichnen.

Die Beschreibungen zu He-Man drehen sich um das Schwert, das ihn zum tapferen Helden verwandelt, und ihn befähigt, sich gegenüber Angreifern durchzusetzen. Diese Möglichkeit, sich von einer schwachen in eine starke Persönlichkeit zu verwandeln, bewundern vor allem die Jungen, während die Mädchen He-Man's Eigenschaft als starker Retter, der anderen hilft, hervorheben.

'Kindliche Freunde' sind besonders bei jüngeren Kindern beliebt. Den Mädchen gefällt, was diese alles auf die Beine stellen. Neben der Irrealität, der Komik und den äußeren Merkmalen dieser Figuren begeistert die jüngeren Mädchen vor allem deren Verhalten, weil es gegen die 'alltäglichen' Normen verstößt. An Alf erleben sie, wie 'dieses Kind' die Regeln des Familienlebens durchbricht, sich Anordnungen widersetzt, eigene Vorstellungen lebt und eben kein

'folgsames Kind' ist. Auch Fantastic Max durchbricht die Familienstruktur und schafft sich eine eigene Welt, in der er das Sagen hat, allerdings nur in seiner Phantasie. Daß den jüngeren Mädchen so ein Verhalten gefällt, ist nicht verwunderlich, denn ihnen wird in der Familie häufig Anpassung und 'Brav sein' abverlangt. Die jüngeren Jungen mögen kindliche Freunde wie Fantastic Max ebenfalls, weil sie komisch sind und phantastische Abenteuer erleben. Fantastic Max verkörpert für sie einen kleinen Jungen, der sich dennoch durchsetzen kann und auch vor Gefahren nicht zurückschreckt. Bei den älteren Jungen findet das in der Figur Teen Wolf seine Fortsetzung. Sie sind bei dieser Figur besonders davon fasziniert, daß ein schwacher Junge sich in einen starken Typ mit besonderen Fähigkeiten verwandelt, der sich gegenüber anderen durchsetzt und bewundert wird.

'Überlegene Retter' werden in erster Linie von den Jungen und von den älteren Mädchen bevorzugt. Die Mädchen betonen dabei das Aussehen und die individuellen Merkmale, die schönen Locken von Michael Knight oder die Stärke und das Schmuck-Tragen von B.A. Sie haben darüber hinaus auch das soziale Verhalten, z.B. das Helfen von He-Man und Michael Knight, im Blick. Die Jungen sind bei diesen Figuren von zweierlei fasziniert: Einmal sind sie beeindruckt, wenn die Figuren stark und dominant gegenüber anderen auftreten wie B.A. oder kämpferische Fähigkeiten besitzen wie He-Man und Michael Knight. Zum anderen fasziniert sie auch das Ambiente dieser Figuren, sei es das technische Superauto von Michael Knight oder das Zauberschwert von He-Man. Beide Elemente machen letztlich aus diesen Männern starke Typen, die Gefahren abwenden können.

5. Welche Rolle spielen Fernsehinhalte für die kindliche Alltagsbewältigung?

Welche Fernsehinhalte bzw. -figuren für ein Kind bedeutsam sind, bestimmt sein aktuelles handlungsleitendes Thema (vgl. Kapitel 5). Themen wie zum Beispiel 'stark sein wollen' oder 'Geborgenheit suchen' als Selbstbilder oder Handlungsentwürfe sind altersbedingte Bedürfnisse, denen Kinder Ausdruck verleihen wollen. Aber auch geschlechtsspezifische Themen, z.B. was gehört zum Mann-sein, was zum Frau-sein, und aktuelle Problemlagen in der Familie oder dem sozialen Umfeld, sind

Themen, mit denen Kinder sich beschäftigen. Solche Themen werden für Kinder handlungsleitend und motivieren sie, Entwicklungsaufgaben oder innere ungelöste Probleme zu bewältigen. Neben ihren alltäglichen Zusammenhängen suchen sie auch im Fernsehen Elemente und Symbole zur Bearbeitung ihrer Themen.
Im folgenden wird anhand der sechs Einzelfälle und ausgehend von den Ergebnissen der vorangegangenen Punkte die Verbindung zwischen den Sehpräferenzen der Kinder und ihrem Alltag hergestellt. Es wird geschildert, inwieweit Alter, Geschlecht und soziokultureller Hintergrund das handlungsleitende Thema eines Kindes beeinflussen, und wie darüber seine Vorliebe für bestimmte Fernsehinhalte und Figuren erklärbar wird.

Die Einzelfallkinder:

Özlem (8) kommt aus einer türkischen Familie. Der Vater ist arbeitslos und hat einen Hang zum Spielen, die Mutter arbeitet als Raumpflegerin. Zwischen den Eltern gibt es öfter Streit. Da die Eltern überwiegend abends arbeiten bzw. unterwegs sind, ist Özlem meist mit ihrer vier Jahre älteren Schwester alleine. Sie fühlt sich unterdrückt und hat öfter mit ihr Streit. Ihr Verhalten in der Gruppe ist zurückhaltend, sie setzt ihre Vorstellungen aber auch durch. Eine richtige Freundin hat Özlem im Augenblick nicht. Auffällig ist ihre ständige Suche nach Körperkontakt, vor allem mit der Erzieherin. Özlem ist zur Zeit kein glückliches Kind und hat wenig Freude im Leben, *"für mich ist fast gar nichts komisch ... nur ganz selten"*.

Mark (9) lebt unter der Woche bei seiner Mutter, am Wochenende bei seinem Vater. Er sieht aus wie ein 12jähriger. In der Gruppe ist er nicht sehr beliebt, er agiert hypermotorisch und nervös. Er hat keine richtigen Freunde und offensichtlich emotionale Defizite.

Sarah (10) lebt mit ihrer Mutter und ihrem Stiefvater, beide Akademiker und berufstätig, in einer guten Wohngegend. Sie hat zwei erwachsene Stiefbrüder. Sarah spricht perfekt russisch. Außerdem geht sie einmal in der Woche zusätzlich auf eine französische Schule. In der Schule ist Sarah ein As, bei den Mädchen in der Gruppe hat sie eine bestimmende Rolle. Sarah ist redegewandt und selbstbewußt und hat auch zu Erwachsenen ein gleichberechtigtes, 'kumpelhaftes' Verhältnis.

Pamela (10) wurde schon als kleines Kind zur Großmutter gegeben. Ihre Eltern leben getrennt. Die Mutter besucht sie ab und zu, der Vater sehr selten. Pamela hat vor zwei Monaten eine kleine Schwester bekommen, die bei der Mutter lebt. Im Zusammenleben mit der Großmutter scheint Pamela den Ton anzugeben. In der Schule hat sie wegen ihres Sozialverhaltens Ärger, in der Gruppe ist sie bestrebt, im Mittelpunkt zu stehen, und produziert sich verbal ebenso wie im Verhalten.

Jörg (11) hat es nicht leicht. In seiner Familie gibt es chronische finanzielle Sorgen und Alkoholprobleme. Er ist viel alleine und wird gelegentlich auch geschlagen. Seine Erziehung ist wohl an dem Männlichkeitsideal, das sein Vater verkörpert, ausgerichtet. In der Schule hat er Schwierigkeiten, vor allem mit der Konzentration und mit Rechtschreiben. Er mußte die Schule bereits einmal wechseln. In der Gruppe ist er zwar Meinungsführer, aber auch Störfaktor, mit seinem mangelnden Sozialverhalten eckt er öfter an.

Haydar (12) ist Türke, der zweitälteste von sechs Geschwistern. Er wohnt in einem Obdachlosenlager mitten im Industriegebiet in engen Wohnverhältnissen. Sein Zimmer teilt er mit zwei Brüdern und der älteren Schwester. Haydar hat viele Freunde und gibt in der Gruppe gern den Ton an.

5.1 'Ich will der Stärkste und Beste sein!' - Was Jungen im Fernsehen suchen

Jungen suchen ihre männliche Geschlechtsrollenidentität am konkreten Vorbild Vater. Von ihm schauen sie sich ab, welche Eigenschaften und Verhaltensweisen einen Mann ausmachen, und identifizieren sich damit. Sind beispielsweise diese Identifikationsmöglichkeiten in der Familie nicht möglich, weil es am konkreten männlichen Vorbild, dem Vater, fehlt oder er nicht oft genug zur Verfügung steht, sucht sich der Junge z.B. anhand von Fernsehfiguren abstrakte Identifikationsmerkmale heraus. Im anderen Fall vergleicht er u.a. anhand der Fernsehfiguren die 'Richtigkeit' der in der Realität beobachteten männlichen Eigenschaften und Verhaltensweisen. Entsprechend richten Jungen ihr Augenmerk besonders auf Eigenschaften und Verhaltensweisen von Fernsehhelden. Da Aggression bei Jungen als Wegbereiter zur Selbständigkeit gesehen und ihnen - im Gegensatz zu Mädchen - selbstverständlich zugestanden wird, orientieren sich Jungen darüber hinaus an solchen Helden, die sich gegen andere gut wehren können, intellektuell oder durch körperliche

Überlegenheit.

Jörg ist, wie die meisten seiner Altersgenossen, auf der Suche nach einer angemessenen männlichen Identität. Sein persönlicher Ansatzpunkt hierfür ist körperliche Stärke, die er an seinem Vater bewundert. Er mißt gern seine Kräfte mit Freunden und Sportkameraden. Dabei erfährt er, welchen Rang er einnimmt: *"Wenn man verliert, dann weiß man genau, daß man schwächer ist ... ich bin der Drittstärkste aus meiner Klasse"*. Jörg weiß allerdings aus eigener Erfahrung, daß er mit Körperkraft allein nicht durchs Leben kommt. Für ihn ist deshalb auch wichtig, *"daß man gut ist in der Schule und beweglich im Sport, daß man nicht einschläft,"* und daß man genügend Geld hat.

Das, was ihn in seinem Alltag beschäftigt, kommt in seinen Sendungsvorlieben klar zum Ausdruck: Jörg nennt fast ausschließlich actionreiche Sendungen mit starken Helden: 'Over the Top' ist sein Lieblingsfilm, *"fand ich am besten wegen dem Armdrücken"*; 'Ultraman', *"der ist ein Held, der kann fliegen, ist auch ganz stark, ist schnell im Laufen und so"*; 'A-Team', *"der Schwarze ist geil, B.A., weil der ein bißchen verrückt ist ... Der Verrückte von A-Team ist aber eigentlich Arnie. Der kann nix"*. Bei Sendungen, in denen Action nicht unbedingt im Vordergrund steht, schildert er Actionszenen, z.B. bei 'Eis am Stiel': *"Da ist ein Dicker mit einer Brille, die hauen sich immer gegenseitig, das fand ich gut"*.
Was ihn an diesen Sendungen begeistert, schildert er selbst. Wenn er Schauspieler wäre, möchte er nur die *"Hauptrolle"* spielen, *"den Helden, den Allergrößten, der die Stunts macht, der vom Pferd springt oder ganz hoch oben vom Wagen oder so"*. Seine Vorliebe für actionreiche Sendungen fällt zusammen mit seiner Vorliebe für starke Helden. Die Helden, die mit ihrer Körperkraft ganz nach oben kommen, Weltmeister werden wie Sylvester Stallone in 'Over the Top', die mit allen Gegnern fertig werden wie Karate Tiger, oder die mit besonderen Fähigkeiten alle Situationen meistern wie Ultraman, solche Helden sind für Jörg Vorbilder.

Für Jörg ist die Sache ziemlich klar: Hat er erstmal seine körperliche Überlegenheit bewiesen und ist der Stärkste, dann funktioniert auch alles andere. Er bekommt, was er will: Eine Vorrangstellung, die ihm (auch materielle) Sicherheit gibt. Seine Defizite - so hofft er - fallen dann nicht mehr ins Gewicht. Ganz sicher ist er sich in diesem letzten

Punkt allerdings nicht, denn seine Schulschwierigkeiten haben ihm wohl klar gemacht, daß er nicht umhin kommt, diese Hürde zu meistern. Deshalb will er vorsichtshalber auch 'gut in der Schule' sein.

Für **Haydar** wirft die männliche Identität keine großen Fragen mehr auf: Er ist auf dem Weg, ein erwachsener türkischer Mann zu werden und das bedeutet für ihn, ein starker und überlegener Mann. Sportlich-akrobatische, kämpferische Fähigkeiten in Form von Karate zu erwerben, das steht für ihn derzeit im Vordergrund. Er setzt damit wohl auch ein Ziel türkischer Männersozialisation um, in der das Beherrschen von Kampfsportarten eine erhebliche Bedeutung hat. Überlegenheit, Souveränität und Anerkennung in einer Männergesellschaft - Mädchen interessieren ihn hierbei nicht -, das strebt Haydar an, indem er vor allem seine Karatefähigkeiten perfektioniert. Mit diesen will er in jeder Situation bestehen und sich erfolgreich verteidigen können. Auf intellektuelle und soziale Fähigkeiten baut er nicht.

Haydars Fersehvorlieben liegen klar bei viel Action, ausgiebigen Kampfsport-Szenen und männlichen Helden: Jackie Chan ist sein bevorzugter Held. *"Ich finde ihn so gut, weil er sehr gut Karate kann"* und *"er ist auch so stark"*. Außerdem schätzt er an ihm besonders, daß er *"es ganz schnell (lernt), wenn er einmal zum Meister geht und dann wenn er's einmal macht, dann ... kann er es sofort und dann, wenn jemand ihn hauen möchte, ..., dann er wehrt sich auch, er hat auch keine Angst und läuft weg"*. Diese körperlichen Fähigkeiten schnell zu lernen, das ist ein Wunsch Haydars. Auch Bruce Lee schätzt er wegen seiner Karate-Fähigkeiten und *"weil er so stark ist und er macht jeden fertig und so"*.

Haydar ist in der Entwicklung seiner türkischen männlichen Identität schon weit fortgeschritten: Körperkraft, Körperbeherrschung und körperliche Geschicklichkeit sind die Fähigkeiten, die ein Mann in seinem Kulturkreis haben muß. Diese Fähigkeiten trainiert er und ist bestrebt, sie zu perfektionieren.

Marks Suche nach männlicher Identität ist zum Teil mit Allmachtsphantasien verbunden. Er möchte Dinge können und haben, die ihm alles ermöglichen. Gleichzeitig ist bei Mark die Einsicht sehr ausgeprägt, daß seine Allmachtsphantasien nie Wirklichkeit werden können: *"Ja, ich würd alles gerne können, alles, was man tun könnte und machen ... doch, will ich doch sein! Aber kann man ja nie sein!"*

In seinen Fernsehvorlieben orientiert sich Mark an actionreichen Sendungen, in denen männliche Helden mit körperlichen Fähigkeiten und Geschicklichkeit im Vordergrund stehen: 'Stingray', der so gut Karate kann, oder 'MacGyver', *"der kann gut umgehen mit Sachen, welche man noch nicht erfunden hat"*, oder Western, vor allem mit Terence Hill, der *"braucht einfach gar nicht zu gucken, dann schießt er einen ab, über die Schulter"*. Phantastische Hilfsmittel seiner Helden, wie z.B. in 'Ghostbusters' der *"Protonenstrahler"*, mit dem *"der Geist eingesaugt wird"*, oder märchenhafte Fähigkeiten, wie 'Marshall Greystar', der sich *"schnell wie ein Puma"* machen kann, oder 'Ultraman', der *"kann fliegen, kann ganz schnell gehen, ich mein, der rennt, ist ganz stark geworden ... kann z.B. 'nen Laser aushalten"*, begeistern ihn. Außerordentliche Fähigkeiten, selbst wenn sie nicht männlichen Helden zu eigen sind, schätzt er wie in 'Mein Vater ist ein Außerirdischer': *"Ja, das ist ja eine Sie ... die kann dann immer die Zeit anhalten, mit ihren Fingern ... Sie braucht nur die Finger so zu machen (Zeigefinger gegen Zeigefinger) und dann hält die ganze Welt an, auch die Zeit ... Jeder bleibt stehen ... alles, was sie will (kann sie machen) ... überall hingehen, ohne daß sie jemand stört ..."*
Auffällig an Marks Fernsehvorlieben ist, daß er zwar bedeutend mehr Zeichentrickserien nennt und aus diesem Genre auch seine Lieblingssendungen wählt. Seine Äußerungen zu Realfilmen sind jedoch ausführlicher und farbiger.

Mark ist mit seinen neun Jahren im Grunde noch sehr kindlich, auch wenn er äußerlich anders wirkt, und er ist sehr unsicher, ob dieses Groß-Sein mit Körperkraft allein zu bewältigen ist. Seine realen Erfahrungen sprechen dagegen. Ganz allein auf körperliche Stärke will er sich deshalb lieber nicht verlassen, er baut zusätzlich auf besondere körperliche Fähigkeiten, wie Schnelligkeit, Reaktionsfähigkeit und auf Zauberkräfte. Mark wäre gerne so wie die von ihm verehrten Filmhelden, aber er zweifelt, daß ihm das gelingt, denn seine intellektuellen Fähigkeiten bringen ihn zu der Einsicht, *"daß man sowas ja doch nie kann"*.

Mark, Jörg und Haydar haben alle drei das Stadium des Nur-Kind-Seins verlassen oder sind auf dem Weg vom Jungen zum Mann. Alle drei setzen sich mit der Frage auseinander, was zum Groß-Sein, zum Mann-Sein gehört. Alle drei meinen, Männlichkeit und körperliche Stärke gehören zusammen, allerdings in unterschiedlicher Intensität, was mit ihren unterschiedlichen Lebensum-

ständen zusammenhängt. In Ihren Fernsehvorlieben findet diese Orientierung einen Niederschlag.

5.2 'Ich werde eine besondere Frau' - Was Mädchen im Fernsehen suchen

Altersbedingt kann das Mädchen seine Weiblichkeit nicht über körperliche Attribute herstellen. Es ähnelt weder dem Vater, noch hat es die weiblichen Formen der Mutter. Es gleicht dies aus, indem es anfängt, 'Frau zu spielen', sich zu verkleiden, Mutterrollen zu übernehmen, überhaupt in weibliche Rollen zu schlüpfen, das heißt, das Mädchen gewinnt seine Geschlechtsidentität attributiv. Für ihre Geschlechtsrollenentwicklung orientieren sich Mädchen auch an Äußerlichkeiten und Attributen von Fernsehheldinnen und gleichermaßen von Fernsehhelden. Dieses 'Tun-als-ob' sie bereits Frau sind wird von Mädchen in alltägliche Spielformen umgesetzt, in denen die Beziehungen, die Frage, wie gehe ich mit anderen um, im Vordergrund steht. Entsprechend bevorzugen Mädchen Medieninhalte, die diese Beziehungsorientierung zum Thema haben. Sie richten ihr Augenmerk auf Heldinnen und Helden, die Situationen mit sozialen Fähigkeiten lösen können und andere retten.

Sarah befindet sich im Stadium des Übergangs vom Kind zum Mädchen. Sie ist einerseits noch in kindlichen Orientierungen verhaftet und andererseits auf der Suche nach einer eigenen starken weiblichen Identität. Ihre Vorstellung von dieser weiblichen Identität geht dahin, sich durch besondere Fähigkeiten von anderen abzuheben. Durch ihre schulischen Leistungen, ihre Fremdsprachenkenntnisse und ihre Auslandsreisen hebt sie sich bereits von den anderen ab. Sarah ist bestrebt, diese Merkmale auf ihrem Weg zum Frauwerden weiter auszubauen.

Sarah sieht - entgegen ihrer eigenen und der Einschätzung ihrer Umgebung - sehr viel fern. In ihren Vorlieben orientiert sie sich vor allem an weibliche Heldenfiguren, die durch besondere Fähigkeiten, Eigenschaften und äußere Merkmale herausragen. Ihre Heldinnen zeichnen sich durch außergewöhnliche Fähigkeiten aus, die z.T. ins Übersinnliche gehen: Der Held in 'Mein Vater ist ein Außerirdischer' ist *"das Mädchen eigentlich, das ... wird wie ein Kristall oder sowas ... Und sie kann dann so zaubern, wenn sie die Finger so zusammentut, ... dann kann sie sich so einen Vater wünschen, z.B. einen Er-*

Bild 8: 'Bud Spencer' und 'Terence Hill' aus 'Vier Fäuste für ein Halleluja'

satzvater. Und wenn sie sich ganz doll anstrengt, kann sie sich doppelt machen, wenn sie z.B. eine Klassenarbeit schreiben muß und auch zu einer Party will ..., dann schreibt eine Hälfte die Klassenarbeit und die andere geht zur Party".
Ihre Vorliebe für weibliche Heldenfiguren bestimmt ihren Blick auf nahezu alle Sendungen. Sie beschreibt dabei oft auch Szenen, in denen es um das Verhältnis von Frauen und Männern geht, z.B. bei 'Verliebt in eine Hexe': Die Hexe *"ist mit so einem Menschen verheiratet, mit so einem Mann, und der kann aber nicht hexen , und sie aber ja. Und sie hat eine Mutter, und die Mutter mag ihn nicht, und er mag die Mutter nicht, weil die immer solche Sachen macht ... die hexen immer so herum".* Wenn Frauen nach Sarahs Meinung nicht adäquat dargestellt werden, lehnt sie das eher ab. 'Eis am Stiel' z.B. sollten kleinere Kinder überhaupt nicht sehen, *"weil da manchmal sowas ist, ... wo die Frauen Nackedeis sind und die ... lachen da die ganze Sendung, die kleinen Kinder".*
Im Gegensatz zu ihren Heldinnen beschreibt Sarah bei männlichen Heldenfiguren selten Fähigkeiten und Eigenschaften, sondern betont vor allem die technischen Hilfsmittel, durch sie zu etwas Besonderem werden oder charakterisiert sie im Vergleich mit technischen Dingen: Der '6-Millionen-Dollar-Mann' *"kann auch ganz weit sehen und ist ganz schnell, fast so schnell wie ein Auto".* Als Vorbild akzeptiert sie ihn nicht, ebensowenig wie David Hasselhoff. Sie mokiert sich: *"Manche Mädchen aus meiner Klasse schwärmen ganz doll für ihn ... Die haben dann so ein Poesiealbum und da steht geschrieben: ich liebe Knight Rider David Hasselhoff".*

Sarah setzt sich mit dem Frau-Werden eindeutig auseinander. Ihre Mutter als reales weibliches Vorbild ergänzt sie, indem sie das Fernsehen nutzt, um zu erfahren, wie andere Frauen sind, was sie können und wie sie mit Männern umgehen. Dabei stellt Sarah das, was sie in ihrer Realität und in ihren persönlichen Anlagen bereits besitzt, nicht in Frage, sondern baut darauf auf und sucht sich passende Orientierungen auch im Fernsehen. Ihr Selbstwertgefühl bestärkt sie in der Vorstellung, daß sie ihre vorhandenen Fähigkeiten und Eigenschaften nur ausbauen muß, um eine besondere und starke Frau zu werden.

Pamela schwankt bei ihrer Suche nach einer eigenen Rollenidentität zwischen weiblichen Anteilen, z.B. Verantwortung für andere übernehmen und andere unterstützen, und männlichen Anteilen, z.B. wettbewerbs- und leistungsorientiert, durchsetzungsfähig und 'cool' sein.

Das lebt sie in ihrem Äußeren und in ihrem Spielverhalten: Sie sieht mädchenhaft aus, verhält sich aber burschikos. Sie spielt mit Puppen ebenso gerne wie sie auf Baustellen rumturnt. Besonders auffällig ist ihre Orientierung an Erwachsenennormen, womit sie auf den ersten Blick den Eindruck erweckt, kognitiv und reflektiert zu argumentieren, in Wirklichkeit aber gibt sie meist Klischees wieder: *"Wenn ich Kinder hätte, würde ich sie nur bis 19.00 Uhr fernsehen lassen, entweder nur Kinderfilme oder jedenfalls nicht allein"*. Sie selbst allerdings sieht oft bis spät abends und keineswegs nur Kinderfilme.

Pamela sieht sehr viel und querbeet fern. Besonders orientiert sie sich an Cartoons, die sie mit Kinderfilmen gleichsetzt. Sie pickt sich hier vor allem Actionhaltiges und Helden heraus: In 'Bim Bam Bino' *"ist immer ganz viel los"*, bei 'Mein Teddy-Monster' *"ist noch so ein anderes Monster ... das heißt Biester und der will den immer fangen und dann laufen die von ihm weg"*, und 'Chack der Biber' *"ist voll ein Held ... weil der immer allen hilft"*. Als Programmchefin würde Pamela vor allem Cartoons senden, *"Hauptsache für Kinder"*. Sie selbst möchte jedoch auf keinen Fall Actionserien wie 'Knight Rider', 'Drei Engel für Charly', 'Mike Hammer', 'T.J. Hooker' und 'Trapper John M.D.' verpassen. Auch hier sind es primär das handlungsreiche Geschehen und die Helden, die sie faszinieren: In 'A-Team' *"ist immer Action und da sind die Leute immer alle ein Held"*, in 'Knight Rider' *"haun die sich immer"* und die '7-Millionen-Dollar-Frau' *"kann so hoch springen, dann kann sie hier auf das Dach raufspringen"*. Ob nun in Cartoons, Serien oder Spielfilmen, actionreiche Spannung steht für Pamela im Vordergrund. Im Grunde steht sie zwar nicht auf harte Action, aber ihre Suche nach Spannung läßt sie diese mitnehmen.

Pamela ist dabei, weibliche und männliche Verhaltensanteile zu erproben, ohne sich bereits für eine Richtung entschieden zu haben, ihre bevorzugten Fernsehhelden wählt sie entsprechend unter geschlechtsneutralen Aspekten. Wichtig ist ihr vor allem, daß das Fernsehen Action bietet.

Özlem orientiert sich in ihren bevorzugten Sendungen und Filmen an Helden und Heldinnen, wobei geschlechtsspezifische Differenzierung für ihre Wahrnehmung noch keine Rolle spielt. Ihre Helden haben besondere Fähigkeiten, z.B. können sie zaubern, wie das Mädchen in 'Verliebt in eine Hexe', besonders schnell fahren, wie das Auto

'K.I.T.T' und vor allem helfen sie anderen aus der Not, wie die Rettungsschwimmer aus 'Baywatch': *Wenn jemand ertrinkt, dann gehen sie da schnell hin, tauchen die da hin und dann retten die die Leute"*. Ihre bevorzugten Helden sind in der Lage, die Welt aktiv zu gestalten, auch wenn sie selbst eigentlich schwach sind: Karate Kid *"gewinnt da immer, zuerst ist er schwach und dann übt er mit Simsali und dann wird er ganz stark und dann gewinnt er. Und dann lachen die Bösen, die anderen Leute nicht mehr über ihn. Weil die dachten zuerst, er wäre schwach und haben ihn immer gehauen und dann auf einmal nicht mehr"*. Dieses plötzliche Stark-Werden darf ruhig von übersinnlichen Dingen unterstützt werden: *"Also, Bruce Lee ist vom Dings erwacht. Er war ja doch mal tot. Und dann hat der andere (Karate Kid) gebetet, daß er auch so stark sein will wie er. Und dann ist Bruce Lee aufgewacht und dann zu ihm gekommen ... und hat mit ihm geübt"*.

Für Özlem ist Frau-Werden noch nicht das Thema. Sie ist ganz Kind und empfindet sich als hilflos und schwach. Ihr Wunsch ist es, selbst stark zu sein und anderen zu helfen. Özlem sucht in Fernsehsendungen vor allem gute und starke Helden, die fähig sind, Schwächeren beizustehen und zu helfen. Die Kontexte, in denen diese Helden agieren, sind zweitrangig. Wichtig ist, daß sie letztlich gewinnen, daß sie sich oder andere retten. Dafür dürfen sie auch mal etwas härter hinlangen, solange niemand ernsthaft zu Schaden kommt.

Anders als bei Mark, Jörg und Haydar, für die in unterschiedlichen Ausprägungen das Mann-Werden im Vordergrund steht, haben Özlem, Pamela und Sarah keine so deutlich vergleichbare Orientierung. Demzufolge sind auch ihre Fernsehvorlieben nicht so einheitlich wie die der Jungen. Hinzu kommt, daß Jungen das, was sie auf ihrem Weg zum Mann an Anschauungsbildern im Fernsehen suchen, nämlich den starken, unerschütterlichen, unerschrockenen und allen Situationen gewachsenen Mann, auch in Hülle und Fülle finden. Die Mädchen haben es da schwerer. Die Frauenbilder, die ihnen das Fernsehen anbietet, sind einseitig, reduziert und eigentlich 'irreal', sowohl hinsichtlich des Äußeren als auch hinsichtlich der sozialen Fähigkeiten. Jungen und Mädchen suchen aber im Fernsehen auch Vorbilder, die ihnen auf ihrem Weg zum Mann oder zur Frau und beim Bewältigen von Alltagssituationen weiterhelfen könnten. Angeboten bekommen sie stark vereinfachte, auf Teilfähigkeiten und -eigenschaften reduzierte, stereotyp handelnde

Frauen und Männer.

5.3 'Ich suche eine heile Welt oder wenigstens einen Retter' - Was Kinder noch im Fernsehen suchen

Neben diesem altersbedingten Thema der Geschlechtsrollensuche lassen sich bei Kindern Themen finden, die durch ihre Anlagen, ihre Lebensumstände und ihren Alltag bestimmt werden. Die Kinder befinden sich in Situationen, die für sie belastend sind. Auf unterschiedliche Weise versuchen sie, damit umzugehen und fertig zu werden. Sie entwickeln dabei Lösungswünsche und -vorstellungen, die auch an ihren Fernsehvorlieben deutlich werden.

Özlem sehnt sich nach einer intakten, harmonischen und anregenden Welt, in der sie emotionale Geborgenheit erfährt, selbst eine starke Position inne hat, und mit anderen zusammen spannende Erlebnisse haben kann. Neben dem entwicklungspsychologisch zu erklärenden Bestreben nach Harmonie und Geborgenheit spielen für Özlems Wunschvorstellungen ihre realen Lebensbedingungen eine entscheidende Rolle. Die Probleme zwischen ihren Eltern, die Dominanz der älteren Schwester, das Fehlen einer Freundin, die Erfahrung, oft alleine und auf sich gestellt zu sein, hofft sie, in einer solchen von ihr ersehnten Umgebung zu überwinden. Ihre Vorstellungen gehen dabei ins Märchenhafte, es soll ihr - wie der Prinzessin im Märchen - einfach geschehen, ihre Probleme sollen sich auflösen, dadurch, daß sie selbst plötzlich stark wird oder dadurch, daß ihr ein starker Helfer, ein Retter aus der Not zur Seite steht.
Özlems Fernsehvorlieben beziehen sich auf Zeichentrickserien wie die 'Schlümpfe', 'Chack der Biber', 'Fantastic Max', 'Mein Teddy-Monster', Familienserien wie 'Verliebt in eine Hexe' und 'Nachbarn' und auf Actionserien wie 'Baywatch' und 'Knight Rider'. Wichtig sind ihr dabei die Geschichten. Sie beschreiben eine 'heile Welt', in der Aufregendes passiert, das aber in jedem Fall ein gutes Ende hat: 'Baywatch' *"ist so schön, da passiert immer sowas und dann ist das wieder klar und der Junge schafft das dann immer. Der findet dann immer die Kinder, die dann ertrunken wurden ... es ist spannend. ... und ich find das gut, daß sie die dann immer finden, nicht so wie bei anderen Filmen, da finden die die manchmal nicht"*. Geschichten, die in ihren Augen *"nicht gut laufen"*, stellen die heile Welt nicht deutlich genug in den Vordergrund, oder kommen zu nah an

die Realität heran. Özlem lehnt solche Inhaltselemente auch dann ab, wenn die gesamte Sendung im Ende gut ausgeht. *"Aber einmal haben die (in Baywatch) jemanden getötet. Dann ist es nicht gut gelaufen. ... Eine Frau. Aber der Mann, der das gemacht hat, haben die gefunden"*. Özlems bevorzugte Helden sind nie allein, sie haben Freunde wie 'Fantastic Max': er *"hat immer so eine Rakete und immer einen Freund"*, oder sie gehören einer Gemeinschaft an, wie die Rettungsschwimmer in 'Baywatch'.

Spannung und Action sind für Özlem wichtig, aber sie müssen sich auflösen, die Geschichte muß ein gutes Ende nehmen. Die 'heile Welt' muß erhalten bleiben oder wiederhergestellt werden. Dafür sorgen die starken Helden in Özlems bevorzugten Sendungen.

Pamela, mit ihrem starken, 'erwachsenen' Auftreten nach außen, ist aufgrund ihrer Lebenssituation überfordert. Von klein an muß sie sich mit der Erfahrung auseinandersetzen, von den Eltern abgeschoben und nicht geliebt zu sein. Die damit verbundene Unsicherheit ist für sie emotional überhaupt nicht und rational nur vordergründig zu bewältigen. Sie will eigentlich geborgen sein, angenommen und geliebt werden so wie ist. Verschärft wird dieses Ungleichgewicht zwischen äußerem Verhalten und innerem Streben und die damit verbundene emotionale Überforderung durch die Geburt der Schwester, die bei der Mutter sein darf. Gefühle wie Eifersucht, Verlassenheit, Trauer sind über dieses Ereignis aktuell nach oben gekommen. Pamela kann damit emotional nicht umgehen und sie darf sie nicht ausleben, weil sie 'ein großes Mädchen' zu sein hat. Pamela ist ein Kind in Not, das dies mit nach außen zur Schau getragener Stärke zu überspielen sucht.
Bei den Cartoons z.B. in 'Bim Bam Bino', die Pamela in- und auswendig kennt, steht für sie Entspannung und Lachen im Vordergrund: *"Teddy-Monster ist so ein Monster und der macht immer ganz viel Quatsch ... geht auf den Müllberg und ißt Müll, das schmeckt ihm wahrscheinlich. ... Ist immer zum Lachen ... ist ein richtiges Monster, und dann bindet man ihm die Handschellen um, und dann wird er zum Teddy. Und letztes Mal ... hat er geschluckt und wird immer größer und größer, und dann hat er gesagt: Ich will umarmen"*. Diese Beschreibung nutzt Pamela, um das Umarmen an ihrer Erzieherin zu demonstrieren. Pamela bezieht sich bei ihren sehr farbigen Schilderungen von Cartoons vor allem auf emotional gefärbte und irreale Figuren, die Unfug machen und komisch sind, über die sie lachen

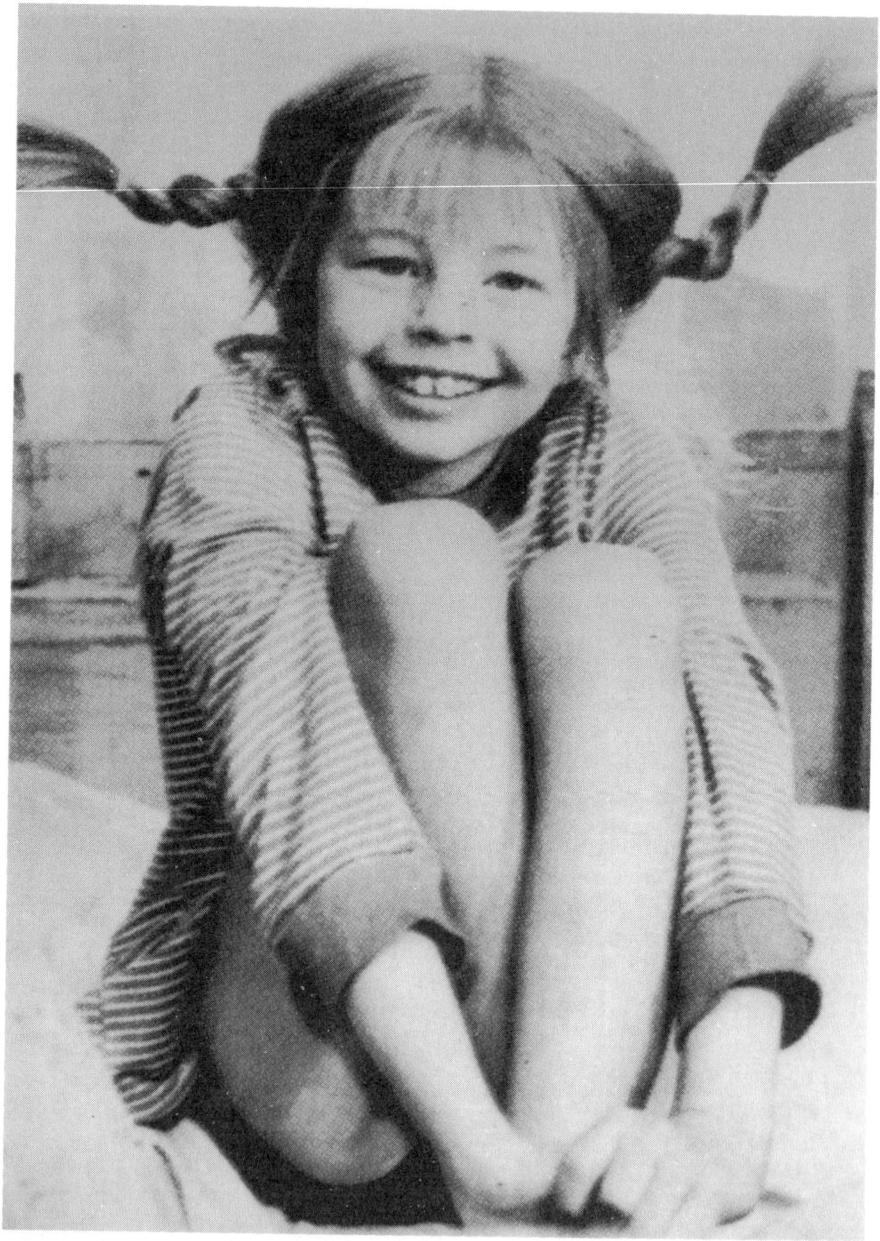

Bild 9: 'Pippi Langstrumpf'

kann: In 'Fantastic Max' *"ist viel zum Lachen, wenn er sagt: Hier kommt der phantastische Käpt'n Pupsermacher".*

Durch ihr starkes Auftreten nach außen lenkt Pamela von ihren inneren Schwierigkeiten ab. Ebenso dienen ihr actionhaltige Sendungen zum Überdecken ihrer Schwierigkeiten. Mit ihnen lenkt sie sich selbst ab, dröhnt sich sozusagen zu und muß so nicht über ihre Lage nachdenken. Die Fernsehhelden, die Pamela bevorzugt, meistern alles und setzen ihren Willen durch, wie Teddy-Monster.

Sarah möchte trotz bzw. gerade wegen ihrer besonderen Fähigkeiten vor allem liebenswert sein. Diese Vorstellung baut auf ihren persönlichen Anlagen und ihrer Lebenssituation auf. Sarah nutzt in ihren sozialen Kontexten keine negativen Machtelemente, sondern sichert sich ihren Gruppenstatus über Freundlichkeit, Wissen, Argumentationsfähigkeit und Phantasie.
Merkmale, die Sarah an Heldinnen schätzt, sind Eigenschaften, die sie zu Sympathieträgern machen, z.B. die witzige Frechheit und Hilfsbereitschaft von Pippi Langstrumpf: *"Sie ist so witzig, ... und ärgert manchmal Polizisten und Herren und macht Streiche und so"*, aber sie *"hilft auch armen Leuten und kleinen Kindern"*. Pippi Langstrumpf mag Sarah besonders gerne: *"Ich habe alle Folgen von ihr gelesen und ... ich habe sie auch im Kino und im Fernsehen gesehen. Sie ist so witzig"*. So wie Pippi Langstrumpf wäre Sarah selbst gerne. Diese noch kindliche weibliche Figur, die besondere Fähigkeiten wie Stärke, Klugheit, Witz und Phantasiereichtum mit liebenswerten Eigenschaften wie Hilfsbereitschaft verbindet, bewegt sich als Kind kompetent in der Welt der Erwachsenen, und wehrt sich gleichzeitig gekonnt gegen 'vernünftige' Erwachsenennormen. Auch Sarah selbst besitzt viel Phantasie, die sie zum Gestalten von Spielsituationen in der Gruppe nutzt, auch sie selbst überzeugt andere eher durch Witz und Wissen und auch sie selbst kommt mit Erwachsenen gut zurecht.

Sarah mag witzige und spannende Sendungen, um sich zu unterhalten, und sie sucht dabei gleichzeitig nach Heldinnen, die ihre besonderen Fähigkeiten liebenswert einsetzen. Diese sieht sie sich vor allem mit Bezug auf sich selbst an. Sarahs persönliches Thema ist - vergleicht man es mit dem anderer Kinder - für sie nicht belastend. Es ist eher ihre Ziel- und Idealvorstellung, wie sie mit anderen Menschen umgehen und von ihnen wahrgenommen werden möchte.

Marks Hauptthema ist der Wunsch nach Zugehörigkeit, nach einem festen Platz in einer Gruppe und nach Freunden. Auch hinter seinem Wunsch, stark, besonders und in gewissem Sinne 'allmächtig' zu sein, steht das Bestreben, seiner Umgebung genüge zu tun, anerkannt zu werden und auch emotionale Zuwendung zu finden. Der von ihm gewählte Weg, sich Zugehörigkeit zu verschaffen, beinhaltet körperliche Stärke und körperliche Fähigkeiten. Dies kann einen Grund in seiner äußerlichen Erscheinung haben. Da er älter wirkt als er ist, werden an ihn von der Außenwelt wohl auch entsprechende Anforderungen gestellt. Mark hat Selbstzweifel, er ist sich seiner selbst, seiner Vorstellungen und Wünsche nicht sicher. Einerseits hat er starke - altersgemäß bedingte - Harmoniebestrebungen und den Wunsch nach einer geordneten Welt, in der er einen sicheren und festen Platz hat, andererseits steht seine Lebenssituation, getrennte Eltern, und seine realen Erfahrungen als Außenseiter in der Gruppe, der keine Freunde hat, dem entgegen. Er erfährt, daß er den von der Außenwelt an ihn gestellten Anforderungen nicht gerecht werden kann, daß ihm seine körperliche Kraft da nicht hilft, und daß er die anderen benötigten Fähigkeiten nicht erreicht.
Marks Helden agieren häufig im Verband: 'Ghostbusters' und 'Turtles', die er beide als seine Lieblingsserien bezeichnet, haben zuverlässige Freunde, 'Bud Spencer' und 'Terence Hill' *"kämpfen alleine gegen viele Leute"*, oder die Helden besitzen mit Freunden vergleichbare technische Hilfsmittel, wie K.I.T.T. *"... kann turbobust, kann schneller fahren als ein Düsenjäger, glaub ich ... Ist auch ein Freund!"*

Mark genießt zwar auch actionreiche Zeichentrickserien mit Helden im Mittelpunkt, wie Batman, He-Man, Marshall Greystar, Star Sherrifs, Ghostbusters, Turtles u.ä., aber wenn es aber darum geht, Vorbilder und Material für seine Wunschträume zu finden, orientiert er sich an den Realfiguren aus Actionserien und Westernfilmen. Mit den Realhelden verbindet Mark den Wunsch, selbst so zu sein oder ihre Fähigkeiten zu besitzen: *"Und so gut Karate können wie Stingray, würd ich auch gerne. Und so ein Auto hätt ich auch gern! MacGyver wollt ich immer mal groß sein".*

Jörg will vor allem als 'netter' Junge wahrgenommen werden, der seine körperliche Stärke nur legitim, unter Befolgung klar definierter Regeln gebraucht, im sportlichen Kampf oder zur Verteidung. Einfach so Rumprügeln mag er nicht. Aktiv Sport treiben, z.B. Fußball, ist

deshalb für ihn von zentraler Bedeutung, und er ist stolz auf seine Erfolge: *"Wir ham gewonnen. Ich hab beide Tore geschossen!"* Sich über Körperkraft und Sportlichkeit eine Vorrangstellung zu verschaffen, das ist sein Wunschtraum. Damit verbindet er, von allen anerkannt, bewundert und geliebt zu werden, auch vom anderen Geschlecht: *"Heute hab ich Training. Da kommen ganz viele aus meiner Klasse. Alles nur Mädchen. Die sind alle in mich verknallt. Alle!"* Auf einen 'richtigen Mann' fliegen nun mal die Frauen - weiß Jörg und tritt entsprechend auf. Er will 'fair' nach oben kommen, seine realen Defizite - so sein Wunschtraum - erledigen sich dann von allein oder werden ihm nachgesehen.
Helden kämpfen nicht, um zu zerstören, sie kämpfen sich durchs Leben - wie Jörg, und sie kämpfen nur, wenn sie müssen, zur Verteidigung ihres Lebens und ihrer Rechte. Es sind harte Männer, aber nett, wie 'Hefti-Schlumpf': Der ist *"eigentlich ein Netter"*, *"ist kräftig und mutig und tut fast für jeden was, ... böse ist er nur zu Gargamel, sonst greift er keine Leute an, sondern verteidigt eher alle im Dorf. Einer für alle"*.

Ebenfalls aufgrund eigener Erfahrungen, nämlich wegen seines Sozialverhaltens öfter Schwierigkeiten zu bekommen, weiß Jörg, daß er mit dem willkürlichen Einsatz seiner Körperkraft nicht erreicht, was er will. Kämpfen um des Kämpfens willen verschafft ihm vielleicht Respekt und Bewunderung, nicht aber die Anerkennung, die er sich wünscht, in der emotionale Zuwendung beinhaltet ist. Der Stärkste will er werden, aber nur mit fairen und legitimen Mitteln, am liebsten im sportlichen Kampf, wo es nach klaren Regeln zugeht. Dann - so hofft Jörg - wird er von allen als der erfolgreiche, aber 'nette' Typ wahrgenommen, der er sein möchte.

Für **Haydar** ist es ein Muß, siegreich kämpfen zu können, eine (Über)Lebensstrategie, das einzig brauchbare Mittel, um mit Konflikten umzugehen und mit Widersachern fertig zu werden. In andere Fähigkeiten hat er kein Vertrauen. Das Entscheidende ist, siegreich zu kämpfen und darüber Status, Respekt, Anerkennung zu gewinnen und die Sicherheit, mit jedem Angreifer fertig zu werden.
Die Schilderung seiner bevorzugten Actionfilme beschränkt sich deshalb auf die Aktionen der Helden. Die Gründe für ihre Kämpfe interessieren ihn nicht, ebensowenig wie andere Fähigkeiten der Helden. Zwar mag Haydar Karatehelden besonders, aber auch von anderen Kämpfern ist er begeistert: 'Teen Wolf' findet er auch *"gut, weil er*

sich auf einmal als Werwolf verkleiden kann ... und dann wenn er wütend wird, wird er ganz stark und dann ist er so gut".

Haydar geht es vorwiegend darum, Gegner außer Gefecht zu setzen, drastische Verletzungen lehnt er ab. Große Teile dieser Einstellung sind aus seinem Lebensumfeld und seiner nationalen Herkunft erklärbar. Die nicht hinterfragte Begeisterung für Kampftechniken findet sich jedoch auch bei Altergenossen aus anderen Herkunftsmilieus.

Sind die drei Jungen ein Beispiel dafür, wie unterschiedliche Lebensbedingungen und Erfahrungen die Ausprägung von Orientierungen beeinflussen, so zeigt sich an den drei Mädchen, wie unterschiedliche Lebensbedingungen die Orientierungen selbst bestimmen. Entscheidend für die Vorliebe bestimmter Fernsehinhalte und -figuren ist vor allem auch die aktuelle Lebenssituation der Kinder. Gleichgültig, wie belastet oder unbelastet sie gerade ist, sie bestimmt mit, worauf Kinder beim Fernsehen vermehrt ihr Augenmerk richten. Kinder suchen im Fernsehen Schablonen und Vergleichsmöglichkeiten für ihre persönliche Situation. Sie nehmen das Angebot des Fernsehens an, das ihre Sehnsüchte und ihre Vorstellungen unterstützt, oder das ihnen bestätigt, daß durch aggressives Verhalten Konflikte erfolgreich gelöst werden können. All diese aktuellen handlungsleitenden Themen des kindlichen Alltags lassen sich in den Sendungen finden. Für Themen, die - wie bei Pamela - durch ein aktuelles Ereignis besonders betont werden, deren Ursprung aber weit in der frühen Kindheit liegt, und die so schwerwiegend sind, daß sie wohl lebenslange Themen bleiben, gibt es keine Angebote. Hier dient das Fernsehen den Kindern zum Abschalten, zur Flucht vor ihren persönlichen Problemen.

KAPITEL 2

PRÜGEL, BLUT UND MONSTER - WAS NEHMEN KINDER AN GEWALT WAHR UND WIE URTEILEN SIE?

Drei Jungs in der U-Bahn, in ein lebhaftes Gespräch vertieft: *"Habt Ihr gesehen, wie er das gemacht hat? Mit den Füßen, so und so"*, er demonstriert den anderen beiden einen recht gekonnten Fußkarateschlag. *"Geil!"*, sofort versuchen die beiden, es nachzumachen.
"Das haben die alles aus dem Fernsehen", wendet sich eine Frau empört an ihren Nachbarn, *"kein Wunder, daß sie dann eines Tages kriminell werden"*.

Eines der vielen Vorurteile, die in punkto Wirkung des Fernsehens kursieren: Was die Kinder im Fernsehen sehen, prägt sich ihnen ein und sie machen es nach. So einfach ist es aber eben nicht. Es ist kurzschlüssig und unzulässig, ausgehend von zugegebenermaßen zum Teil abstoßenden Gewaltpräsentationen in den Medien und zu beobachtenden Gewalthandlungen in der Realität einen kausalen Zusammenhang zu postulieren. Vernachlässigt wird dabei, daß die Wirkung jeder medialen Gewaltdarstellung auf Kinder einerseits abhängig ist vom Sendungstyp und vom inhaltlichen Kontext, in dem sie sich präsentiert, und andererseits von der Persönlichkeitsstruktur und dem Entwicklungsstand des Kindes sowie von seiner familiären und sozialen Umgebung. Das aber bedeutet, daß die Ansichten und Einschätzungen Erwachsener zu medialer Gewaltpräsentation mit denen von Kindern nicht einfach gleichzusetzen sind. Gewaltwahrnehmung und -beurteilung von Kindern und Erwachsenen (dazu gehören auch die wissenschaftlich tätigen) müssen nicht zwangsläufig identisch sein und sind es in der Regel auch nicht. Um zu begreifen, welche Bedeutung mediale Gewaltdarstellungen für Kinder haben, ist ein verstehender Zugang unerläßlich, der die kindliche Sicht aufnimmt.

Unter Zugrundelegung eines solchen verstehenden Zugangs fragen wir zunächst, was das Fernsehen an Gewaltdarstellungen bietet, was die Kinder davon überhaupt wahrnehmen, wie sie sich dazu äußern (Teil 1) und was sie dem Begriff Gewalt zuordnen (Teil 2). Unter diesen beiden

Voraussetzungen sind die Schwerpunkte kindlicher Gewaltwahrnehmung und -beurteilung aufzuweisen, für die anhand der Einzelfälle Erklärungsansätze gezeigt werden (Teil 3).

1. Was bietet das Fernsehen an Gewalt und was sagen Kinder dazu?

Daß im Fernsehen in allen Programmteilen Gewaltdarstellungen unterschiedlicher Art und Qualität enthalten sind, ist bekannt. Davon sind auch die Programmteile, die Kinder direkt ansprechen, und die Zeiten, in denen Kinder hauptsächlich vor dem Fernseher sitzen, nicht ausgenommen. Wie sieht diese Gewalt aus? Als Ausgangspunkt für die Beantwortung dieser Frage greifen wir auf die Sendungspräferenzen der Kinder zurück (vgl. Kapitel 1).

Mit Abstand an erster Stelle der kindlichen Sehpräferenzen liegen Animationsserien, gefolgt von Actionserien. Ordnet man letzteren die Actionfilme zu, die sich in der Länge, nicht aber in Inhalt und Dramaturgie unterscheiden, so erhöht sich der Actionbereich um einiges. Innerhalb der beiden von den Kindern bevorzugten Genres besteht folgende Sendungsverteilung:

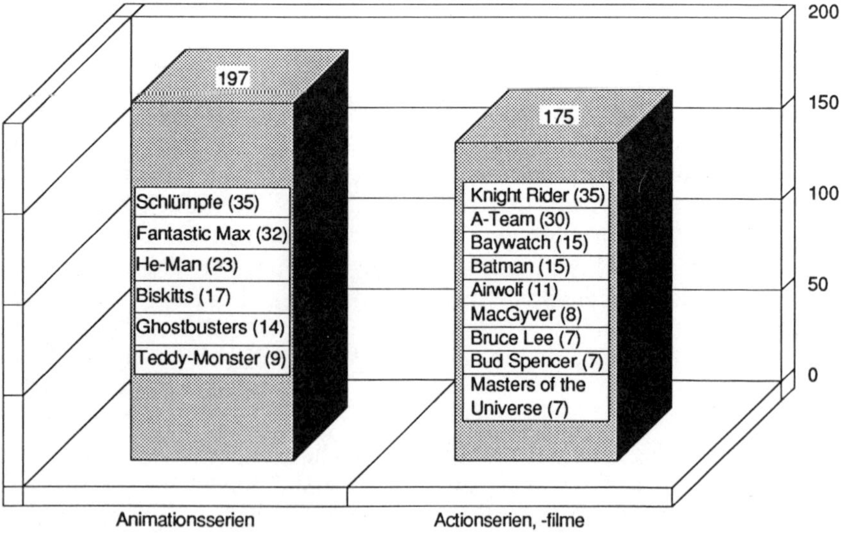

Abb. 1: Anzahl der Sendungsnennungen in den von den Kindern hochgewichteten Genres.

Unter dem Aspekt Gewalt sind neben diesen beiden von den Kindern hochgewichteten Genres die Gruselfilme besonders interessant, die den 6. Rang belegen, und die bei den Kindern nicht sehr beliebten Krimiserien, die auf Rang 8 liegen. In diesen beiden Genres sieht die Sendungsverteilung folgendermaßen aus:

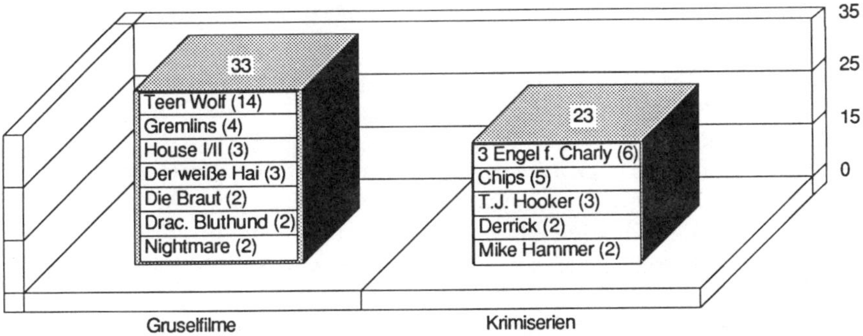

Abb. 2: Anzahl der Sendungsnennungen in den für die Gewaltfrage relevanten Genres.

Wie wir bereits wissen, machen Kinder kaum einen Unterschied zwischen der Sendung und deren Hauptfiguren, die Protagonisten spielen für ihre Sehvorlieben eine entscheidende Rolle. Auch im Kontext der Gewaltfrage ist es deshalb sinnvoll, sich der Lieblingsfiguren der Kinder zu erinnern (vgl. Kapitel 1): An erster Stelle steht hier 'Alf', gefolgt von 'Fantastic Max' und 'Michael Knight' (aus 'Knight Rider'), an dritter Stelle kommt 'B.A.' (aus 'A-Team'), gefolgt von 'Teen Wolf' und von 'He-Man'.

Koppelt man die Sendungsrangfolgen und die Lieblingsfiguren, lassen sich **Prototypen von Sendungen** bestimmen, anhand derer die Gewaltaspekte des Programms, das Kinder gerne sehen, bzw. das für die Gewaltfrage relevant ist, zu beschreiben sind:
Für die **Animationsserien** sind **'Fantastic Max'**, der in der Sendungs- und Figurenrangfolge jeweils Platz 2 einnimmt, und **'He-Man'**, in der Sendungsrangfolge auf Platz 4 und bei den Figuren auf Platz 6, Prototypen. 'Biskitts', 'Ghostbusters', 'Mein Teddy-Monster' und 'Die Schlümpfe' hingegen tauchen bei den Lieblingsfiguren auch mit einzelnen Protagonisten nur auf den hinteren Rängen auf. Für den Bereich **Actionserien** ist **'Knight Rider'** als Prototyp begründet, da er sowohl in der Sendungs- als auch in der Figurenrangfolge weit vorn liegt. Als weiterer Prototyp bietet sich **'A-Team'** an, in der Sendungsrangfolge auf Platz 2

und einer der Protagonisten, 'B.A.', auf Platz 4 bei den Figuren. Die Protagonisten aus den Serien 'Baywatch', 'Airwolf' und 'MacGyver' sind in der Figurenrangfolge auf den hinteren Rängen. Alle **Actionfilme** sind mit je sieben Nennungen gleichgewichtet. 'Masters of the Universe', der Film zu He-Man, ist als Prototyp bereits bei den Animationsserien vertreten. 'Bruce Lee' und 'Bud Spencer' werden von den Kindern als Typen mit ihren Filmen gleichgesetzt. Bei den Lieblingsfiguren tauchen sie kaum noch auf. Wir haben uns an dieser Stelle entschieden, als Prototyp **'Jackie Chan'** zu nehmen, der von einigen Kindern explizit als Lieblingsfigur genannt und begründet wurde, und mit Bruce Lee vergleichbar ist.
Für den Bereich **Gruselfilme** kann **'Teen Wolf'** als Prototyp gelten, in der Sendungsrangfolge auf Platz 1 und bei den Lieblingsfiguren auf Platz 5. Aus allen anderen diesem Bereich zugeordneten Filmen tauchen keine Lieblingsfiguren auf. Dies ist nicht verwunderlich, da es sich hierbei im Gegensatz zu 'Teen Wolf' eher um Grusel-Horror-Filme handelt, die die Kinder nicht unter dem Aspekt der Lieblingsfiguren betrachten.
Für den Bereich **Krimiserien** läßt sich der Prototyp nur über die Sendungsrangfolge bestimmen, bei den Lieblingsfiguren tauchen Krimihelden nicht auf. Nach der Sendungsgewichtung kann hier **'Drei Engel für Charly**' als Prototyp gelten.

Mit Hilfe dieser Prototypen werden im folgenden die Gewaltaspekte der vier hochgewichteten, bzw. relevanten Genres beschrieben und die Aussagen der Kinder dazu kontrastiert.

1.1 Animationsserien

Fantastic Max

> Die Serie Fantastic Max lebt von der Originalität und dem Imponiergehabe von Max, einem Baby, das sprechen und eigenständig handeln kann. Das aber wissen nur seine Spielzeugfreunde: Fidibus, ein grünes Rüsselmännchen, und A.B.-Sitter, eine hölzerne Roboter-Puppe. Seine Familie weiß nichts davon, und nachts erlebt Fantastic Max in seiner Rakete, einer Babyflasche, aufregende Abenteuer mit seinen beiden Freunden.

Physische und psychische Gewalt wird gelegentlich von fremden Wesen gegen Fantastic Max und seine Freunde verübt. Dann hilft Fantastic Max heldenhaft und ohne Angst. Er bedient sich dabei keiner Gewaltmittel. Auch wenn er angegriffen wird, rettet er sich, indem er wegrennt oder aber verhandelt. Psychische Gewaltmittel hingegen nutzt Max sehr wohl, wenn er seinen beiden Spielzeuggefährten befiehlt, was sie tun sollen. Dieses Verhalten ist jedoch nur die Kehrseite von dem, was er als 'normales' Baby erlebt, wenn ihn seine Familie spüren läßt, daß er ein unselbständiges Wesen ist.

> In der **Beispielfolge** (15.9. Tele 5) stiehlt Abflußfrei den Körper von A.B.-Sitter. Max und Fidibus machen sich mit dem Kopf von A.B. in ihrem Raumschiff auf, um ihn zurückzuholen. Max gelingt es schließlich, den Körper wiederzubekommen, indem er Abflußfrei seinen Schnuller zum Tausch anbietet.

In dieser Folge taucht Gewalt in unterschiedlichen Formen auf: Max und Fidibus sehen im Fernsehen eine Szene, in der ein kopfloser Lehrer eine Schülerin bedroht, was ihnen Angst macht. Ansonsten werden ein Streit, Drohungen von Abflußfrei gegen Max und Fidibus und Verfolgung der beiden durch seinen Hund gezeigt. Physische Gewalt wendet der Einbrecher Abflußfrei an, der A.B. überwältigt und mit dem Schraubenschlüssel in den Körper sticht. Abflußfrei ist dabei groß im Bild, was ihn bedrohlich erscheinen läßt. Die Musik wird während dieser Szene dramatisch.
Insgesamt aber spielt physische Gewalt bei 'Fantastic Max' eine untergeordnete Rolle. Sie geht nicht von den drei Hauptfiguren aus, sondern ausschließlich von deren Widersachern. Eventuell angsteinflößende Szenen wie das Auftreten von Abflußfrei sind im Vergleich zur übrigen Handlung kurz gehalten.

"Da fliegt ein Baby mit der Nuckelflasche durch den Weltraum", so schildert Sabine (10) den Inhalt der Serie Fantastic Max, die besonders die jüngeren Mädchen und Jungen witzig und spannend finden. Max löst Bewunderung aus, bei den Mädchen vor allem durch sein Äußeres und wie bei Fatima (10), weil *"er sprechen kann, seine Eltern es aber nicht wissen"*. Den Jungen hingegen gefällt, daß er *"mit seinem Raumschiff auf andere Planeten fliegt"* und ein Held ist, der *"alles schafft"*, und *"dann den anderen hilft, wenn sie gefangen sind"*, so Mustafa (11).

Die Kinder - auch die älteren - haben bei dieser Sendung den reinen Genuß, Gewaltaktionen, denen Max oder seine Freunde teilweise ausgesetzt sind, kommen ihnen dabei nicht in den Blick.

He-Man

Als Prinz Adam lebt He-Man mit seinen Eltern auf dem Planeten Eternia auf Schloß Grayskull und ist an sich nicht sonderlich mutig. Doch sobald die Bösen, vor allem Skeletor, auftauchen und Eternia oder anderen Gefahr droht, verwandelt sich Prinz Adam mittels seines Zauberschwerts in He-Man und wird zum unbesiegbaren Helden.

He-Man sucht niemals Streit oder greift an. Stets ist er der edle Retter in der Not, dem es gelingt, das Böse zu besiegen und unschädlich zu machen. Die physischen Gewaltmittel, die er dazu nutzt, werden legitimiert, denn er muß kämpfen, um Eternia und Schloß Grayskull zu verteidigen und in Not geratene Freunde zu retten. Sein Schwert verleiht ihm dabei magische Kräfte, kann Lasergeschosse und Angreifer in Luft auflösen und macht ihn unbesiegbar im Zweikampf. So übersteht er unbeschadet alle physischen Angriffe.

In der **Beispielfolge** (15.9. Tele 5) sucht Negator für sein Computerspiel ein Opfer. Er bringt He-Man und seinen Freund per Strahl in den Computer und hält He-Mans andere Freunde gefangen. He-Man hat heftig zu kämpfen, dank seines Zauberschwertes, seiner übermenschlichen Kräfte und seiner Geschicklichkeit kann er aber Negator besiegen. Dieser explodiert mitsamt seiner Behausung.

In dieser Folge steht physische Gewalt im Vordergrund. Sie spielt sich im Kontext von Angriff und Gegenwehr ab: Der Angreifer ist durchweg Negator: Er läßt z.B. Gegenstände angreifen, nimmt seine Opfer gefangen, sperrt sie in Berge und löst Wasserfälle gegen sie aus u.ä.m. Er greift zusätzlich zum Mittel der Erpressung, um an sein Ziel zu gelangen. He-Man und seine Freunde wehren diese Angriffe gleichfalls mit physischen Gewaltmitteln ab, bleiben aber immer in der Verteidigerrolle. Selbst als Negators Reich explodiert, geschieht dies aufgrund seines eigenen Fehlers.

Wie in dieser Folge stehen bei 'He-Man' insgesamt physische Gewaltaktionen im Mittelpunkt. Die Themen geben nur den Rahmen ab, um möglichst viele Kämpfe zu zeigen. Die Kampfhandlungen werden mit schnellen Schnitten, lauter Musik und Lärm dramatisiert. Die bösen Angreifer werden entsprechend inszeniert, z.B. durch eine unsympathische, grausame Stimme, ekliges Äußeres, und sie kommen bei ihren Aktionen groß und bedrohlich ins Bild. Alle gezeigten Gewalthandlungen sind klinisch rein, Verletzungen oder gar Blut gibt es nicht. Wenn eine Person getötet wird, so löst sie sich in einer Explosion auf, ohne körperliche Überreste zu hinterlassen.

"He-Man ist von den Guten und Skeletor von den Bösen und er und seine Bande erledigen Skeletor", kurz und bündig schildert Christian (10) damit, worum es in He-Man geht. Während die Mädchen, vor allem die älteren, die Serie eher langweilig finden, ist sie für die Jungen altersunabhängig voller Action. Sie bewundern den starken und tapferen Superhelden, der - wie Boris (10) betont - *"auch andere Menschen rettet"*. Eine besondere Rolle spielt dabei das Zauberschwert: *"Das is für mich Action"*, wenn He-Man *"mit seinem Schwert gegen Skeletor kämpft"*, und *"wenn jemand auf ihn schießt, mit einer Laserpistole, wehrt er sich mit'm Schwert, dann prallt das ab"*, stellen Achim (10) und Ronny (11) begeistert fest.
Die Kämpfe gehören dazu, und da in dieser Serie die Welt klar in Gute und Böse eingeteilt ist, He-Man ein 'guter Held' ist, der gegen das Böse kämpft, anderen hilft und immer siegreich bleibt, stören die physischen Gewaltakte die Kinder wenig. Nur wenn seine übermenschlichen Kräfte kurzzeitig versagen, wie im Film 'Masters of the Universe', *"wo He-Man mit der Laserpeitsche gepeitscht wurde"*, finden sie das -wie Martin (10) - schon mal traurig.

Zwischen 'Fantastic Max' und 'He-Man' bewegt sich in etwa das Spektrum der Gewaltdarstellungen in Zeichentrickserien.
In Serien wie 'Fantastic Max', vergleichbar mit 'Mein Teddy-Monster', 'Biskitts' und 'Schlümpfe' spielt physische Gewaltpräsentation eine nachrangige Rolle. Sie taucht zwar auf, etwa wenn 'Gargamel', der böse Zauberer, den einen oder anderen Schlumpf gefangen nimmt, oder 'Teddy- Monster' von seinem Widersacher 'Biester' gejagt wird, sie steht jedoch nicht im Zentrum und nimmt keine harten Formen an. Psychische Gewaltformen, Drohungen, Beleidigungen, Unterdrückung sind in subtiler Weise enthalten, bleiben jedoch ebenfalls im Rahmen des im Prinzip freundlichen Umgangs der Protagonisten.
Serien wie 'He-Man' oder 'Ghostbusters' hingegen leben primär von der Präsentation physischer Gewaltakte. Ihre Helden müssen kämpfen, weil sie ununterbrochen von bösen Widersachern wie Skeletor und Negator oder von unheimlichen Wesen, Riesenheuschrecken und überdimensionalen Marsh Mellows, angegriffen werden oder andere vor ihnen retten müssen. Die Kampfmittel der Guten wie der Bösen sind breit gefächert: Raffinierte technische Hilfsmittel, vom Protonenstrahler bis zum Zauberschwert, ungewöhnliche Körperkraft und Geschicklichkeit, Zauberei, Hinterlist, Tücke und Klugheit. Die Gewaltanwendung der

Bild 1: 'He-Man' aus 'New Adventures of He-Man', Foto: RTLplus

der Guten ist dabei immer legitimiert durch die edle Absicht.

Gemeinsam ist den Gewaltdarstellungen in Animationsserien, daß niemand ernsthaft verletzt oder getötet wird. Das Kämpfen geht ohne Blutvergießen ab, die gezeichneten Figuren können aus unvorstellbaren Höhen abstürzen, von Laserstrahlen getroffen, von Schwertern durchbohrt, in die Luft gejagt werden u.ä.m., an ihnen sind keine Spuren zu sehen, selbst die getöteten, explodierten tauchen wieder auf, völlig unverändert. Gewaltanwendung bleibt mithin folgenlos.

Dies und der fiktive Kontext der Zeichentrickserien beeinflussen die Wahrnehmung und Beurteilung der dargestellten Gewalt. Kinder unserer Altersgruppe erkennen die Fiktion und Irrealität. Gewalt nehmen sie entsprechend nicht ernst.
Für sie stehen lustige Handlungen, Spannung und Bewunderung für die Helden im Vordergrund. Gewaltelemente treten demgegenüber zurück. Sie werden überhaupt nicht wahrgenommen, wie bei Serien der Kategorie 'Fantastic Max' oder 'Mein Teddy-Monster', wo es - wie für Mustafa (11) und Boris (10) - eher ein Genuß ist, wenn *"der Große den Kleinen da so als Monster vernichten will"* und *"das Teddy-Monster von den anderen genervt wird ... und dann ... die Leute erschreckt"*. Schadenfreude kommt wie bei Moni (10) auf, wenn Gargamel *"so doof ist und ihm was passiert, weil er die Schlümpfe fängt"*. In Serien wie 'He-Man', 'Ghostbusters', 'Saber Rider' u.ä. werden Gewaltelemente als zu Action und Spannung gehörig betrachtet wie von Peter (9) und Patrick (9): *"Am besten gefällt mir, wie sie kämpfen"*, und die *"Weltraumschlachten"* in Saber Rider, oder wie sie in Ghostbusters *"Geister fangen und töten"*. Bei den jüngeren Jungs spielt hier Nervenkitzel mit und manchmal wird es ein bißchen gruselig, z.B. für den 8jährigen Wang in Ghostbusters: *"Da war so ein Hund, der hat zwei Leute totgemacht, so einen Turmwächter"*. Wichtig ist, daß die Gut-Böse-Einteilung gewahrt bleibt, und die Helden anderen helfen, wie Jenny (8) für Lone Ranger betont, der *"die Leute immer vor Bösen rettet"*. In jedem Fall stören Gewaltelemente die Kinder insgesamt nicht im Genuß der Animationsserien. Unterschiede zeigen sich lediglich im Typus der Serien, die Jungen und Mädchen bevorzugen. Bei den Jungen stehen gewalthaltige Serien a là He-Man deutlich im Vordergrund.

Kinder unserer Alterstufe erkennen den fiktiven Kontext von Animationsserien. Dieser und die irreale und folgenlose Darstellung von Gewaltanwendung führen dazu, daß die enthaltene Gewalt den

Kindern kaum in den Blick gerät und nicht ernst genommen wird. Sie tritt gegenüber der Faszination für die Helden und für die mit Technik und Zauberei inszenierten Kampfhandlungen in den Hintergrund.

1.2 Actionserien und -filme

Knight Rider

"Ein Mann und sein Auto kämpfen gegen das Unrecht" - Dieses Zitat aus dem Vorspann der Serie Knight Rider kennzeichnet ihren Inhalt. Das computergesteuerte Auto K.I.T.T. und sein Fahrer Michael Knight stehen im Dienst der 'Foundation für Recht und Verfassung'. Sie kämpfen für Recht und Ordnung, sind immer zur Stelle, wenn Verbrecher und andere Bösewichte zugange sind, wenn irgendwo Unrecht geschieht oder sich andere Menschen in Gefahr befinden. Michael Knight ist ein smarter Typ mit lockeren Sprüchen. K.I.T.T. ist nicht nur eine perfekte, sondern eine menschliche Maschine mit Herz und Gefühl und überragender Intelligenz. Die Gangster bringt Michael Knight zur Strecke, K.I.T.T. hilft ihm meist indirekt, durch schnelle Informationen, präzise Schlußfolgerungen u.ä. Nur gelegentlich stellt er selbst einen Gangster, indem er ihm z.B. den Weg versperrt.

Der Beruf bringt es mit sich, daß Michael Knight physischer Gewalt ausgesetzt ist und ebensolche anwendet. Letzteres allerdings in den Grenzen des Erforderlichen, in jedem Fall legitimiert durch seinen Auftrag.

In der **Beispielfolge** (nicht aus dem Erhebungszeitraum) entflieht Baxter, wegen seiner Verkleidungskünste Chamäleon genannt, aus dem Gerichtssaal, indem er seinen Bewacher überwältigt. In Freiheit beginnt er sofort wieder hochentwickelte Waffen zu stehlen und zu verkaufen. Michael Knight jagt ihn, schmuggelt sich in Waffenhändlerkreise ein, nimmt Kontakt zu Baxters Tochter auf und überbewältigt Baxter schließlich zusammen mit K.I.T.T., bevor er mit einem soeben gestohlenen, neu entwickelten Fluggerät entfliehen kann.

In der Sendung dominieren physische Gewaltakte, die sich im Kontext von Flucht und Verfolgung abspielen: verschiedene Männer werden zusammen- oder heimtückisch niedergeschlagen, eine Handgranate geht

in die Luft, es kommt zu einer Schießerei, eine Richterin wird gefesselt und eingesperrt. Verwoben in diese physischen Gewaltaktionen sind psychische Gewaltformen wie Beleidigung, Bedrohung mit Waffen.
Diese Gewaltszenen zeichnen sich - wie in fast allen Folgen von Knight Rider - durch ihre harmlose Inszenierung aus. Menschen werden in der Regel nur überwältigt, selten ernsthaft verletzt oder getötet. Gewaltakte werden nicht breit ausgewalzt, und Blut ist nicht zu sehen. Gewalt, die auf Vernichtung zielt, steht nicht im Vordergrund, statt dessen actionreiche Szenen, die in rasantem Tempo aufeinander folgen.

Michael Knight hat *"so schöne Locken"* und *"ein tolles Auto, das sprechen kann und Menschen verprügelt"*: Diese Aussagen der 9jährigen Petra und des 8jährigen Phillip zeigen, was Kinder an der Serie Knight Rider begeistert. Für die Mädchen steht das Äußere und die Person Michael Knight im Vordergrund, der zudem - so eine 9- und eine 11Jährige - *"auf der guten Seite ist"* und *"anderen Leuten hilft"*. K.I.T.T. finden sie auch beeindruckend, ebenso wie die Jungs, die vor allem von der *"irren Technik"* und den besonderen Fähigkeiten von K.I.T.T. fasziniert sind. Daß Michael Knight *"kämpfen kann"* und *"die Technik von Karate"* beherrscht, beeindruckt sie zusätzlich.
Die mit viel Action verbundenen Aktionen der beiden Protagonisten machen die Sendung so *"schön spannend"*. Die Gewaltelemente werden durch die Faszination für Typen, Technik und rasante Action überlagert und gelangen nicht in den Blick der Kinder.

A-Team

Das A-Team besteht aus vier ehemaligen Mitgliedern einer militärischen Spezialeinheit, die wegen eines Verbrechens, das sie nicht begangen haben, verfolgt werden und in Los Angeles untergetaucht sind. Gibt es Probleme, kann man sich an das A-Team wenden. Denn das A-Team kämpft gegen das Böse und die Ungerechtigkeit. Dabei sind sie nicht gerade zimperlich, langen beherzt zu und greifen auch zu raffinierten und originellen Methoden.
B.A., das von den Kindern bevorzugte Mitglied des A-Team, ist ein muskulöser Farbiger mit Irokesenschnitt und über und über mit Schmuck dekoriert. Er redet wenig, hat einen ziemlich rauhen Umgang, auch mit seinen Kollegen, und schlägt schnell und hart zu. Aus der Ruhe bringt ihn so schnell nichts, es sei denn, er muß in ein Flugzeug steigen, davor hat er Angst.

Physische Gewaltanwendung gehört zum gesamten A-Team und zu

B.A., denn mit seiner 'sprechenden Faust' ersetzt er Argumente und beendet mit einem Schlag jede Auseinandersetzung. Wie seine Kollegen benutzt auch er zusätzlich Maschingewehre, im Prinzip jedoch nicht, um zu töten, sondern um die 'Bösen' einzuschüchtern oder ihren Besitz in die Luft zu jagen.

In der **Beispielfolge** (nicht aus dem Erhebungszeitraum) schmuggeln sich die Mitglieder des A-Team als Gefangene ins Gefängnis ein, um Jase Tatau zu befreien. Der Gefängnisdirektor betreibt eine Art Kampfprogramm und zwingt Gefangene, sich im Boxkamf gegenseitig umzubringen. Dazu will er auch B.A. bewegen. Dem A-Team gelingt es, Jase Tatau und sich selbst aus dem Gefängnis zu befreien, indem sie sich aus Mülltüten, Fönen und Elektrokabeln Schwebestühle basteln und über die Gefägnismauern davonsegeln. Mit Hilfe einer Journalistin bringen sie die menschenverachtenden Machenschaften des Gefängnisdirektors an die Öffentlichkeit.

Physische Gewalt steht hier einmal im Kontext der Boxkämpfe und Prügeleien, zum anderen im Kontext der Ausbruch- und Befreiungsaktionen, bei denen Wächter überwältigt werden und auch geschossen wird. Psychische Gewalt im Rahmen der Provokationen und Zwangsmechanismen des Gefängnisdirektors dient quasi als Auslöser für die physischen Gewaltakte.

Die beim A-Team im Mittelpunkt stehenden Kampfhandlungen, Schlägereien und Schießereien, werden teilweise mit Musik und Lärm dramatisiert. Die Sprache ist gelegentlich ziemlich brutal. Es wird nicht nur geschlägert, sondern auch getötet. Die Folgen solcher Aktionen sind jedoch nur wenig sichtbar, Blut fließt selten.

"Die vom A-Team greifen ein, wenn irgendwo Krach ist, mit Maschinengewehren oder kämpfen, und B.A. sorgt für Ruhe und Ordnung", so begründet Patrick (9) seine Vorliebe für die Sendung, die besonders bei älteren Mädchen und altersunabhängig bei Jungs beliebt ist. Sie genießen die actionreiche Spannung und finden die Sendung *"immer gut"*, weil *"da sind die Leute immer ein Held"*, so Pamela (10). Bei den Mädchen ist dafür B.A. ausschlaggebend, der *"sehr stark"* ist und *"sich voller Ketten und Ringe hängt"*, wie Edith (11) bewundernd feststellt. Auch seine Schwäche, daß *"er nicht fliegen mag"*, vermerkt Anja (11) positiv. Die Jungs sind ebenfalls von B.A.'s Stärke begeistert. Wie Bernd (10) finden sie jedoch insgesamt besonders gut, daß es *"viel Action"* gibt, *"viel geschossen"*, aber dabei *"nicht so oft gemordet"* wird, und daß die vom A-Team *"irrwitzige Erfindungen"* machen.

Gewaltelemente werden am ehesten von den Jungen wahrgenommen, aber - wie auch in der Sendung - damit legitimiert, daß es dem A-Team ja darum geht, Schwierigkeiten und Krach aus der Welt zu schaffen, und daß trotz des vielen Kämpfens und Schießens nicht viel gemordet wird, Gewalt also keine ernsthaften Folgen zeitigt.

Miracles (Jackie Chan)

Jackie Chan ist wie Bruce Lee ein Karateheld. Der Kampfsport Karate und seine perfekte Beherrschung stehen im Mittelpunkt der Filme, die unterschiedlichen Geschichten geben lediglich den Rahmen für ihre Präsentation ab. Jackie Chan ist ein kleiner, drahtiger Chinese mit einem jungenhaften Gesicht. Er beherrscht Karate in Perfektion, aber auch andere Kampfsportarten, und führt sie mit Akrobatik vor. Er steht immer auf der Seite des Guten, kämpft zur Verteidigung und aus Notwehr oder um anderen zu helfen, wodurch sein Gewalthandeln immer legitim erscheint.

In **Miracles** hilft Kuo (Jackie Chan) in Hongkong einem sterbenden Gangsterboß und wird zu dessen Nachfolger. Dadurch gerät er in einen Bandenkrieg, in dessen Verlauf er vom anfänglichen Naivling zum gerissenen Kämpfer wird. Sozusagen nebenbei hilft er einer armen Rosenverkäuferin zu ihrem Lebensglück, indem er vortäuscht, sie sei reich und so die Hochzeit mit einem Millionärssohn ermöglicht, nach dem Motto, um reich zu werden, darf man getrost lügen und betrügen.

Der Film ist im Grunde eine Aneinanderreihung von Kampfszenen. Physische Gewaltakte stehen im Vordergrund. Ihr Kontext sind die Kämpfe zwischen den rivalisierenden Banden, die im Mann-zu-Mann-Kampf und in Massenkämpfen ausgetragen werden, oder die erfolglosen und als lächerlich dargestellten Versuche der Polizei, einzugreifen. Neben 'sauberen' Karatekämpfen gibt es auch Vollkontakt-Kämpfe, Schlägereien und Schießereien, es werden Leute zusammengeschlagen, mit Zigaretten verletzt und eingesperrt. Die psychischen Gewaltelemente gehören sozusagen dazu, es wird mit Waffen und körperlicher Kraft gedroht, betrogen, denunziert, beleidigt und provoziert. Im Mittelpunkt steht die Geschicklichkeit Jackie Chans, der durch seine Reaktionsschnelle, seine Akrobatik und seine nicht nachlassenden Kräfte gegen zehn und mehr Gegner gleichzeitig erfolgreich kämpft. Trotz aller Anstrengung zeigt er meist ein fröhliches Grinsen, braucht nach einem Kampf nur Sekunden, um wieder bei Atem und in optisch ansprechender Verfassung zu sein und hat auch nach der größten Schlägerei weder Schürfwunden noch blaue Flecken. Es fließt so gut wie kein Blut, auch nicht bei Schießereien. Die Kampfhandlungen sind häufig mit einer animierenden Musik unterlegt, die dem Ganzen eine eher fröhliche Note gibt. Die Dramatik wird durch heftige Schreie und großen Lärm hergestellt. Die Sprache ist oft rüde, gegenseitige Beleidigungen und Drohungen sind an der Tagesordnung. Bei den Kampfszenen - wie auch im übrigen Film -sorgen schnelle Schnitte für Dynamik und vereinzelte Slapstickelemente spielen die Brutalität herunter.

"Wenn er kämpft, kann man sehen, wie er kämpft, und dann kann man versuchen, das nachzumachen", damit erklärt Aydin (9) seine Bewunderung. Helden wie Jackie Chan, aber auch Bruce Lee oder Rokky werden ansonsten vor allem von älteren Jungs bevorzugt, die zusätzlich in sozial niedrigen Anregungsmilieus leben. Ihre Bewunderung gilt durchgängig den Kampffähigkeiten der Helden, sei das nun Boxen wie bei Rocky, *"ich möchte auch so tolle Schläge haben wie er"*, wünscht sich Ronny (11), oder Karate wie bei Bruce Lee und Jackie Chan. Begeistert sind sie wie Haydar (12), daß Jackie Chan das *"ganz schnell lernt. Wenn er einmal zum Meister geht und wenn er's einmal macht, dann ... hat er es sofort"*. Sie wären selbst gern so wie Jackie Chan, denn - so Haydar (12) -, wenn ihn *"jemand hauen möchte, dann ... wehrt er sich auch und er hat auch keine Angst und läuft weg"*, oder wie Bruce Lee, *"weil er so stark ist und er macht jeden fertig"*. Daß sich diese Helden *"alles trauen"*, z.B. erzählt Aydin (9), *"ist Jackie Chan von einem Berg runtergesprungen, der war ungefähr tausend Meter hoch, auf nem Heißluftballon"*, verstärkt die Bewunderung auch bei den Jüngeren für diese 'richtigen' Männer, die sie selbst einmal werden wollen: *"Also ich möchte kein solcher langweiliger Mann sein ..., so z.B. Louis de Funès"*, erklärt Ronny (11).
Die Tatsache, daß in diesen Filmen ein Gewaltakt den nächsten jagt, stört sie nicht. Das macht ja die Helden aus, ist spannende Action.

In der Spannbreite von 'Knight Rider' über 'A-Team' bis zu 'Jackie Chan' läßt sich festmachen, was im Fernsehen (und auf Video) an Action geboten wird. Die eher harmlose Serie 'Knight Rider' ist zu vergleichen mit 'MacGyver', der mit Ideenreichtum, technischem Geschick und meist ohne Waffen alle Situationen meistert und physische Gewalt nur nutzt, um Sachen zu zerstören oder Gegner zu überwältigen. Ebenfalls in diese Kategorie ist 'Baywatch' einzuordnen, in der die 'Rettungsschwimmer' Verunglückten helfen und dabei gelegentlich auch

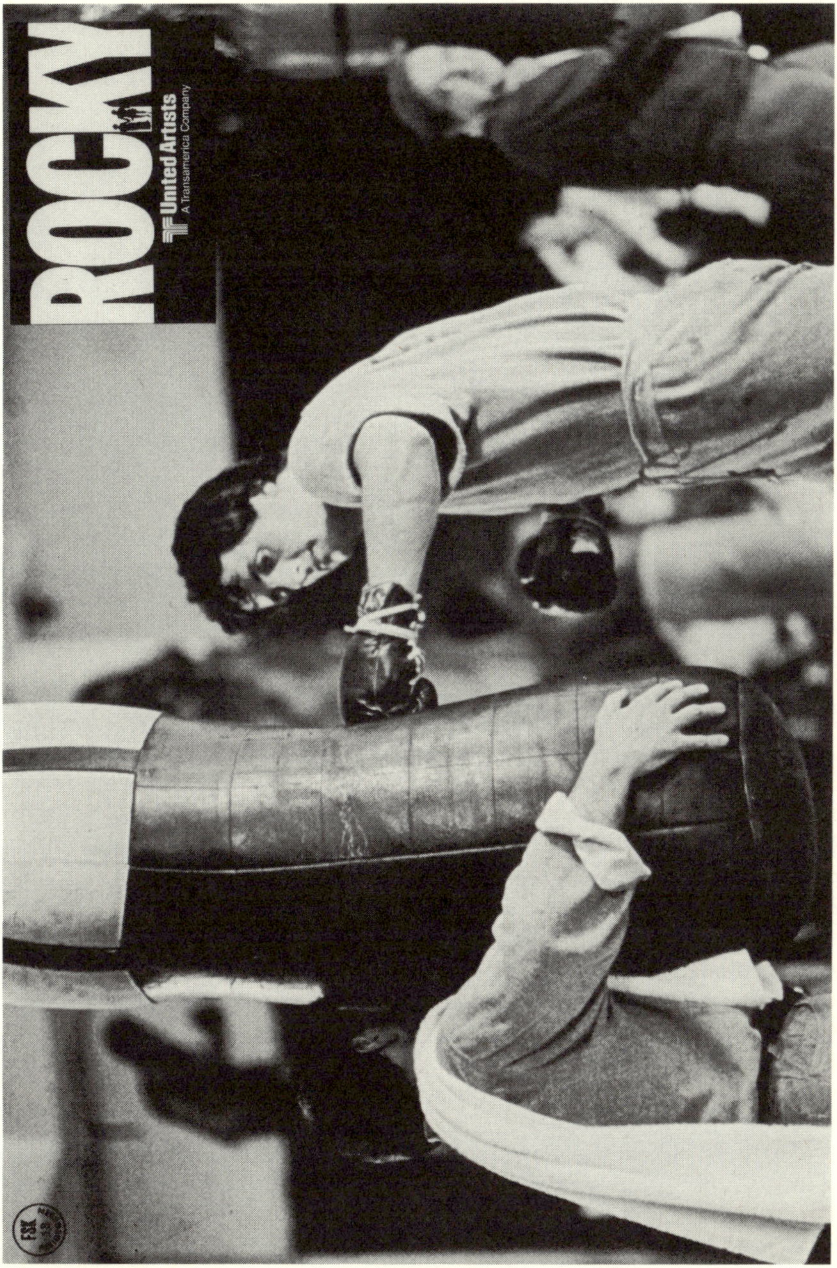

Bild 2: 'Sylvester Stallone' aus 'Rocky', Foto: United Artists

Verbrechen aufklären und die Täter stellen. In diesen Serien wird temporeiche Action geboten. Physische Gewalt ist ein Bestandteil, sie ist allerdings begrenzt, nimmt selten harte Formen an und wird dramaturgisch nicht breitgetreten.
Eine Verschärfung dieser Art von Actionserien stellt 'A-Team' dar. Sie ist vergleichbar mit 'Airwolf', wo ebenfalls Kämpfe und Schießereien im Vordergrund stehen, und der Superhelikopter für spannende Luftkämpfe mit vielen Explosionen sorgt. Ebenso kann man hier die Filme mit 'Bud Spencer und Terence Hill' zuordnen. Denn es geht hier, wenn auch durch das slapstickartige Verhalten der beiden abgeschwächt, letztlich nur um die Inszenierung der schlagkräftigen Auseinandersetzungen. Diese Actionserien und -filme bauen deutlich mehr auf harte Kampfhandlungen mit Fäusten und/oder mit Waffentechnik, in denen schon mal gnadenlos hingelangt wird. Die physischen Gewaltaktionen rücken hier deutlicher in den Mittelpunkt und werden auch detaillierter und ausführlicher dramatisiert.
Den Endpunkt dieser Spannbreite stellen die Jackie-Chan-Filme dar, die mit den Bruce-Lee- und Rocky-Filmen vergleichbar sind. Diese Filme leben von der Aneinanderreihung physischer Gewaltaktionen. Sie feiern in Inhalt und Inszenierung Kampfsportarten in allen Variationen und betten sie ein in ein durchgängiges gewalthaftes Geschehen, in dem keine Form der Gewalt ausgespart wird.

Gemeinsam ist allen drei Actionvariationen, daß ihre Helden immer im Dienst des Guten kämpfen, die von ihnen ausgehende Gewalt deshalb legitimiert ist. Gemeinsam ist ihnen auch, daß die Folgen von physischer Gewaltanwendung ausgespart oder verharmlost werden. Schrammen und blaue Augen sind allenfalls noch zu sehen, Blut aber fließt auch bei drastischen Verletzungen nicht, und Tote sind schnell aus dem Bild und dem Blick des Zuschauers.

Diese Elemente beeinflussen die Wahrnehmung der dargestellten Gewalt durch Kinder. Bewunderung vor allem der männlichen Helden steht für sie im Vordergrund und deren Gewalthandlungen legitimieren sie mit denselben Argumenten, wie das die Serien und Filme tun: Die Helden stehen auf der guten Seite, sie müssen kämpfen, sich wehren oder anderen helfen, mit körperlicher Kraft, Geschicklichkeit oder Technik. Für die Mädchen stehen die Personen und Eigenschaften der Helden deutlich im Vordergrund und sie finden es besonders gut, daß diese den Opfern von Gewalt hilfreich zur Seite stehen. Die Jungs betonen ebenfalls den Helferaspekt, sind aber deutlicher fasziniert von den Kampfhandlungen und dem technischen Erfindungsreichtum. Für die meisten Kinder ist es wichtig, daß auch lustige Elemente enthalten sind, die Sendungen wenig Realitätsnähe besitzen und gut enden, und daß keine allzu harten und drastischen Gewaltanwendungen mit ernsthaften Folgen vorkommen. In bezug auf letzteres bilden die Karate-Fans ein Ausnahme, denn sie genießen auch die härteren Gewaltformen, Hauptsache, der Held setzt sich durch und bleibt siegreich.

In Actionserien und -filmen stehen Protagonisten, die die Kinder bewundern können, im Vordergrund. Gleichzeitig werden hier die Folgen von Gewalt ausgeblendet oder verharmlost, wodurch den Kindern die Wahrnehmung von Gewalt erschwert wird. Verstärkt wird dies insbesondere durch die permanenten Legitimationen für die Gewaltanwendung der 'guten' Helden. Diese Legitimationen werden von den Kindern weitgehend übernommen. Dabei besteht die Gefahr, daß sie auch das mediale Klischee des 'guten und siegreichen Helden, der mit allen Mitteln für sein oder das Recht kämpfen darf', aufnehmen.

1.3 Gruselfilme

Teen Wolf

> Teen Wolf (nicht im Erhebungszeitraum) heißt eigentlich Scott und ist ein nett aussehender, etwas linkischer Jugendlicher. Er spielt Basketball, hat wie jeder Teenager Liebesprobleme und wünscht sich, anders zu sein als andere. Dieser Wunsch erfüllt sich, als er sich in einen Werwolf verwandelt, ein genetisches Erbe seines Vaters. Über und über behaart, mit Krallen an den Fingern und einem wolfsähnlichen Gesicht, sieht er nun nicht mehr besonders nett aus. Er wird jedoch nicht grausam, sondern nutzt seine neu erworbenen Fähigkeiten, um ein As im Basketball zu werden. Er legt seine Schüchternheit ab, gebärdet sich als Frauenheld, wird stark und unbesiegbar und gelegentlich aggressiv, aber nur wenn er angegriffen wird. Als er bei einer Provokation Mühe hat, seine Aggressionen zu zügeln, beschließt er, sein Werwolf-Dasein zu beenden. Auch ohne diese Eigenart ist er fortan der tolle Typ, im Basketball und bei den Mädchen erfolgreich.

Als Werwolf bekommt Scott außerordentliche Kräfte und ein größeres Aggressionspotential, beides setzt er jedoch primär im Basketball ein.

Physische Gewalt wendet er nur an, um sich gegen Provokationen zu wehren. Unbeabsichtigt geht der Werwolf gelegentlich mit ihm durch, er verletzt z.B. ein Mädchen beim Schmusen mit seinen Krallen. Um mit knurrender Stimme oder Werwolfsblick jemanden zu erschrecken und zu bedrohen, nutzt er seine Eigenart jedoch des öfteren. In den Basketballspielen kommt es darüber hinaus zu den obligatorischen Fouls und Beschimpfungen.
Teen Wolf ist eigentlich ein Film über Pubertätsprobleme. Mit Gruselfilmen hat er nur das Motiv, die Verwandlung des Menschen in eine Bestie, gemeinsam und einige dramaturgische Effekte. So wird z.B. ausführlich die körperliche Verwandlung von Scott in einen Werwolf gezeigt und mit dramatischer Musik unterlegt. Diese Gruselelemente kommen aber hauptsächlich zu Beginn zum Tragen. Insgesamt nimmt die gesamte Inszenierung dieser Figur den Schrecken. Gewaltaktionen, die typisch für andere Werwolffilme sind, wie das Anfallen und Töten von Menschen, das Verbreiten von Schrecken und Entsetzen u.ä., treten nicht auf. Der nette Jugendliche Scott ist auch ein netter Werwolf. Gewalt spielt keine bedeutende Rolle, sie gehört zwar in den Handlungsverlauf, bleibt aber begrenzt und harmlos, es wird niemand ernsthaft verletzt.

"Aber er beißt nicht, er saugt nicht den Menschen das Blut aus, sondern spielt Basketball ... und alle bewundern ihn": Für den 11jährigen Ronny ist Teen Wolf ganz klar kein Gruselfilm, weil der Protagonist sich ja nicht verhält wie ein richtiger Werwolf. Beliebt ist der Film vor allem bei Jungen. Die größeren finden den Film *"richtig fürchterlich spannend"* und bewundern die Hauptfigur, weil er so gut Basketball spielen kann, und außerdem, wie Haydar vermerkt, *"wenn er wütend wird, wird er ganz stark"*. Die kleineren Jungen und die Mädchen hingegen sind zwischen Spannung, Angstlust und Angstschrecken hin und her gerissen. Zwar finden auch sie den Film spannend und die Hauptfigur niedlich und witzig, meinen aber wie Özlem (8) und Edith (11), daß *"das wohl gruselig ist"* und bestehen darauf, das *"is so'n Gruselfilm"*. Sie beziehen sich hierbei vermutlich auf das Äußere der Hauptfigur, die die typischen Werwolfkennzeichen zeigt, und auf die - nur sparsam - eingesetzten dramaturgischen Gruseleffekte. Der Grusel jedoch, den dieser Film erzeugt, ist nicht ernsthaft beängstigend. Der angenehme Schauer, der über den Rücken läuft, macht eher Spaß.

Mit den anderen in dieser Rubrik zugeordneten Filmen ist 'Teen Wolf' im Grunde nicht vergleichbar. Am ehesten noch mit 'Gremlins', der

Bild 3: 'Teen Wolf' aus 'Teen Wolf', Foto: RTLplus

ebenfalls groteske und z.T. komödiantische Aspekte in den Vordergrund stellt, jedoch von den Kindern ganz anders wahrgenommen wird. Von den 'Gremlins' haben die Kinder vermutlich am Wochenende nur Trailer gesehen[8]. In beiden Trailern stehen Gewaltszenen im Vordergrund:

> Im ersten Trailer wird z.B. eine geängstigte Frau von einem spinnenartigen Gremlin verfolgt, ein als Zahnarzt verkleideter Gremlin reißt einem völlig entsetzten Jungen den Mund weit auf, und ein anderer umfaßt durch Löcher in der Wand mit langen Schlangenarmen erst die Fußknöchel, dann den Hals einer Frau.
>
> Im zweiten Trailer kommt ein böser Gremlin aus dem Schaltpult und eine schreiende Frau ist in Großaufnahme zu sehen, liebe und böse Gremlins kämpfen gegeneinander, wobei einer von der Modelleisenbahn überfahren wird u.ä.

Auf Gewaltsaspekte beziehen sich entsprechend die Aussagen der Kinder, z.B. findet Jürgen (11) die Gremlins erschreckend, *"weil sie Menschen töten und angreifen"*, allerdings auch spannend, *"weil da passiert was"*. Der 9jährige David hingegen ist sichtlich betroffen, als er erzählt: *"Das sind so kleine böse Monster, und die springen und beißen dich hier (zeigt auf den Hals) richtig rein ... und dann bist du tot"*. Davids ausführliche Schilderung (vgl. 3.4) bezieht sich - so vermuten wir - auf Gremlins 1, die Trailer im Nachmittagsprogramm des Erhebungswochenendes könnten die Erinnerung daran aber wachgerufen haben, denn er bemerkt, das war kein Film, *"nur ein kleiner Schluß"*. Bei ihm überwiegt deutlich der Grusel, der anders als bei 'Teen Wolf' in die Nähe von Angst rückt. Da die Kinder hier nur einzelne Ausschnitte zu sehen bekommen haben, fehlt ihnen der Kontext des Films und sie behalten offensichtlich vor allem die gewalthaltigen, für sie erschreckenden Elemente im Kopf (vgl. 3.6).

Die echten Grusel(Horror)-Filme in dieser Rubrik unterscheiden sich in Inhalt und Dramaturgie ebenso wie in der Qualität der Gewaltpräsentation. Nur wenige Kinder kennen sie - vorwiegend ältere Jungen - und die meisten lehnen sie *"als ganz schrecklich"* ab. Die Äußerungen der Kinder dazu lassen gemischte Gefühle erkennen. Der 9jährige David findet den 'Weißen Hai' *"interessant"*, denn *"da frißt der Hai .. immer so Menschen so richtig auf, bei den Köpfen und alles, Körper und so. ... Aber dann haben die Menschen bei ihm so eine Bombe in den Mund*

---

[8] Zwei unterschiedliche Trailer zu Gremlins 2 liefen am Erhebungswochenende mehrmals im Nachmittagsprogramm: Einer am Samstag in Tele 5 in der 'Cinemathek', der andere viermal am Samstag und einmal am Sonntag in RTL plus.

geschmissen und da ist er explodiert und da fließt das ganze Blut und die Zähne und so alles". Das findet er zwar spannend, ist aber offensichtlich ganz froh, daß dem Ungeheuer der Garaus gemacht wird. Edith (11) findet 'House I' *"am allergrusligsten. Da ist so ein schwarzes Loch, und dann geht man da durch, und dann kommt man in ein anderes Land, in ein ganz gruseliges, da ist so Weltkrieg, kommen so Skelette vor ... da kommt dann so ein Geist, der zieht jemanden so runter ... Action ist das. ... Dann ist er auch ein Held geworden, ... dann ist es nicht mehr gruselig, dann ist das alles fein"*. Auch sie ist froh, daß sich der Grusel auflöst und alles gut ausgeht.
Es gibt aber auch hartgesottene Burschen, denen diese Art von Horrorfilmen nichts auszumachen scheint, der 11jährige Ronny zu 'Nightmare': *"Ja, das war schön spannend ..., ein Hund, der pinkelte Feuer, dann geht die Erde auf, und dann erscheint plötzlich Fred Krüger ..., so'n Typ, den haben die Menschen verbrannt, und jetzt möchte er die Rache nehmen, und er hat einen Handschuh ..., und da kommen solche Metallkrallen, und mit den Krallen bohrt er in'n Bauch rein und reißt alles auf und so"*. Und Haydar (12) zum gleichen Film: Fred Krüger ist *"so ganz richtig drauf und er tötet richtig die Menschen und holt das ganze raus ..., das sieht so gut aus und so gruselig"*. Die drastischen Gewaltaktionen und -folgen, die Filme dieser Kategorie als einziges Thema haben, bedeuten für diese beiden Jungs Spannung, Nervenkitzel und angenehmen Grusel. Beide betonen aber, das sei ja ein Gruselfilm, *"sonst nix"*, und das heißt, die Gewalt gehört dazu, und das Ganze ist weit weg von jeder Realität (vgl. 3.5).

Gruselfilme werden von Kindern ganz unterschiedlich aufgenommen: Für die einen zählt bereits 'Teen Wolf' dazu, der eigentlich nur einige dramaturgische Effekte übernimmt und weitgehend gewaltfrei ist. Andere brauchen zum Gruseln härtere Kost, die auch mit beträchtlichen Gewaltanteilen versetzt ist. Bei den meisten Kindern rufen solche Filme unangenehme Gefühle und zum Teil Angst hervor. Diese sind offenbar nur zu ertragen, wenn sich der Schrekken auflöst und alles ein gutes Ende nimmt. Für die Grusel-Fans hingegen reicht es, wenn die drastischen Gewaltdarstellungen im genretypischen Rahmen bleiben und wenn Realitätsferne und Abstand zum normalen Alltag gewahrt sind. Allen Kindern bleiben jedoch die Gewaltelemente gut in Erinnerung, auch oder besonders dann, wenn sie, wie bei den Gremlins-Trailern, nur Ausschnitte ohne Kontext gesehen haben.

Bild 4: 'Fred Krüger' aus 'Nightmare on Elm Street IV', Foto: Tobis Film

1.4 Krimiserien

Drei Engel für Charly

Die drei Engel sind Privatdetektivinnen, alle drei gepflegt und hübsch. Charly, der geheimnisvolle Unbekannte, existiert nur als Stimme durchs Telefon. Bossley, ein Mann mittleren Alters, mit mehr Bauch als Muskeln, kümmert sich um die Aufträge und steht den drei Engeln mit Rat und als männlicher Begleitschutz zur Seite. Das Geschehen der Serie rankt sich um die Aufträge: Mord, Erpressung, Entführung, Drogenhandel und was die Kriminalitätspalette sonst noch zu bieten hat. Die Aufklärung der Fälle geschieht vorwiegend mit allerlei verwirrenden Spekulationen über mögliche Verdächtige. Der Verbrecher wird von den drei Engeln dingfest gemacht, recht gesittet, indem sie Kampfsporttechniken benutzen, mit Waffen drohen und diese gelegentlich auch gebrauchen. Ihre Gewaltanwendung ist legitimiert durch ihren Auftrag oder, weil sie sich selbst der Bedrohung des Verbrechers erwehren müssen.

In der **Beispielfolge** (15.9., SAT.1) wird während eines Tanzmarathons eine betuchte Teilnehmerin im Hinterhof des Tanzssaals erwürgt. Ihr Bruder und Tanzpartner, der zunächst an eine Entführung glaubt, beauftragt Charly und die drei Engel. Ein Engel nimmt daraufhin mit Bossley am Turnier teil. Nachdem die Ermordete gefunden ist, beginnt die Suche nach Verdächtigen, die sich auf zwei Personen konzentriert. Am Ende stellt sich heraus, daß beide zwar 'Dreck am Stecken', aber mit dem Mord nichts zu tun haben. Der Mörder ist der Orchesterleiter, der auch noch seinen Sänger umbringt, weil der und sein erstes Opfer sich abfällig über die 'gute alte Musik' geäußert haben. In der Schlußszene bringt er einen Engel in seine Gewalt und ihre beiden Kolleginnen kommen gerade noch rechtzeitig, um den Mörder mit Karate und Pistolenschuß außer Gefecht zu setzen.

Physische Gewalt geschieht hier zum einen im Kontext der beiden Morde, deren Einleitung aus der Opferperspektive - angstvolles Gesicht - gezeigt wird, die jedoch selbst im Bild ebensowenig zu sehen sind wie der Mörder, es steigert sich nur die Musik dramatisch; zum anderen im Kontext der Überwältigung des Mörders, der dabei verletzt, aber nicht getötet wird. Außerdem gibt es noch eine Schlägerei, Beleidigungen zwischen Orchesterleiter und den späteren Mordopfern und die Behung des Engels Kelly durch den Mörder. Gewaltpräsentation erfolgt mithin in typischer Krimimanier und wird nicht über die Maßen strapaziert.

"Die Frauen oder Mädchen sind stärker und die Männer schwächer als die Frauen", so begründen nahezu gleichlautend Gabi (11) und Dörte (12) ihre Vorliebe für die Serie. Ein weiteres Mädchen der gleichen Altersstufe ist besonders davon angetan, daß die Engel *"so hübsch sind"*. Weitere Äußerungen gibt es nicht. Die drei Mädchen beziehen sich überhaupt nicht auf Gewaltaspekte, sondern nur auf die Äußerlichkeiten der Protagonistinnen und auf die Rollenverkehrung.

Krimis - ob Serien oder Spielfilme - leben von angedeuteten und gezeigten physischen und psychischen Gewaltakten, Mord, Körperverletzung, Raubüberfall, Erpressung, Entführung u.ä. Das Geschehen rankt sich um die Aufklärung der Verbrechen, das Verfolgen und Dingfestmachen der Täter. Zimperlich sind meist weder die Verbrecher noch die sie jagenden Polizisten und Detektive, Faust und Waffe sitzen locker. Die Verbrecher sind im Unrecht, ihre Verfolger im Recht, die Gewaltanwendung durch letztere somit legal. Das Verbrechen geschieht meist in einer relativ alltäglichen Umgebung, sozusagen nebenan. Der Zuschauer weiß entweder von Beginn an, wer der Täter war und kann die Bemühungen der Verfolger besserwisserisch begleiten, oder er weiß es nicht und muß mit der Polizei mühsam suchen.

Kinder scheinen diese Muster zu kennen und nicht zu mögen, wie die 10jährige Sarah, die Krimis *"gar nicht so spannend"* findet: *"Ja, da weiß man's ja, der wird umgebracht, also ist er umgebracht, ist er tot"*. Manche Kinder finden zwar die Schießereien, z.B. in 'Mike Hammer' oder in 'Chips', noch ganz spannend, aber Morde und Mörder sind ihnen zu gruselig, wie dem 11jährigen Jörg, der heftig abwehrt: *"nix, nix, ... ich möcht nicht sehen, wenn so einer jemand totschlägt"*, oder wie Nicol (8), die Derrick ablehnt, *"weil da werden immer Leute ermordet und so, ... und dann ist das immer gar nicht schön"*. Und auch hartgesottene Jungs, denen brutale Action und Horror nichts ausmachen, werden kleinlaut: *"Die Mörder, wenn ich immer seh, daß Mörder sind, dann mag ich das auch nicht so gerne, kriege ich auch immer ein bißchen Angst"*, gibt Haydar (12) zu. Eventuell spielt in diese Ablehnung auch hinein, daß die Verbrechensdarstellung in Krimis zu nah an der Realität liegt, wodurch Verunsicherung und Angst erzeugt werden kann (vgl. 3.5). Dafür spricht, daß einigen Kindern auch die 'Tagesschau'

Bild 5: 'Dr. Quincy' aus 'Quincy', Foto: ARD-FILMREDAKTION

schau' Angst macht, weil dort *"tote Menschen"* zu sehen sind.

Krimis mögen Kinder nicht besonders, sie kennen offenbar das Muster, finden es aber nicht spannend. Mord und Mörder lehnen sie ab und kriegen es dabei auch mit der Angst. Möglicherweise werden die Kinder verunsichert, da die Darstellung der Verbrechen und die Orte des Geschehens in Krimis sehr nah an der Realität sind.

2. Was verstehen Kinder unter Gewalt?

Um das, was Kinder zu Gewaltdarstellungen im Fernsehen äußern, verstehen und einordnen zu können, ist zunächst ein Blick auf ihr Gewaltverständnis zu werfen. Dieses konstituiert sich primär aus ihrem Lebenskontext und bezieht Gewalterfahrungen in ihrem Alltag ebenso ein wie Gewaltdarstellungen, die Kinder im Fernsehen oder in anderen Medien konsumieren. Es bildet den Hintergrund für ihre Gewaltwahrnehmung und -beurteilung.

2.1 *"Wenn jemand umgebracht wird, das ist für mich Gewalt"* - Das kindliche Gewaltverständnis

Fragt man Kinder direkt, was sie unter Gewalt verstehen, erhält man Antworten wie die folgenden:

Für Pamela (10) ist Gewalt *"wenn sich manche prügeln oder wenn einer was falsch macht, daß der andere dann Gewalt anwendet, so mit Treten, Hauen, Zuschlagen"*. Zu Gewaltdarstellungen in Actionserien meint sie: *"Da haun die sich immer, aber das ist ja sowieso nicht echt. Die schlagen ja in Wirklichkeit gar nicht so doll zu. Das sieht dann nur so aus und die machen nur die Töne dazu"*.

Einen expliziten Gewaltbegriff formuliert Özlem (8) nicht. An sich gefällt ihr Kämpfen *"nicht so ganz, wenn der Böse gewinnt, aber wenn der Gute gewinnt, ja"*. Sie bezieht das auf körperliche Gewalt, die keine ernsthaften Verletzungen oder gar einen tödlichen Ausgang zeitigt. Wird diese Schwelle überschritten, lehnt Özlem das ab.

"Daß man da mit Waffen kämpft, Panzerfaust, und so Panzer, Pistolen,

Maschinengewehr, wenn jemand umgebracht wird, das ist für mich Gewalt", meint Mark (9). Wenn *"man aber nicht tot ist"*, dann ist das *"Halbgewalt"*. Das sieht er im Fernsehen genauso: *"nöö, kämpfen ist ja nicht Gewalt so. Aber wenn man sich da ... tötet mit, ... dann ist das für mich Gewalt"*.

Jörg (11) begreift als Gewalt, *"wenn so einer jemand so totschlägt. ... Manchmal, wenn die boxen, dann ja, hau ihn, hau ihn! Aber so, wenn Kinder Mißhandlungen kriegen, dann find ich das doof. Ja, wirklich ... (weil) Du Dich nicht wehren, reinhauen kannst"*. Drastische körperliche Gewalt will er auch im Fernsehen nicht sehen: *"nix, nix. ... Ich möcht nicht sehen, wenn so einer jemand so totschlägt. Find ich nicht gut"*.

Haydar (12) versteht unter Gewalt, *"wenn jemand jetzt gewaltig wird oder jetzt ... einer ermordet wird .... so, wie wenn man ihn mördert ... jetzt, wenn er nix tut, und auf einmal kommt einer mit'm Messer und stecht ihn in Bauch, dann is er tot, oder wenn jemand vergewaltigt wird"*. Bei Gewaltdarstellungen in Filmen unterscheidet er sehr genau: *"Bei manchen Filmen jetzt Jack the Ripper, ... der tötet auch einfach solche Menschen, des hat der auch auf echt gemacht ... Der ist doch kein Gruselfilm. Der nimmt einfach, entführt die Menschen und tötet sie"*. In 'Nightmare' dagegen *"is richtig 'ne Action drin ... des is ja auch 'n Gruselfilm, ..., aber sonst nix ... Bei Gruselfilmen, da töten die fast jeden Menschen"*.

Auf die direkte Frage, was für sie Gewalt ist, beziehen sich die drei Jungen ausschließlich auf harte physische Formen, in deren Folge jemand zu Tode kommt. Harmlosere Aktionen wie Prügeleien lassen sie nicht als Gewalt gelten, außer es handelt sich um die Mißhandlung Wehrloser und Schwacher, Kinder und Frauen. Bei Pamela hingegen fängt Gewalt schon beim Prügeln an, z.B. als körperliche Bestrafung für Fehler. Özlem mag Gewalt im Grunde gar nicht, sie nimmt sie nur in Kauf, wenn sie zur Durchsetzung des guten Zwecks dient. Von harten Formen distanzieren sich die beiden Mädchen deutlich. Bezogen auf mediale Darstellungen wird das Gewaltverständnis übernommen oder verschärft sich, wie Haydars Einschätzung von Grusel(Horror)filmen verdeutlicht, in denen 'sowieso jeder getötet wird'. Auch Pamela relativiert hier, denn Gewalt wie sie beispielsweise in Actionfilmen vorkommt, 'ist ja sowieso nicht echt'.
Daß Kinder den Begriff Gewalt vorwiegend auf physische Formen beziehen, und ihnen entsprechend auch im Fernsehen vor allem diese Art

von Gewaltdarstellungen in den Blick geraten, zeigt sich in ihren Äußerungen zu den Prototypen der unterschiedlichen Genres (vgl. 1.): Psychische Gewaltformen, wie sie etwa in der Darstellung von Beziehungskonstellationen häufig zu finden sind, tauchen kaum auf.

Während die Jungen einen sehr engen Gewaltbegriff haben und nur drastische physische Formen als Gewalt gelten lassen, bezeichnen die Mädchen auch harmlosere Formen als Gewalt. Dieser geschlechtsspezifische Unterschied dokumentiert sich bereits in den Fernsehvorlieben und setzt sich in den Äußerungen zu den Prototypen der hochgewichteten, bzw. für den Gewaltaspekt relevanten Genres fort: In den beiden hochgewichteten Genres Animations- und Actionsserien sind die Jungen deutlich an denjenigen orientiert, die physische Gewaltpräsentationen in der Vordergrund stellen und beziehen sich auch in ihren Äußerungen zu den Sendungen auf Kämpfe, Prügeleien und Schießereien, die sie als spannend empfinden. Die Mädchen hingegen legen ihre Vorlieben auf die harmloseren Serien und beziehen sich in ihren Äußerungen eher auf andere als Gewaltelemente, z.B. auf die äußeren Merkmale der Helden, auf deren Eigenschaften oder Fähigkeiten. Harte Actionfilme wie 'Jackie Chan' oder 'Bruce Lee' tauchen bei den Sehpräferenzen der Mädchen nicht auf. Im Genre Gruselfilme ist das im Prinzip nicht anders. Gruselfilme werden von den Mädchen kaum gesehen und fast durchgängig negativ bewertet, während vor allem die älteren Jungen auch harte Horrorfilme goutieren. In der Ablehnung von Krimis hingegen sind sich Mädchen und Jungen weitgehend einig.

Der kindliche Gewaltbegriff ist auf physische Formen konzentriert. Wenn Kinder Gewalt ablehnen, geschieht dies mit Blick auf die Opfer. Entsprechend nehmen sie auch im Fernsehen vorwiegend physische Gewalt wahr. Der Gewaltbegriff der Jungen ist dabei deutlich enger, sie lassen nur harte, existentielle Formen physischer Gewalt gelten. Die Mädchen hingegen titulieren auch harmlosere Formen als Gewalt. Dies schlägt sich nicht nur in der Wahrnehmung und Bewertung von Gewalt in Fernsehsendungen nieder, sondern bereits in den Vorlieben von Mädchen und Jungen für bestimmte Sendungen.

2.2 *"Da haben wir uns so geprügelt, also immer Spaß gehabt und dann wurde das ernst"* - Der Hintergrund des kindlichen Gewaltverständnisses

Womit hängen die Ausprägungsformen des kindlichen Gewaltverständnisses zusammen? Um Antwort auf diese Frage zu finden, wird ein Blick auf die Lebensumstände der Kinder, auf ihren Alltag und ihre Orientierungen notwendig.

Nach Jörgs (11) Gewaltverständnis hat Prügeln und Kämpfen erstmal nichts mit Gewalt zu tun. Gewalt beginnt für ihn dort, wo jemand ernsthaft verletzt oder getötet wird. Seine Gewaltnorm lautet: Körperliche Unversehrtheit darf im Prinzip nicht ernsthaft angetastet werden. Die Ausnahmen liegen in sportlichen Kämpfen, wie Boxen, bei denen Verletzung des Gegners quasi dazugehört, oder wenn Gewalt normativ gerechtfertigt angewendet wird, z.B. zur Verteidigung.

Diese Gewaltnorm lebt Jörg aktiv: Sich spielerisch prügeln oder im sportlichen Wettkampf gegen andere antreten, ist für ihn Kräftemessen und das Mittel, um sich seines Ranges zu vergewissern, *"ich bin der Drittstärkste"*. Dieses Kräftemessen wird auch über sein Elternhaus unterstützt. Er übt mit seinem Vater, den er wegen seiner Kraft bewundert, Armdrücken und bedauert, gegen ihn (noch) keine Chance zu haben. Ernsthaft streiten und prügeln mag er aber nicht. Allerdings passiert es ihm schon mal, daß aus der spielerischen Rauferei ernst wird: *"Da haben wir uns so auf der Matte geprügelt, also immer Spaß gehabt und dann wurde das ernst ... er hat's nur aus Bock gemacht, darauf hab ich falsch reagiert ... hab ich eine reingehauen"*. Jörg bedauert das, denn damit hat er gegen die Regeln und gegen seine eigene Norm verstoßen. Er legitimiert jedoch gleichzeitig, daß sowas schon mal vorkommen kann, auch bei einem sonst guten und netten Kerl wie 'Hefti-Schlumpf', seiner Theaterspiel-Figur: *"Heute hatte er gerade schlechte Laune gehabt und hat der Schlumpfine die Handtasche geklaut. Aber er hat auch mal von Schlumpfine das Haus fertig gebaut"*. Wie ernst Jörg seine Norm nimmt, körperliche Gewalt nur legitimiert anzuwenden, zeigt sich auch beim Spielen seiner Theater-Szene: In seiner Rolle als Hefti-Schlumpf provoziert er zunächst seine Mitspielerinnen verbal und klaut einer schließlich die Handtasche. Da diese sich nicht wehrt, fordert er sie mehrmals dazu auf, und erst als sie das tut,

schlägt er zurück - zu seiner Verteidigung. Jörgs Argumentation und Verhalten erinnert an die Normen von Straßengangs, 'wir tun niemand was, aber wehe jemand geht uns an'.
Eindeutig Gewalt ist für Jörg, wenn Wehrlose und Schwächere, nämlich Kinder, mißhandelt werden. Er beobachtet und erlebt in seinem Alltag einiges an Gewalt. An seinem Wohnort, einem sozialen Brennpunkt mit Drogenproblemen, hat er wohl schon einschlägige Erlebnisse gehabt, z.B. erzählt er von einem Freund, der von Skinheads zusammengeschlagen wurde. Auch in seiner Familie geht es nicht gewaltlos zu, Jörg wird wohl gelegentlich geschlagen. Hierin kann der Grund für seine heftige - und persönliche Betroffenheit demonstrierende - Ablehnung von Gewalt gegen Kinder und generell gegen Schwächere liegen.

Dieses Gewaltverständnis überträgt Jörg auch auf Gewalt im Fernsehen: Bei seinen bevorzugten Actionfilmen mit starken Helden wie in seinem Lieblingsfilm 'Over the Top' thematisiert er Gewalt nicht. Er zieht sich nur die sportlich körperlichen Aktivitäten raus, ebenso wie bei anderen Filmen mit Sylvester Stallone. Auch bei Actionserien bezieht er sich ausschließlich auf die körperlichen Fähigkeiten der Helden. Seine Norm, Körperkraft nur legitimiert anzuwenden, expliziert er wiederum an 'Hefti-Schlumpf': Der *"hat Muskeln, er hat Kraft, böse ist er nur zu Gargamel, der die Schlümpfe immer fressen will. Er greift eigentlich aber sonst keine Leute an, sondern verteidigt eher alle im Dorf"*.

Eine ähnliche Orientierung zeigt Mark (9):

Er bringt Gewalt vor allem mit Waffengebrauch in Verbindung und läßt alles, was nicht tödlich ausgeht, nur als *"Halbgewalt"* gelten. Er selbst würde deshalb auch Waffen nur gegen *"Geister"* anwenden, *"bei Menschen benutze ich das nicht! ... Ich kann ja Judo!"*

Marks eigene Gewalterfahrungen sind eher psychischer Natur: Seine Eltern haben sich getrennt, er hat keine Freunde und ist in der Gruppe eher ein Außenseiter. Die Probleme, die ihm seine Lebenssituation macht, scheint er für sich zu behalten, über Gefühle redet er nicht. Er kompensiert vorwiegend auf der Handlungsebene, Rangeleien und Kämpfe sind für ihn auf der Tagesordnung. Mit seinem auf drastische Formen von Gewalt begrenzten Verständnis legitimiert er wohl auch seine eigenen Konfliktlösungsstrategien.

In Marks Fernsehvorlieben spielen gewalthaltige Sendungen eine ziemliche Rolle, er bringt sie aber nicht mit Gewalt in Verbindung: *"Ich hab keinen Gewaltfilm gesehen, nur einen Western, da wo geschossen wurde"*, sondern findet sie witzig: *"Die Prügelei ist ja immer lustig, wenn Bud Spencer mitspielt ... wenn da jetzt einer schlagen will, dann nimmt er immer die Hand und zerdrückt die immer so"*. Auf Schießereien steht er, *"bei He-Man, da wo geschossen wird ... find ich am besten"* und *"Terence Hill braucht einfach gar nicht zu gucken, dann schießt er einen ab"*. Er nimmt dabei auch in Kauf, daß welche erschossen werden. Das gehört für ihn bei Filmen wie Western einfach dazu. Allerdings werden in solchen Filmen die Folgen von Gewalt weitgehend verharmlost oder ganz ausgeblendet, wodurch Marks Gewaltverständnis, das ja nur den tödlichen Ausgang zuläßt, offenbar damit vereinbar bleibt.

Der 12jährige Türke Haydar verschärft das Gewaltverständnis von Jörg und Mark:

Er sieht Gewalt dann als gegeben, wenn jemand ermordet oder vergewaltigt wird, und zwar vor allem, wenn die Opfer unschuldig sind. Ermordet und vergewaltigt werden begreift Haydar als realitätsnah, es kann auch in der Wirklichkeit passieren. Vermutlich spielt seine Wohnumgebung, ein Obdachlosenlager, hierbei eine Rolle. Die von ihm geliebten Kampfsportarten hingegen bringt er mit Gewalt nicht in Zusammenhang. Sie sind für ihn Bestandteil von Männlichkeit, eine Auffassung, die mit der türkischen Männersozialisation, die er erfährt, zusammenhängen dürfte (vgl. Kapitel 1). Kampfsport ist sein Mittel für körperliche Stärke und Unbesiegbarkeit und dient der Verteidigung. Das verdeutlicht Haydar in seiner Darstellung der Figur 'Jackie Chan': Als der Angegriffene warnt er seine Gegner, auch nachdem er den ersten Schlag abbekommen hat, erstmal verbal: *"Wollt ihr Streit? Laßt die Finger von mir!"* Erst dann geht er selbst zum Angriff über, mit gekonnten Hand- und Fußkarateschlägen. Kämpfen tut auch er nur, wenn er angegriffen wird.

Haydars bevorzugte Filme zeichnen sich durch fast pausenlose physische Gewaltszenarien aus. In seinen geliebten Karate-Filmen betrachtet er die Kämpfe jedoch nur unter dem Aspekt der sportlich-akrobatischen Leistungen der Helden, von denen er etwas lernen kann.

Betrachtet man das Gewaltverständnis der drei Jungen auf dem Hinter-

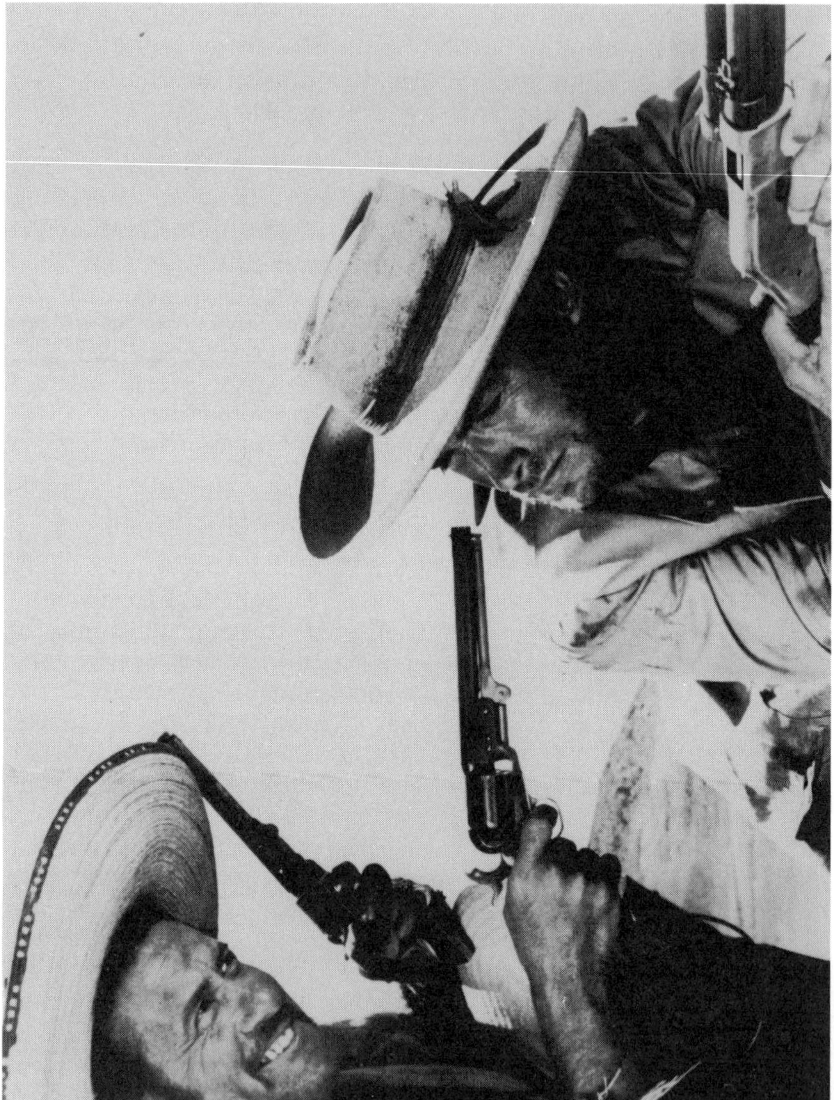

Bild 6: aus 'Zwei glorreiche Halunken', Foto: United Artists

grund ihrer Lebensbedingungen und -umstände, wird deutlich, daß ihr enger Begriff von Gewalt etwas mit ihrer alltäglichen Lebenspraxis zu tun hat: Spielerisches Rangeln, Raufen, Kräftemessen gehört zum männlichen Teil dieser Altersgruppe. Den negativ besetzten Begriff Gewalt lassen sie hierfür nicht zu. Alle drei sind zudem dabei, abzuwägen, was zu einem 'richtigen' Mann gehört und alle drei verknüpfen dieses Thema in unterschiedlichem Ausmaß damit, körperliche Stärke zu besitzen (vgl. Kapitel 1). Dieses Männlichkeitsideal rührt ebenfalls aus ihrer Realität: Jörg z.B. bewundert seinen starken Vater, der den Schilderungen nach neben Körperkraft auch weitere Attribute dieser Art von Männlichkeit repräsentiert. Haydar wächst als Türke in einer Männergesellschaft auf, in der Kampfsportarten positiv besetzt sind. Diese Orientierung erfährt er in seiner gesamten Umgebung und auch bei seinen Freunden, mit denen er in Sachen Karate-Technik wetteifert. Marks Problem hingegen ist, daß er bedeutend älter aussieht, als er ist. Sein kräftiges Äußeres beschert ihm immer wieder körperliche Auseinandersetzungen mit Älteren. Wiewohl er als einziger der drei Jungen nicht ganz sicher ist, inwieweit Körperkraft zum Mann-Sein gehört, baut auch er in seiner Realität darauf, wohl weil er keine anderen Konfliktlösungsformen hat und auf diese Weise seine Negativerfahrungen kompensieren kann.
Im Fernsehen und in Videofilmen finden alle drei Anschauungsmaterial und Vorbilder für ihre Orientierungen und Wunschvorstellungen, mit denen sie ihre realen Anschauungsobjekte ergänzen und erweitern können. Mark sucht sich männliche Helden, die Körperkraft mit Geschick und besonderen Fähigkeiten verbinden oder besondere technische Dinge und vor allem Freunde besitzen und damit alle Konflikte meistern. Jörgs mediales Anschauungsobjekt liegt ganz dicht an seinem realen: Sylvester Stallone spielt in 'Over the Top' einen Fernfahrer (das ist auch der Beruf von Jörgs Vater), der zusammen mit seinem Sohn Weltmeister im Armdrücken wird (diesen Kraftsport übt Jörg mit seinem Vater) und darüber soziale Anerkennung erreicht. Haydar richtet sein Augenmerk zentral auf Karate-Helden, die diesen Kampfsport in Perfektion beherrschen. Für ihn ist 'Jackie Chan' ein regelrechter Lehrmeister. Entsprechend können alle drei Jungen Gewaltpräsentationen, die mit ihren medialen Vorbildern verbunden sind, nicht als Gewalt empfinden und nicht als solche titulieren.

Die Mädchen bewerten ebenso wie die Jungen drastische Gewaltformen negativ und lehnen sie ab. Allerdings fängt für sie Gewalt früher an. Sie umfaßt auch Prügeln und Treten, Formen also, die die Jungen ex-

Bild 7: 'Bruce Lee' aus 'Bruce Lee gegen die Supermänner', Foto: RTLplus

plizit ausklammern.

In ihrem Alltag machen Özlem und Pamela vor allem psychische Gewalterfahrungen, zum Teil von einiger Härte:

Özlem leidet unter den Schwierigkeiten in ihrer Familie, unter ihrem Alleinsein und unter der Unterdrückung durch ihre ältere Schwester. Ihren vorrangigen Wunsch nach Harmonie und Geborgenheit (vgl. Kapitel 1) kann sie in ihrer Wirklichkeit nicht erfüllen. Nur gegen ihre Schwester versucht sie sich zu wehren, mit physischen Mitteln: *"Sie ärgert mich immer, dann muß ich immer zu ihr gehen und sie hauen, sie ärgert mich immer weiter, wenn ich sie haue"*. Özlem empfindet diese Situationen als unangenehm und rechtfertigt sie mit einer sehr kindlichen Erklärung: *"... sie (ihre Schwester) mag das, wenn ich sie haue, zurückhaue und sie auch ärgere, aber ich nicht"*. Ansonsten fühlt sie sich den belastenden Bedingungen ihrer Wirklichkeit hilflos ausgeliefert und träumt sich Hilfe herbei.

Im Fernsehen sucht sie deshalb vor allem gute und starke Helden, die fähig sind, eine 'heile Welt' herzustellen und Schwächeren beizustehen. Die Kontexte, in denen diese Helden agieren, sind für Özlem zweitrangig. Wichtig ist, daß sie letztlich gewinnen, daß sie sich oder andere retten. Dafür dürfen sie auch mal etwas härter hinlangen, solange niemand ernsthaft zu Schaden kommt.

Pamela lebt in ihrer Wirklichkeit auch männliche Anteile, vor allem in ihrem Auftreten nach außen (vgl. Kapitel 1). Rangeleien gehören dazu, denn auch damit kann sie sich beweisen. Ihr Leben ist jedoch durch eine drastische psychische Gewalterfahrung überlagert. Daß sie Gewaltanwendung in den Kontext von Bestrafung stellt, kann etwas mit dieser Erfahrung zu tun haben. Pamela kann sich ihre belastende Erfahrung, von den Eltern schon als kleines Kind abgeschoben worden zu sein, nur kindlich damit erklären, daß sie etwas falsch gemacht haben muß und dafür bestraft wird. Andere werden physisch bestraft, getreten, gehauen, sie eben psychisch, indem die Eltern sich nicht um sie kümmern. Verschärft wird dieser innere Konflikt aktuell durch die Geburt der Schwester, die bei der Mutter leben darf.

Pamela ist insgesamt sehr actionorientiert, in ihrem Alltag und in ihren Medienvorlieben. In letzteren liegt für sie die Möglichkeit, ihrer realen Bedrückung zu entfliehen.

Bild 8: 'Mitch' aus 'Baywatch', Foto: ARD-FILMREDAKTION

Özlem und Pamela suchen im Fernsehen weniger direkte Vorbilder, die sie auf sich selbst rückbeziehen können. Sie nutzen beide das Fernsehen als Mittel der Flucht oder der Ablenkung von ihrer Realität und als Mittel, ihre Wunschträume auszubauen. Özlem flüchtet mittels des Fernsehens in eine bessere Welt. Pamela hingegen liebt Sendungen, in denen actionhaltige Spannung im Vordergrund steht. Mit ihnen kann sie ihre Schwierigkeiten überdecken und das Nachdenken darüber vermeiden. Gewalt, die in den Sendungen auftaucht, die den beiden Mädchen ihre Flucht und Ablenkung ermöglichen, gerät ihnen in der Regel nicht negativ in den Blick, außer sie überschreitet das nach ihrem Gewaltverständnis zulässige Maß.

Der Gewaltbegriff der Kinder ist vor allem abhängig von ihren Lebensumständen und Orientierungen. Das enge Gewaltverständnis der Jungen ist von ihrer Alltagspraxis, die auch spielerisches Gewalthandeln integriert, ebenso beeinflußt wie von ihren realen Vorbildern und ihren Idealvorstellungen des Mann-Seins. Sie suchen in den Medien Anschauungsmaterial, um ihre Orientierungen zu erweitern und stellen darin verwobene Gewaltaspekte kaum in Frage. Die Mädchen hingegen suchen in den Medien vor allem Ablenkung von den psychischen Belastungen ihrer Realität und Material, um ihre Wunschträume zu füllen. Da ihre Alltagspraxis physisches Gewalthandeln nicht in dem Maße beinhaltet wie bei den Jungen, beginnt Gewalt in ihrem Verständnis schon früher. Auch sie übergehen jedoch Gewaltelemente, die ihnen bei der medialen Befriedigung ihrer Flucht- und Ablenkungsbedürfnisse begegnen.

3. Welche Schwerpunkte der Gewaltwahrnehmung und -beurteilung zeigen sich bei Kindern?

Um Gewaltwahrnehmung und -beurteilung zu erfassen, sind drei Ebenen aufeinander zu beziehen: Die Realität des Kindes inklusive seiner realen Gewalterfahrungen, sein handlungsleitendes Thema und seine Sendungsvorlieben und -bewertungen. Am Beispiel der Einzelfälle werden die Schwerpunkte aufgewiesen und erklärt.

3.1 *"Wenn man nicht tot ist, ist das Halbgewalt"* - Die kindliche 'Schwelle' der Gewaltwahrnehmung

Kinder legen bei ihrer Gewaltwahrnehmung und -bewertung eine 'Schwelle' an. Was unterhalb dieser Schwelle liegt, nehmen sie entweder überhaupt nicht wahr, oder sie nehmen es hin und begreifen es als witzig und spannend, oder sie legitimieren es in unterschiedlicher Weise (vgl. 3.2 und 3.3). An ihren Äußerungen zu den Prototypen der Genres wird das deutlich (vgl. 1.). Solche Gewaltdarstellungen sind für sie nicht beunruhigend oder belastend.
Sind sie dagegen mit Gewaltdarstellungen konfrontiert, die oberhalb dieser Schwelle liegen, vermeiden sie entweder von vornherein entsprechende Sendungen (vgl. Kapitel 3), oder äußern sich ablehnend und reagieren zum Teil mit Angstgefühlen. Bei fast allen Kindern sind es drei Bedingungen, unter denen sie von Gewalt belastet und geängstigt werden: Das eine ist, wenn die Folgen von Gewaltanwendung drastisch und vor allem zu sehen sind, das andere ist, wenn Gewaltdarstellungen in Kontexten erfolgen, die in die Nähe von Realität rücken, und das dritte ist, wenn Gewaltdarstellungen ihnen in Formen und Kontexten begegnet, die sie nicht nachvollziehen und sich nicht erklären können (vgl. 3.4 bis 3.6).
Wie bereits beim Gewaltverständnis (vgl. 2.2) ausgeführt, ist diese 'Schwelle' unterschiedlich angesetzt, vor allem bei Jungen und Mädchen. Entsprechend titulieren die einen Handlungen bereits als Gewalt, die für die anderen noch längst keine sind. Deutlich wird diese Schwelle z.B. bei Özlem (8):

> Özlem lehnt im Prinzip Gewaltanwendung ab. Sie toleriert sie nur bei ihren bevorzugten Helden als notwendiges Mittel, um eine - auch von ihr ersehnte - intakte Welt herzustellen, und wenn sie zum Sieg ihrer Helden und zum guten Ende führt. Im Gegensatz zu den meisten Kindern akzeptiert Özlem auch in ihren Lieblingssendungen Gewalt nicht mehr, wenn die von ihr gesetzte Schwelle überschritten wird, und das ist, wenn jemand ernsthaft verletzt oder getötet wird. Dann reagiert sie mit Ablehnung und deutlicher emotionaler Betroffenheit, wie sich am Beispiel ihrer Lieblingssendung 'Baywatch' zeigt: *"Aber einmal haben sie jemanden getötet. Dann ist das nicht gut gelaufen ... Eine Frau. Aber den Mann, der das gemacht hat, haben die gefunden"*. Obwohl die Folge insgesamt gut endet, ist Özlem von der Tatsache, daß eine Frau getötet wurde, nachhaltig und negativ berührt.

Auch der 9jährige Mark formuliert diese Schwelle sehr klar:

> Nach seinem Gewaltverständnis ist alles, was nicht tödlich endet, nur *"Halbgewalt"*. In Western u.ä. bringt er Prügeleien und Schießereien nicht in Verbindung mit Gewalt, sondern findet sie nur lustig, auch wenn es Tote gibt. Dies hängt sicher damit zusammen, daß seine bevorzugten Filme mit 'Bud Spencer' und 'Terence Hill' diese Szenen in einen komödiantischen, z.T. slapstickhaften Kontext stellen und die Folgen verharmlosen. In anderen Kontexten besteht Mark nämlich darauf, daß Gewaltanwendung keine ernsthaften Verletzungen zur Folge hat, z.B. bei 'Ghostbusters', ebenfalls eine seiner Lieblingssendungen: Der *"Protonenstrahler ..., (mit dem) der Geist eingesaugt wird, ... der tut ja nur ein bißchen weh, kriegt nur 'nen Schock, mehr nicht. Da entsteht ja auch Strom, aber nicht so Strom, daß der Mensch auch getötet wird, so einer nicht"*.

Aufgrund ihres Gewaltverständnisses legen Kinder bei der Wahrnehmung und Beurteilung von medialer Gewalt eine 'Schwelle' an. Alles was unterhalb dieser Schwelle liegt, nehmen sie hin. Was oberhalb der Schwelle liegt, lehnen sie ab. Fast durchgängig sind dies Gewaltdarstellungen, in die sich die Kinder einfühlen können, in deren Kontexten sie Realität wiedererkennen oder deren Formen und Kontexte sie nicht begreifen können.

3.2 ***"Ich hab keinen Gewaltfilm gesehen, nur einen Western, da wo geschossen wurde"*** **- Kinder übergehen Gewalt**

Kinder nehmen Gewaltdarstellungen kaum wahr, wenn sie ihnen in ihren bevorzugten Sendungen begegnen. Sie blenden sie aus oder lassen sie nicht als Gewalt gelten. Während zweiteres vor allem bei den Jungen der Fall ist, ist ersteres eher bei den Mädchen zu finden. In den Äußerungen der Kinder zu den Prototypen der hochgewichteten Genres wird das deutlich: Bei Animations- und Actionserien schildern die Jungen zwar Elemente, in denen Gewalt enthalten ist, sie bewerten sie aber nur unter den Aspekten Spannung und Komik. *"Das is für mich Action"*, wenn 'He-Man' *"mit seinem Schwert gegen Skeletor kämpft"*, meint Achim (10). Für Mark (9) ist *"die Prügelei ... immer lustig, wenn Bud Spencer mitspielt"*, und Haydar (12) gewinnt auch harten Actionfilmen lustige Seiten ab: *"Jackie Chan ... hat 'nen Freund, ... er ist nicht so stark, ... der ist immer nur witzig"*.

Allerdings gibt es in dieser geschlechtsspezifischen Wahrnehmung Ausnahmen. Auch Mädchen finden zum Teil gewalthaltige Szenen - allerdings meist harmloserer Art - vor allem komisch: Für Pamela (10) z.B. ist es *"immer zum Lachen"*, wenn 'Biester' das 'Teddy-Monster' fangen will, *"dann laufen die von ihm weg und dann fallen die so hin und machen irgendwelche solche Sachen"*. Umgekehrt geht Jörg (11) bei seinen bevorzugten Actionfilmen wie 'Over the Top' auf gewalthaltige Szenen überhaupt nicht ein, sondern bezieht sich nur auf die Sportlichkeit und die körperlichen Fähigkeiten des Helden. Dieses Wahrnehmungsmuster ist eher typisch für die Mädchen. Sie beziehen sich vorwiegend auf Elemente, die mit den Gewaltaspekten der Sendungen nichts zu tun haben, gehen auf die Protagonisten, ihr Äußeres, ihre Eigenschaften und Fähigkeiten ein oder schildern gewaltfreie Handlungskontexte, wie die 10jährige Sarah:

> Sarah äußert keinen expliziten Gewaltbegriff. In ihrem Alltag und sozialen Umfeld scheint Gewalt, insbesondere physische, keine Rolle zu spielen, weder im eigenen Erfahren, noch im Beobachten, noch in ihrem Verhalten und Handeln. Sarahs Thema ist das Finden einer weiblichen Identität, wobei sie vor allem auf soziale und intellektuelle Fähigkeiten baut, die sie in Ansätzen bereits selbst besitzt. Auf Aspekte, die mit diesem Thema zu verbinden sind, richtet sie in Fernsehsendungen primär ihr Augenmerk (vgl. Kapitel 1).
>
> In ihren Lieblingssendungen sind physische Gewaltdarstellungen eher marginal, wie etwa in 'Verliebt in eine Hexe', oder sie sind in fiktive Kontexte eingebunden, wie in 'Mein Teddy-Monster'. Auf gewalthaltige Inhaltselemente in solchen Sendungen geht sie nicht ein, sondern betont vor allem die Figuren und ihre Fähigkeiten. Sie entwickelt allenfalls Schadenfreude, wenn ein Aggressor wie 'Biester' selbst reinfällt: *"Ich finde das gut, wie Biester das Teddy-Monster fangen will. Da springt er rüber, und da geht er durch, dann stoppt er und kehrt um, dann fällt Biester nun selbst in das schwarze Loch"*. Auch psychische Gewaltelemente thematisiert sie im Kontext ihrer bevorzugten Sendungen nicht oder bewertet sie positiv: Pippi Langstrumpf *"ärgert manchmal Polizisten und Herren und macht Streiche und so"*.
>
> Sarah kennt und nennt jedoch eine Reihe von Sendungen, deren Dramaturgie und Thematik mit physischen Gewaltelementen deutlicher verknüpft sind. Sie thematisiert hier Gewalt überhaupt nicht, wie bei den Actionserien 'Knight Rider', 'Der 6-Millionen-Dollar-Man' und 'MacGyver', oder sie nimmt sie zwar wahr, geht aber

Bild 9: 'Biester-Monster' aus 'Mein Teddy-Monster', Foto: TELE 5

pragmatisch damit um: Bei Schlägerszenen in Zeichentrickfilmen guckt sie trotzdem hin, *"ist mir egal ... weil irgendwann hört's ja auf"*. Bei Krimis wie 'Derrick', die sie sowieso nicht besonders mag, *"weiß man's ja, der wird umgebracht, also ist er umgebracht, ist er tot"*.

Sarah wird von Gewaltdarstellungen in solchen Sendungen offenbar nicht tangiert: Sie findet gewalthaltige Actionszenen weder spannend, noch lustig, noch beängstigend, sie nimmt sie nicht wahr oder grenzt sich pragmatisch davon ab. Sie richtet ihr Augenmerk auf andere Inhaltselemente, stellt Personen, deren Eigenschaften, Fähigkeiten und Handeln in den Vordergrund.

Für dieses Ausblenden von Gewalt scheint auch die familiäre und soziale Umgebung relevant zu sein. In Sarahs Fall ist beides von belastenden Bedingungen und Gewalterfahrungen weitgehend frei. Bei Kindern, deren familiärer und sozialer Lebensraum belastet ist, ist das anders. Ein Beispiel hierfür ist Özlem (8):

Sie lehnt ebenso wie Sarah Gewalt eigentlich ab und toleriert sie nur im Dienst des guten Zwecks. Sie blendet jedoch gewalthaltige Szenen nicht aus, sondern geht auch in von ihr bevorzugten Filmen darauf ein, z.B. auf die Kämpfe in 'Karate-Kid', die ihr zwar *"nicht so ganz"* gefallen, die sie aber letztlich in Ordnung findet, *"weil der gewinnt da immer"*. Ablehnend hingegen reagiert sie, wenn in ihren Lieblingssendungen Gewaltanwendung ernsthafte Folgen hat, wie in 'Baywatch', wo eine Frau umgebracht wurde (vgl. 2.2).

Während Sarah sich in solchen Fällen damit beruhigt, daß 'es ja irgendwann aufhört', oder sich abgrenzt, kann Özlem eine solche Distanz offensichtlich nicht herstellen. Abgesehen vom Altersunterschied und der unterschiedlichen Ausprägung von Rationalität und intellektuellen Fähigkeiten zwischen Sarah und Özlem, kann das auch mit Özlems Realität zusammenhängen. Ihre realen Lebensumstände stellen für sie eine Überforderung dar, sie reagiert mit dem Gefühl hilflosen Ausgeliefertseins. Die daraus resultierende Verunsicherung verstärkt auch ihre Ängstlichkeit. Wird Özlem in ihren geliebten 'Heile-Welt-Filmen' mit Elementen konfrontiert, die dieses Ideal stören, ist sie irritiert und in ihrem Wunschdenken verunsichert. Daß auch in dieser 'heilen Welt' Belastendes vorkommt, führt zu emotionaler Betroffenheit und Angst, weil es sie in ihre Realität zurückwirft. Daß belastende Bedingungen in der Familie oder im sozialen Umfeld die kindliche Wahrnehmung beeinflussen, wird an späterer Stelle noch weiter ausgeführt (vgl. 3.6).

Begegnen Kindern Gewaltelemente in ihren bevorzugten Sendungen, begreifen die Jungen diese vorwiegend als spannend und witzig. Die Mädchen hingegen gehen über sie hinweg oder grenzen sich pragmatisch davon ab. Damit dieser Mechanismus funktioniert, scheint vor allem ein intaktes und von Gewalterfahrungen unbelastetes Umfeld bedeutsam zu sein.

3.3 *"Wenn die Guten gewinnen, ist das in Ordnung"* - Kinder legitimieren Gewalt

Kinder legitimieren Gewalt, wenn sie ihnen in ihren bevorzugten Sendungen begegnet. Sie bedienen sich dazu unterschiedlicher Legitimationsformen.

Einige Kinder führen filmtechnisches Wissen ins Feld, um den Genuß an Gewaltdarstellungen zu legitimieren, wie die 10jährige Pamela:

> Die Art von Gewalt, die zu Action in Realfilmen gehört, sich prügeln, körperlich Konflikte austragen u.ä. begreift sie als fiktiv und erklärt sie mit filmtechnischem Wissen: In 'Knight Rider' *"haun die sich immer, aber das ist ja sowieso nicht echt. Die schlagen ja in Wirklichkeit gar nicht so doll zu. Das sieht dann nur so aus und die machen nur die Töne dazu"*.

Ein anderer Teil definiert die Gewaltelemente als zum Genre gehörig:

> Die 10jährige Sarah z.B. meint zu Gewaltdarstellungen in Krimis, *"da weiß man's ja, der wird umgebracht, also ist er umgebracht, ist er tot"*. Für Haydar (12) ist 'Nightmare' deshalb kein Problem, weil *"des is ja auch'n Gruselfilm, ... aber sonst nix. ... Bei Gruselfilmen, da töten sie fast jeden Menschen"*. Außerdem sieht das *"so gut aus und so gruselig, wie er (Fred Krüger) es rausholt"*. Diese Filme liegen für Haydar klar im Bereich des Fiktiven und haben irrealen Charakter, er amüsiert sich über sie.

Neben solchen Legitimationsmustern übernehmen Kinder aber insbesondere die in den Sendungen selbst enthaltenen Legitimationen in der gleichen Klischeehaftigkeit. Die 8jährige Özlem ist dafür ein anschauliches Beispiel:

> Bei Özlems Fernsehvorlieben spielen Gewaltdarstellungen vor allem in Actionserien und -filmen eine Rolle. Sie rechtfertigt hier die

> Gewaltanwendung ihrer bevorzugten Helden als notwendiges Mittel, um eine intakte Welt herzustellen und toleriert sie, wenn sie zum Sieg ihrer Helden und zum guten Ende führt: *"Also, die hauen ihn (Karate Kid) immer, weil die ein Mädchen lieben, aber er liebt das Mädchen auch, und das Mädchen liebt ihn, aber die anderen nicht. Und dann sagen die immer, laß das Mädchen in Ruhe, sie ist schon besetzt, und dann hauen sie sich, kämpfen sie".* Diese Rechtfertigung behält sie auch dann bei, wenn auf Provokationen psychischer Art, z.B. auslachen, physisch reagiert wird: *"... und dann lachen die Bösen, die anderen Leute nicht mehr über ihn (Karate Kid). Weil die dachten zuerst, er wäre schwach und haben ihn immer gehauen und dann auf einmal nicht mehr".*

Legitimiert Özlem Gewalt, wenn ihre Helden sie zu guten Zwecken einsetzen, so legt Jörg (11) Wert darauf, daß seine Norm eingehalten wird:

> Gewalt muß nach klaren Regeln eingesetzt werden, wie es bei sportlichen Kämpfen, z.B. Boxen und Armdrücken, der Fall ist, oder sie muß gegen böse Feinde und Widersacher genutzt werden. Letzteres erklärt er an 'Hefti-Schlumpf': Der *"hat Muskeln, er hat Kraft, böse ist er nur zu Gargamel, der die Schlümpfe immer fressen will. Er greift eigentlich aber sonst keine Leute an, sondern verteidigt eher alle im Dorf".*

Daß es nur gegen die Feinde und die Bösen geht, ist gerade bei den hochgewichteten Genres für alle Kinder die entscheidende Rechtfertigung für die Anwendung gewaltsamer Mittel. Diese klischeehafte Legitimation von Gewaltaktionen ist in den bevorzugten Genres der Kinder durchgängig enthalten (vgl. 1.1 und 1.2). Die Helden stehen auf der guten Seite, ihre Widersacher auf der bösen. Kommt es zu gewalttätigen Auseinandersetzungen, müssen die guten Helden sich oder andere verteidigen und den Bösen Einhalt gebieten. Die Übernahme dieses Gut-Böse-Klischees wird den Kindern noch dadurch erleichtert, daß Gewaltanwendung in diesen Genres keine Folgen hat, bzw. diese nicht ausgeführt werden. So kommen die Gewaltaktionen nicht mit der Schwelle in Konflikt, die Kinder für ihre Gewaltwahrnehmung und -beurteilung ansetzen.

Gewaltelemente in ihren bevorzugten Sendungen legitimieren die Kinder mit filmtechnischem Wissen oder, indem sie sie als zum

Genre gehörig definieren. Am häufigsten ist jedoch die Übernahme der in den Sendungen enthaltenen Legitimationsmuster für das Gewalthandeln der Helden. Das Klischee, 'für den guten Zweck ist auch Gewaltanwendung gerechtfertigt', kann sich so in den Köpfen der Kinder festsetzen.

3.4 *"Da war soviel Blut auf einem Sheriff verstreut. Da kann man ja nur Angst haben!"* - Drastische Gewaltfolgen

Wie Mark (9) in obiger Äußerung betonen fast alle Kinder, daß sie Gewalt dann nicht mehr akzeptieren, wenn sie ernsthafte Folgen hat, z.B. wenn jemand getötet wird und das auch noch zu sehen ist. Jörg (11) distanziert sich hier heftig: *"nix, nix. ... Ich möchte nicht sehen, wenn so einer jemand so totschlägt. Find ich nicht gut"*. Für Özlem (8) ist selbst ihre Lieblingssendung 'Baywatch' *"nicht gut gelaufen"*, wenn *"eine Frau getötet"* wird.
Werden die Gewaltfolgen noch drastischer, reagieren die Kinder mit Ablehnung, Ekel und zum Teil mit Angst: *"Sowas ganz Schreckliches, da fällt von jemand der Kopf ab, und dann träum ich davon"*. Trotz der Angst, die Pamela (10) bei solchen Szenen bekommt, und trotz der 'vernünftigen' Vermeidungsstrategie, die sie formuliert, führt ihr Hang zu Action dazu, daß sie immer mal wieder neugierig ausprobiert, ob sie's nicht doch aushält: *"Man will immer nicht hingucken, aber dann luschert man doch immer"*. Diese Neugierde und das Erproben, was man aushält, ist bekanntermaßen ein häufiges Motiv für Kinder, sich solche Filme anzusehen, auch wenn sie sie *"wirklich ekelhaft"* finden.

Zum Teil reicht es schon, wenn Kinder solche Formen von Gewalt nur in Ausschnitten oder Andeutungen mitbekommen, damit sich Ekel und Angstgefühle einstellen. Obwohl Özlem den Film 'Die Braut' nicht gesehen hat, ist sie nachhaltig betroffen: *"Auf der Videokassette, da drauf war etwas, und da hab ich das gesehen, ganz so schrecklich! (mit Nachdruck) ... Das ist ganz gruselig! ... Ich hab davon ein bißchen Reklame gesehen. ... Und David (ein Junge aus ihrer Gruppe) hat gesagt, da nehmen die die Augen raus und so. Und da steht noch auf der Videokassette: Die perfekte Frau erschaffen von drei Frankensteins, aber sie wurde zu perfekt"*.

Özlem scheint hier keine Ausnahme zu sein. Einige Kinder nannten die Gremlins, wobei anzunehmen ist, daß die wenigsten diesen Film gese-

hen haben, sondern lediglich die Trailer, die am Nachmittag des Erhebungswochenendes zu Hauptsehzeiten der Kinder liefen (vgl. 1.3). Der 9jährige David erzählt ausführlich: *"Ja, Gremlins, die kenn ich. Wenn die Wasser trinken, dann werden sie richtig groß und wüst. ... Das sind so kleine böse Monster, und die springen und beißen Dich hier richtig rein ... so richtig rein (zeigt an Hals und Schultern). Die sind so im Garten oder so, und jemand geht im Garten spazieren, und die springen auf Dich drauf und beißen Dich überall rein, und dann bist Du tot! ... Das war kein Film, nur ein kleiner Schluß".*
David erzählt diese Szene mit ausgeprägter Gestik und Mimik, in der seine Aufregung und sein Ekel deutlich zum Ausdruck kommen. Nach dem Inhalt seiner Schilderung zu schließen, bezieht er sich auf 'Gremlins 1', seine Bemerkung *"das war nur ein kleiner Schluß"* verweist darauf, daß er nur einen Ausschnitt gesehen hat. Wir vermuten, daß David, der viele Videos sieht, 'Gremlins 1' ganz oder teilweise früher gesehen hat, und daß die Trailer vom Wochenende, die er nach seinen angegebenen Sehzeiten ebenfalls gesehen haben dürfte, dieses für ihn offenbar erschreckende Medienerlebnis in Erinnerung gerufen haben.

Obwohl 'Gremlins' schwerlich zu den harten Gruselschockern zu zählen ist, wird er von allen Kindern, die sich darauf beziehen, unter den harten Gewaltaspekten thematisiert. Das kann seinen Grund zum einen in der Auswahl der Szenen für die Trailer haben (vgl. 1.3), bei der - wie so oft - auf die Faszination für harte Gewalt gesetzt wurde, um die Zuschauer 'heiß zu machen'. Wie das Beispiel von David zeigt, spricht jedoch auch einiges dafür, daß solche Gewaltszenen Kindern besonders im Gedächtnis bleiben, weil sie keinen Kontext haben bzw. diesen nicht nachvollziehen können. Deshalb reichen schon Ausschnitte, mit denen Kinder konfrontiert werden, damit sich ihnen diese Bilder einprägen und im Kopf bleiben.

Trotz des unterschiedlichen Gewaltverständnisses sind sich Jungen und Mädchen in der Ablehnung drastischer und sichtbarer Gewaltfolgen einig. Die Ausnahme bilden lediglich jene Jungs, deren Vorliebe sich auf harte Action- und Grusel(Horror)Filme konzentriert. Sie lassen sich auch von harten Gewaltszenen nicht stören.

So ist z.B. Haydar (12) in diesen Filmen offenbar fasziniert vom Phantasiereichtum der Brutalitäten und Tötungsarten und davon, daß die Helden immer siegreich sind: *"Der (Arnold Schwarzenegger) ist ja so stark, ... und die ziehen ihn in eine Show rein, ... und die wollen ihn töten, ... und dann schicken sie solche ... mit so'nem*

Bild 10: 'Gremlins 1'

ganz schnellen Auto, da macht es so pzschsch, und dann ganz schnell, und dann schicken sie solche Brutalen, ... mit Messerwerfern, und ... einer er war mit einem Baumsägeding, ... mit der Kreissäge, wollte ihn töten, aber die schaffen es nicht, weil Arnold Schwarzenegger viel zu stark ist für die. ... Und dann befreit er sich von der Show und haut ab". Allerdings hält auch bei ihm diese Faszination nur an, solange die Gewaltszenen in einem klaren und für ihn erkennbaren fiktiven Kontext stehen (vgl. 3.5).

Werden Kinder mit drastischen und sichtbaren Folgen von Gewaltanwendung konfrontiert, wird es für sie in der Regel belastend. Die meisten reagieren mit starker emotionaler Betroffenheit, einige mit Angstgefühlen. Solche Szenen können sie nicht ausblenden, wohl auch deshalb, weil sie die Situation der Opfer nachempfinden, sich in sie hineinversetzen können. Diese Bilder bleiben ihnen im Gedächtnis, auch wenn sie nur Ausschnitte und Andeutungen mitbekommen haben.

3.5 *"Das hat der auch auf echt gemacht!"* - Realitätsnahe Gewalt

"Die Mörder, wenn ich immer seh', daß Mörder sind, dann mag ich das auch nicht so gerne, kriege auch immer ein bißchen Angst". Anhand von 'Jack the Ripper' erklärt Haydar (12) das: *"Der ... tötet auch einfach solche Menschen ... Der nimmt einfach, entführt die Menschen und tötet sie. Das hat der auch auf echt gemacht!".* Drastische Gewalt, die in die Nähe von Wirklichkeit rückt oder in der Wirklichkeit vorstellbar ist, geht selbst dem action- und gruselgewohnten Haydar an die Nieren. Er kann sich hier nicht mehr auf einen fiktiven Kontext zurückziehen, sondern weiß, daß auch in der Wirklichkeit Menschen umgebracht werden. In seinem Gewaltverständnis bezieht sich Haydar stark auf die Ermordung Unschuldiger (vgl. 2.1), folgerichtig lehnt er solche Gewaltdarstellungen auch in den Medien ab.

In ähnliche Richtungen gehen auch die Aussagen der Kinder zu Krimis, die sie wie Nicol (8) vor allem deshalb ablehnen, *"weil da werden immer Leute ermordet und so"*, oder die sie zumindest *"ganz gruselig"* finden, wie z.B. Pamela 'Thomas Crown ist nicht zu fassen'. Auf die Frage, welche Sendungen bei ihnen zu so unerträglicher Spannung führen, daß sie es nicht mehr aushalten, nennen einige Kinder, und zwar mit einer Ausnahme Mädchen, Krimis und Thriller. Als Grund für das Unerträgliche geben sie durchgängig an, weil es um *"Mord"*, *"Mörder"*, *"Tod und Leben"* geht oder *"Frauen Körperteile abgewetzt wurden"*. Dafür, daß diese Ablehnung etwas mit der realitätsnahen Darstellung in Krimis zu tun hat, spricht auch, daß einige Kinder die 'Tageschau' mit ähnlichen Argumenten - weil dort *"tote Menschen"* zu sehen sind - ablehnen. Die Abbildung gewalthaltiger Realität im Fernsehen ist für Kinder offenbar ebenfalls belastend.

Wenn die Realität ins Spiel kommt, werden Kinder gegenüber Gewalt sensibel, wie Jörg, der sich heftig und emotional betroffen, insbesondere gegen die Mißhandlung von Kindern auspricht (vgl. 2.1). Daß es dabei nicht nur um physische Gewaltformen geht, verdeutlicht Sarah (10):

> Alles, was in Realitätsnähe kommt, lehnt sie kategorisch ab, wie die 'Tagesschau': *"Wenn Tagesschau ist, dann mach ich aus ... dann geh ich in mein Zimmer, ... die find ich langweilig"*. Das gilt genauso für alles Vergleichbare: *"Wenn solche Leute immer solche Sachen erzählen, so ähnlich wie Tagesschau"*.
>
> Sie weiß, daß in der 'Tagesschau' und ähnlichen Sendungen wirkliche Ereignisse dargestellt werden, und kann sich dem aufgrund ihres Intellekts nicht entziehen.
>
> Während sich Sarah von physischen Gewaltdarstellungen eher pragmatisch abgrenzt, reagiert sie bei Sendungen, die sie als realitätsnah empfindet, z.B. 'Lindenstraße' - *"ich glaub, die ist echt, sieht so aus"* -, sensibel auch auf psychische Gewaltformen. So nennt sie auf die Frage, ob sie am Wochenende eine Sendung gesehen habe, in der Gewalt vorkam, spontan die 'Lindenstraße', und bringt eine Szene, in der eine schwangere Frau durch ein Mißverständnis annimmt, ihr Onkel bezahle den Arzt für eine Abtreibung, mit Gewalt in Verbindung. Daß sich dieses Mißverständnis in der Sendung auflöst, tangiert Sarahs Wahrnehmung nicht.
>
> Ihre Sensibilität für psychische Gewalt in diesen Kontexten hat neben dem von ihr vermuteten Realitätsbezug auch etwas damit zu tun, daß Frauen, ihre bevorzugten Anschauungsobjekte im Fernsehen, damit konfrontiert sind. Bei 'Die Schöne und das Biest' ist ihr nicht erklärlich, daß eine *"ganz schöne Frau"* ein solches 'Biest' überhaupt kennt. Dahinter vermutet sie für die Frau nichts Gutes. Diese Sendung lehnt sie nicht nur ab, sie macht ihr Angst und sie träumt davon: *"Ich dachte, wir haben so ein Biest zu Hause"* (vgl. Kapitel 3). Daß das Biest in ihrem Traum in ihr Zuhause eindringt, kann darauf hindeuten, daß sich Sarah nicht sicher ist, ob sie nicht

auch in Wirklichkeit mit solchen verunstalteten Menschen, wie sie das Biest begreift, konfrontiert werden kann. Sie empfindet das als eine mögliche Bedrohung.

Eine ähnliche Verunsicherung zeigt sich bei Özlem (8):

Ihr wird es unheimlich, wenn es um Geister und ähnliche Dinge geht, z.B. bei 'Poni': *"Es war nicht zum Fürchten, aber da waren immer solche Geister ... Die Kinder wollten ihn eigentlich kriegen, aber dann haben die Geister sie immer erschreckt"*. Wenn sie es auch nicht richtig zum Fürchten findet, ganz sicher ist sie sich nicht, ob es Geister nicht auch in der Wirklichkeit gibt. So läßt sie sich auch von einer Freundin ihrer Schwester verunsichern, die ihr erzählt hat, sie habe einen Geist zuhause, *"in so einer kleinen Flasche ... Wenn du das aufmachst, dann fliegt er rum"*.

Beide Mädchen sind sich unsicher, ob bestimmte Dinge, die im Fernsehen zu sehen sind, nicht auch in der Wirklichkeit vorkommen können. Sie können es jedenfalls nicht sicher ausschließen, ebensowenig wie die anderen Kinder es ausschließen oder wegdrängen können, daß Gewalt in Form von Mord oder auch Mißhandlung in der Wirklichkeit vorkommen.

Werden Kinder mit Gewaltdarstellungen konfrontiert, deren Kontexte in Realitätsnähe liegen, löst das bei den meisten Verunsicherung, bei einigen auch Angstgefühle aus. Ein Grund hierfür kann sein, daß sie hierin Elemente der Wirklichkeit erkennen oder wiederfinden. Der Rückzug auf das Fiktive der medialen Darstellung gelingt ihnen dann nicht mehr. In solchen Zusammenhängen reagieren einige Kinder auch sensibel auf psychische Gewaltformen.

3.6 *"So was ganz Schreckliches!"* - Unbegreifliche Gewalt

Emotionale Betroffenheit und z.T. Angst äußern die meisten Kinder bereits, wenn sie mit drastischen Folgen von Gewalt konfrontiert werden (vgl. 3.4). Dies verstärkt sich, wenn diese Folgen in gruselige Kontexte eingebunden sind.

Bei den Sendungen, deren Spannung kaum auszuhalten ist (ein Indiz zumindest für emotionale Betroffenheit, zum Teil aber auch für Angst), stehen Grusel- und Horrorfilme an erster Stelle. Dabei nennen die Jungen nicht nur häufiger solche Filme, sondern auch die von der härteren

Sorte, 'Tanz der Teufel', 'Nightmare', 'House I und II', 'Poltergeist' und ähnliches. Bei den Mädchen taucht hingegen vorwiegend 'Teen Wolf' auf.
Grusel- und Horrorfilme werden insgesamt häufiger von Kindern genannt, die aus belasteten familiären Verhältnissen[9] stammen oder in sozial niedrigen Anregungsmilieus groß werden. Auch auf die Frage, welche Filme für sie unerträglich spannend sind, nennen diese Kinder nahezu ausschließlich Grusel- und Horrorfilme, während die anderen Kinder fast zu gleichen Anteilen Krimis und Actionserien oder harmlosere Zeichentrickserien nennen. Dies kann bedeuten, daß Kinder, die in belasteten familiären und sozialen Verhältnissen leben, häufiger mit solchen Filmen konfrontiert sind, z.B. durch Familienmitglieder oder Bekannte, und daß sie gleichzeitig von diesen Filmen stark berührt, z.T. geängstigt werden und sie ihnen deshalb in Erinnerung bleiben. Dafür spricht auch, daß bei den Einzelfällen nur Sarah, die aus unbelasteten Verhältnissen stammt, keine drastischen Gewaltformen nennt, vor denen sie sich ängstigt, während alle anderen, deren familiäre und oder soziale Lebensbedingungen von Belastungen nicht frei sind, sich deutlicher auf solche Gewaltformen beziehen.

Die Äußerungen der Kinder dazu, was in diesen Filmen die unerträgliche Spannung ausmacht, verweisen darauf, daß es nicht nur um drastische Gewaltfolgen geht, wie z.B. daß 'Leute umgebracht werden'. Erschreckend ist für Olav und Stefan (beide 11) z.B. auch, daß *"Leute sich in Zombies verwandeln"* oder *"Tote auf sind"*. Auf solche Elemente, in denen drastische Gewaltformen in unheimliche und mysteriöse Kontexte eingebunden sind, reagieren nahezu alle Kinder mit deutlichen Angstgefühlen - unabhängig von ihrem Gewaltverständnis. Welche Elemente die Kinder als unheimlich und mysteriös auffassen und wovor sie sich ängstigen, ist unterschiedlich:

Bei den einen sind es bereits Geister, die Angstgefühle hervorrufen wie bei Özlem, wobei dafür vor allem ihre Verunsicherung, ob es die auch wirklich gibt, den Ausschlag geben dürfte. Anderen reichen wie im Fall von 'Teen Wolf' schon sparsam verwendete Gruselelemente, damit es

---

[9] Darunter fallen z.B. Arbeitslosigkeit, finanzielle Probleme, Krankheit, Alkoholismus u.ä. Informationen über solche Belastungen haben wir primär von den Kindern aus den Kindertagesstätten und von den Einzelfällen, zu einem sehr geringen Teil und nur Arbeitslosigkeit betreffend aus den Fragebögen. Wir können also hier nicht mehr als einen Trend feststellen.

ihnen unwohl wird, wie die Äußerungen vor allem der Mädchen zu diesem Film zeigen (vgl. 1.3). Und für Sarah ist das 'Biest' so beängstigend, daß sie sogar davon träumt. Sie kann sich nicht erklären, warum das verunstaltete 'Biest' etwas mit einer schönen Frau zu tun hat und sie vermutet dahinter etwas Gefährliches und Mysteriöses. Damit kann sie nicht umgehen, wobei hinzukommt, daß sie wohl keinerlei Seherfahrungen in bezug auf drastische Gewaltdarstellungen und Horrorelemente hat.

Bei anderen Kindern muß härtere Kost geboten werden:

> Mark (9), der in Western und ähnlichem mit Schießereien keine Probleme hat, bekommt ebenfalls bei drastischen Gewaltdarstellungen Angst. Darüber will er erst gar nicht reden und gibt an, vor langer Zeit einen solchen Film gesehen zu haben, sich aber an nichts mehr erinnern zu können. Dann rückt er aber doch damit heraus und ist offensichtlich emotional stark betroffen: *"Der war der Deutschlehrer, der war so bißchen ein Monster. Der hatte den Hals ab und irgendwelche Sachen. Das kann man gar nicht sagen, wie der war. ... Und dann hatte er da hier so eine Narbe, ... weil der Kopf war ja ab, den hat er nicht den Kopf. Der hat immer noch gelebt, als der Kopf ab war! ... Ist doch nur ein Film. Aber so ein bißchen krieg ich immer Angst".*

Marks Äußerung zeigt, daß diese Angst etwas damit zu tun hat, daß in solchen Filmen unheimliche, nicht zu erklärende Dinge geschehen, ein Mensch ohne Kopf kann schließlich nicht mehr leben.

> Selbst Haydar (12), versiert in Sachen Grusel und Horror, gibt - obwohl es ihm sichtlich schwerfällt - zu, daß er es gelegentlich mit der Angst kriegt: *"Einmal hab ich mich erschrocken, weil auf einmal is es dunkel geworden, und da auf einmal kommt da ein Monster ...".* Monster sind Haydar so unheimlich, daß er nach so einem Film sogar *"im Dunkeln Angst (hat), allein zu gehen ... nicht immer nur manchmal".* Er mag deswegen wohl auch Filme wie 'Poltergeist' nicht, wiewohl er behauptet, die seien ihm zu langweilig, weil da *"ein Mädchen vor'm Fernseher steht und dann zieht das Fernsehen sie einfach rein".*

Auch hier passiert etwas Unheimliches, 'der Fernseher zieht jemanden einfach rein'. Während Haydar bei harten Actionfilmen kein Problem hat, wird ihm bei Monstern und ähnlich unheimlichen Dingen mulmig. Bei ersterem ist ihm wohl klar, daß es Fiktion ist, selbst bei 'Fred Krüger'. Immerhin hat der noch eine annähernd menschliche Gestalt und

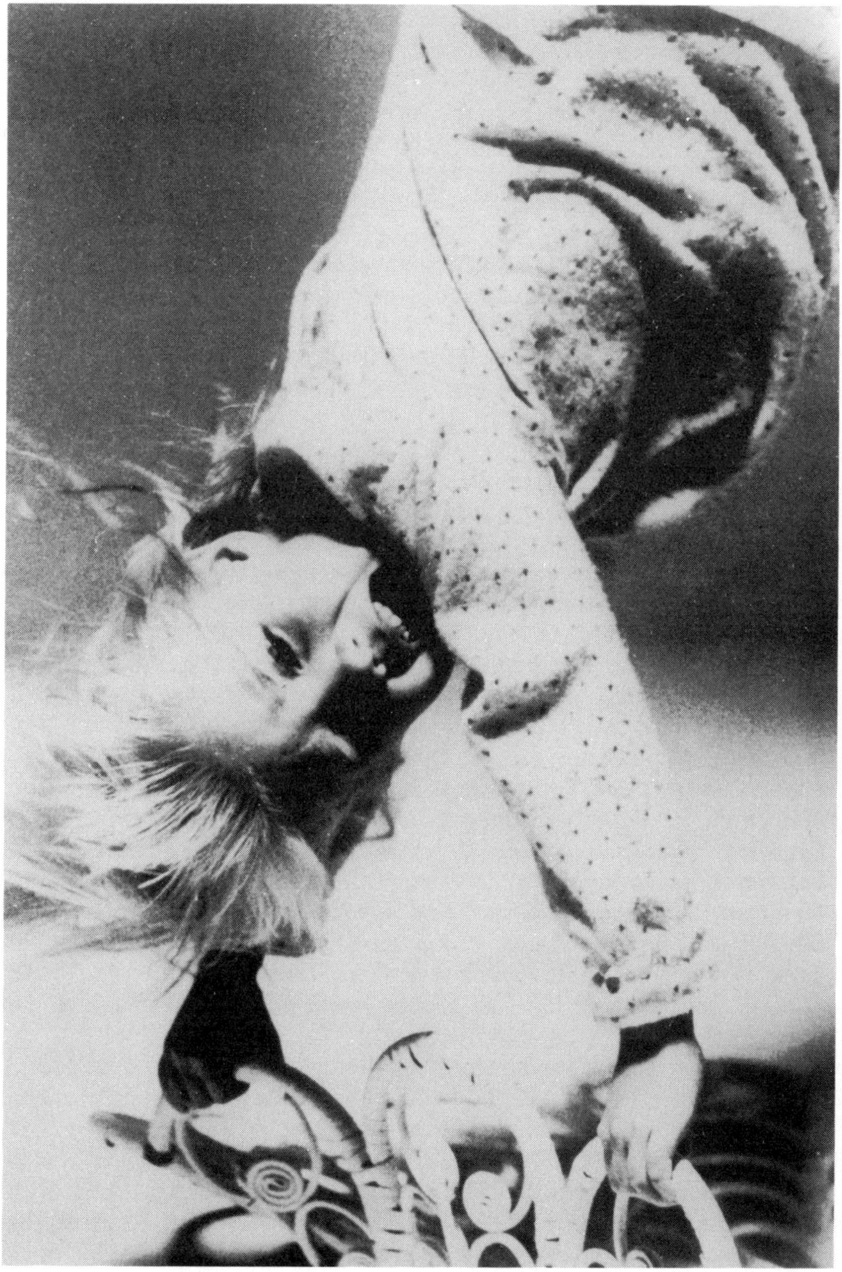

Bild 11: aus ‘Poltergeist’, Foto:ARD-FILMREDAKTION

und tötet seine Feinde mit nachvollziehbaren Mitteln, wenn er ihnen mit den Metallkrallen den Bauch aufreißt.

Monster hingegen sind unheimliche Erscheinungen, deren Äußeres allein meist schon erschreckend ist und nichts Menschliches an sich hat. Ihr Handeln ist nicht berechenbar, man weiß nie genau, wie und womit sie zuschlagen, Menschen erschrecken, quälen und töten. Ihre Existenz ist ebenso wenig erklärlich wie ihre Handlungsmotivation. Das gleiche gilt für 'handelnde Fernseher' und ähnlich mysteriöse Erscheinungen. Ebenso wie ein Mensch ohne Kopf, der trotzdem noch lebt und handelt, sind solche Erscheinungen und Geschehnisse für Kinder nicht zu begreifen und zu erklären. Sie lösen deshalb Verunsicherung aus, auch weil sich viele Kinder nicht ganz sicher sind, ob es so etwas nicht auch in der Wirklichkeit gibt.

Was solche Arten von Gewaltdarstellungen bei Kindern an Gefühlen auslösen, schildert der 9jährige David, ein Portugiese, am Beispiel von 'Indiana Jones':

> David ist nicht gerade unbeleckt in Sachen Horror, er kennt so einiges, weiß zu vielen Filmen etwas zu erzählen, schildert einzelne Szenen sehr ausführlich und ist dabei immer sehr aufgeregt. Bei 'Indiana Jones', den er bereits vor einigen Monaten gesehen hat, ist er jetzt noch völlig aus der Fassung. Es ist eine Szene, die ihm fest im Gedächtnis geblieben ist, und zwar im Detail: *"Das hab ich mal in Portugal gesehen, da war so ein Reifen, und die hängen da immer Kinder an, die nichts machen, so kleine Babys und so, ... die hängen sie so dabei und dann machen sie so ein Loch rein, in dem Loch ist Feuer drin, bevor die ihn reintun, macht der böse Mann bei den Kindern so einen Zauberspruch, und dann tut er die Hand hier rein (zeigt auf die Brust) und nimmt das Herz raus. Und dann werden die erst ins Feuer reingetan (schüttelt den Kopf), ... und dann in Portugal, und dann bei einem Freund von mir, und dann hab ich geheult, und ich hab gesagt, mach das aus. Weil ich Angst hatte ... ja, und ich hatte Angst!"*

David liefert hier fast eine Inhaltsbeschreibung dieser Szene aus 'Indiana Jones' und die Angst, die er beim Sehen dieser Szene empfunden hat, ist ihm auch jetzt noch deutlich anzumerken. Interessant ist, daß er die Opfer als 'Kinder', als 'kleine Babys', 'die nichts machen', also unschuldig sind, wahrnimmt. Im Film sind es junge Männer, die jedoch durch die gesamte Inszenierung - den bereits durch seinen Kopfaufputz sehr groß wirkenden Zauberer, der durch die Kameraperspektive noch übermächtiger wirkt - klein und hilflos wirken. Dieses Moment, gemeinsam mit dem gesamten in eine Kulthandlung eingebundenen Geschehen, bei der einem lebenden Menschen das Herz aus der Brust gerissen, noch schlagend auf einen Pfahl gesteckt wird, dieser Mensch immer noch lebend langsam in ein Feuerloch hinabgelassen wird und erst stirbt, als er verbrennt, macht den nachhaltigen und erschreckenden Eindruck aus, den diese Szene bei David hinterlassen hat. Nichts von alledem ist für David zu verstehen: weder das Motiv, warum 'kleinen unschuldigen Kindern' so etwas angetan wird, noch das Geschehen, warum ein rausgerissenes Herz noch schlägt und ein Mensch ohne Herz noch lebt. Solche Szenen sind geistig und seelisch eine Überforderung.

Wenn Kindern drastische Gewalt begegnet, die in mysteriöse Kontexte eingebettet ist, reagieren sie ausnahmslos mit Angst. Solche Erscheinungen sind für sie unbegreiflich, sie haben keinerlei Möglichkeiten der Erklärung. Sie können sich von solchen Bildern aber offensichtlich auch nicht distanzieren. Das führt dazu, daß solche Szenen und Bilder unverarbeitet in ihren Köpfen bleiben und auch nach langer Zeit nichts von ihrem Schrecken und ihrer angsterzeugenden Wirkung verlieren.

KAPITEL 3

MIT KOPF UND BAUCH - WIE KINDER MIT FERNSEHERLEBNISSEN UMGEHEN

Fernseherleben ist kindlicher Alltag. Ebenso wie Kinder täglich Fernsehinhalte konsumieren, integrieren sie die Elemente, die sie brauchen können, in ihren Alltag, ihr Reden, ihr Spiel und ihr Handeln. Wie in den beiden vorangegangenen Kapiteln deutlich wurde, brechen sich Kinder aus der Fülle des Fernsehangebotes und aus einzelnen Sendungen Teile heraus, und zwar in der Regel die, die sie für sich in irgendeiner Form nutzen können, sei es in ihrer Realität, sei es in ihrer Phantasie. Das heißt, sie sehen zwar viel, nehmen aber längst nicht alles wahr, geschweige denn in sich auf. Sie nutzen das Fernsehangebot selektiv und aktiv und gehen mit den Elementen um, die sie sich herausziehen: Sie be- und verarbeiten ihre Fernseherlebnisse. Das passiert nicht nur gezielt und bewußt, sondern oft auch unbewußt.
Es begegnen Kindern jedoch auch Inhaltselemente im Fernsehen, die sie wahr- und aufnehmen, mit denen sie aber nicht umgehen können. In diesen Fällen haben sie keine Bewältigungs- und Verarbeitungsmöglichkeiten. Wie in Kapitel 2 bereits ausgeführt, sind dies vor allem drastische Gewaltdarstellungen, die Kindern insbesondere dann Schwierigkeiten bereiten, wenn sie in realitätsnahe oder mysteriöse Kontexte eingebettet sind.

Um beides geht es in diesem Kapitel, um die Verarbeitung von Fernseherlebnissen, die Kinder nicht besonders belasten, und um die Umgangsweisen mit solchen medialen Eindrücken, die Kinder emotional stark berühren. Da das Nachvollziehen der kindlichen Verarbeitung - jedenfalls dort, wo sie in die Tiefe geht - eine genaue Kenntnis der persönlichen und sozialen Hintergründe der Kinder erfordert, werden die unterschiedlichen Verarbeitungsformen in erster Linie anhand der Einzelfälle gezeigt. Lediglich die eher an der Oberfläche liegenden Umgangsweisen mit Fernseherlebnissen, wie Erzählen oder spontane Reaktionen, sind auch ohne detaillierte Kenntnisse aufzuzeigen.

1. Wie gehen Kinder spontan mit Fernseherlebnissen um?

Jeder kennt das: Es wird duster, die Musik wird dramatisch, ein Schatten taucht auf - gleich passiert etwas! Und plötzlich kribbelt es in der Magengegend, seltsamerweise fröstelt man, obwohl's gar nicht kalt ist, und manchmal verspürt man einen ungeheuren Zwang, jetzt aufzuspringen. Spannende Szenen in Film und Fernsehen können kurzzeitig zu sehr heftigen Emotionen führen. Diese sind aber meist nicht von Dauer, sondern lösen sich auf, noch bevor der Film sein Ende gefunden hat.
Bei Kindern werden solche Spannungszustände von allen möglichen Inhalten und Szenen ausgelöst. Bei welchen Präsentationen ein Kind unerträgliche Spannung empfindet, hängt davon ab, welche Genres und Sendungen es bevorzugt, auf welche Elemente es dabei sein Augenmerk richtet, und vor allem wie sehr das Kind es gewohnt ist, z.B. Actionreiches, Gruseliges, Unheimliches zu konsumieren. Ähnlich wie bei der 'Schwelle', die die Gewaltwahrnehmung und -beurteilung (vgl. Kapitel 2) von Kindern differenziert, ist auch das, was unerträgliche Spannung auslöst, von Kind zu Kind verschieden. Während die einen bereits die Geisterjagd in 'Ghostbusters' wahnsinnig aufregend finden, muß bei den anderen schon ein Mord passieren, damit sie das Kribbeln im Bauch bekommen, und die Dritten kriegen erst feuchte Hände, wenn's richtig hart zugeht, mit brutalen Mitteln gekämpft wird und die Leichen zuhauf herumliegen. Fast alle Kinder kriegen jedoch das Zittern, wenn Monster, lebende Tote oder ähnlich wüste Erscheinungen über den Bildschirm flimmern, wenn die medialen Geschehnisse der Realität zu nahe kommen, oder wenn ihnen Unbegreifliches begegnet, für das sie keine Erklärung haben. An diesen Punkten bekommen die Kindern so starke Spannungsgefühle, daß sie es kaum noch aushalten können, und für viele setzt hier die Angst ein (vgl. Kapitel 2).
Was machen Kinder, wenn sie beim Fernsehen unerträgliche Spannung empfinden?

1.1 *"Dann halt ich mir ein Kissen vors Gesicht"* - Kinder distanzieren sich

Wenn's im Fernsehen zu spannend wird, entziehen sich Kinder kurzzeitig, indem sie sich z.B. die Augen oder Ohren zuhalten oder einfach wegsehen. Sie distanzieren sich emotional.
Zu solchen Mitteln greifen vor allem die Mädchen. Gut die Hälfte der älteren Mädchen gibt an, eins von diesen drei Dingen zu tun, wenn es

zu spannend wird. Bei den jüngeren Mädchen sind es weniger, was vor allem daran liegen dürfte, daß sie nicht so viele gruselige Sendungen sehen.
Die Jungen hingegen geben sich überlegen. Nur sehr wenige geben zu, daß sie zu solchen Distanzierungsmitteln Zuflucht suchen. Drei Viertel behaupten, das nicht zu tun, wobei die jüngeren Jungs noch großspuriger tun. Es kann sein, daß die Jungen mit spannenden Szenen leichter umgehen können, weil sie deutlicher an Genres orientiert sind, die ordentlich Action, z.T. auch von der härteren Sorte, bieten (vgl. Kapitel 1). Es kann aber auch sein, daß sie solches Verhalten nicht eingestehen mögen. Für letzteres spricht, daß bei den Einzelfällen auch die Jungen solche Distanzierungsstrategien gegenüber allzu großer Spannung zugeben, wie z.B. der 11jährige Jörg, der durchaus nicht unerfahren im Konsum härterer Action ist (vgl. Kapitel 2), aber gleich eine ganze Palette von Distanzierungsmechanismen hat: *"Wenn's wirklich nicht geht, dann mach ich weg ... oder nehm mir ein Kissen, ... dann mach ich immer so ein ganz kleines Loch (hält sich die Hand vor die Augen und läßt einen kleinen Spalt offen), und wenn's gruselig wird, dann wusch (macht die Hand zu). Oder ich mach meine Ohren ganz zu und mach meine Augen ganz zu und mach lalala, dann sing ich".*

Die Distanzierung geht jedoch bei fast allen Kindern nicht soweit, daß sie sich der unerträglichen Spannung ganz entziehen, indem sie z.B. das Zimmer verlassen oder gar den Fernseher ausschalten. Warum sie das nicht tun, erklärt Pamela (10): *"Man will ja immer nicht hingucken, aber dann luschert man doch".* Zwar geht die Spannung an die Grenze des Erträglichen, und z.T. bekommen die Kinder Angst, aber sie wollen auf keinen Fall etwas verpassen: *"Da guck ich weiter, weil ich das Ende mitkriegen will ... oder willst Du gute Filme verpassen?"*, antwortet der 9jährige Mark ziemlich empört auf die Frage, ob er denn dann nicht abschalte. Viele wollen in solchen Situationen ausprobieren, was sie aushalten können, auch wenn sie dabei die *"Hände zusammenkneifen"* oder *"rumzappeln"* müssen. *"Aber wenn ich mal so ein bißchen Angst hab, dann geh ich nicht! Nur wenn ich richtig Angst hab ... wenn der richtig gruselig ist. Ganz richtig!"*, dann erst schaltet Mark (9) ab oder geht aus dem Zimmer.

1.2 *"Dann kuschle ich mich an"* - Kinder suchen emotionale Sicherheit

Um ihren Spannungszustand auszugleichen, nehmen Kinder häufig Zuflucht zu direktem Körperkontakt mit ihren Bezugspersonen und kuscheln mit Mama oder Papa. Sie suchen emotionale Sicherheit.
Wiederum geben vor allem die älteren Mädchen diese Strategie zu. Aber auch die kleineren Mädchen und Jungen nennen sie noch relativ oft, während die älteren Jungs sie weit von sich weisen.
Mit Mama oder Papa zu kuscheln, sich also durch unmittelbaren Körperkontakt emotional zu stabilisieren, scheint eher in Familien mit mittlerem und niedrigem Anregungsmilieu verbreitet zu sein, aber auch in belasteten Familien. Diese Strategie wird zudem von Kindern häufiger genannt, die in sozial schlechter gestellten Milieus aufwachsen. Jörg (11), der aus einer solchen Familie und Umgebung stammt, gibt auch diese Strategie zu, als er erzählt, daß er zusammen mit seinem Vater den 'Weißen Hai' angesehen hat und als es ihm doch zu gruselig wurde, durfte er sich an seinen Vater kuscheln. Auch die 8jährige Özlem, ebenfalls aus familiär belasteten Verhältnissen, erzählt, daß sie bei gruseligen Szenen mit Mama und Papa kuschelt.

1.3 *"Is doch nur'n Film!"* - Kinder beruhigen sich selbst

Kinder greifen zu Formen der Selbstberuhigung, um mit großer Spannung oder mit Gruseligem fertig zu werden. Dann aktivieren sie zum Beispiel ihr Wissen und versuchen, sich rational klar zu machen, daß sie nur einen Film sehen, oder daß diese Szene ja gleich zuende ist. Sarah (10) z.B. beruhigt sich bei Krimis damit, daß sie ja weiß, *"daß da jetzt gleich einer ermordet wird"*. Pamela (10) baut darauf, daß alles nur gestellt ist: *"Das ist ja sowieso nicht echt. Die schlagen ja in Wirklichkeit gar nicht so doll zu. Das sieht dann nur so aus und die machen nur die Töne dazu"*.
Manche Kinder lösen ihre eigenen Spannungszustände, indem sie andere, z.B. jüngere Geschwister beruhigen. Der 12jährige Haydar kann in solchen Situationen den großen und gruselerfahrenen Bruder herauskehren: Sein kleiner Bruder hat immer *"so'n Kissen vor sich und dann, wenn sowas Gruseliges kommt, dann macht er immer so (hält die Hand vors Gesicht). ... Ich sag, warum haste Angst? Das ist doch gar nicht so gruselig"*. Indem Haydar so seinen kleinen Bruder beruhigt, kann er gleichzeitig seine eigene Spannung abbauen. Er spricht die geringe Ge-

fährlichkeit des Gesehenen aus und versichert sie seinem Bruder und sich selbst.
Die Selbstberuhigung klappt aber nicht immer, vor allem bei Inhalten, die für Kinder belastend sind, nutzt es den wenigsten, wenn sie sich klarmachen, daß das Ganze ja nur im Film passiert, sie bekommen trotzdem immer ein bißchen Angst und müssen damit anderweitig fertig werden (vgl. 4.).

Wenn es im Fernsehen zu aufregend oder zu gruselig wird, haben Kinder drei Strategien, spontan damit umzugehen: Erstens distanzieren sie sich emotional, vor allem indem sie kurzzeitig wegsehen. Sie entziehen sich solchen Sendungen jedoch nicht völlig. Damit sie das tun, muß es schon sehr gruselig werden. Zweitens suchen sie emotionale Sicherheit durch direkten Körperkontakt, z.B. indem sie sich ankuscheln. Drittens versuchen sie, sich selbst zu beruhigen, indem sie sich z.B. vergegenwärtigen, daß das, was sie sehen, nur Fiktion ist, oder sich versichern, daß es gar nicht so schlimm ist.

Solche spontanen Reaktionen, die unmittelbar beim Ansehen einer Sendung erfolgen, sind nur ein Element des kindlichen Umgangs mit Fernseherleben. Natürlich wirken Fernseherlebnisse auch bei Kindern länger nach. Sie müssen sie entsprechend vor allem längerfristig und im Nachhinein bewältigen.

2. *"Die guck ich nicht"* - Kinder begegnen dem Fernsehen rational

Kinder haben mit dem Fernsehen viel zu tun und sie beschäftigen sich mit den Eindrücken und Erlebnissen, die es ihnen liefert. Sie befinden sich ständig in Be- und Verarbeitungsprozessen. Kinder unserer Altersgruppe haben entprechend auch schon bestimmte Strategien entwickelt und verfestigt. Sie haben sozusagen aus ihren Fernseherlebnissen bereits Konsequenzen gezogen und richten ihren weiteren Umgang daran aus. Sie begegnen dem Angebot des Fernsehens mit einer gewissen Rationalität.

Ihre Rationalität nutzen einige Kinder im Umgang mit dem Angebot, das das Fernsehen ihnen macht, insofern, als sie die Angebote wahrnehmen, die ihnen keine Probleme machen, und alles andere vermeiden, indem sie z.B. Sendungsarten, die sie nicht mögen oder die sie belasten, von vornherein nicht ansehen, sich aus Sendungen 'ihre' Inhalte rausholen (vgl. Kapitel 1) oder sich bei ungeliebten Teilen mit rationalen Erklärungen weiterhelfen. Sie gehen mit den Angeboten des Fernsehens und ihren Inhalten souverän um. Ein Beispiel hierfür ist die 10jährige Sarah:

> Sarah wird in einer Familie und Umgebung groß, die ihre intellektuelle Entwicklung sehr fördert, ihr aber wohl auch einiges an rationalen Fähigkeiten abfordert. Sie ist selbstbewußt in ihrem Auftreten, sticht mit ihrem Wissen und ihrer Intellektualität hervor, hat aber auch viel Phantasie, die sie in die Gestaltung von Spielen einbringt. Die Grundlage für Sarahs Verarbeitung von positiven wie belastenden Fernseherlebnissen sind vorwiegend ihre intellektuellen und kreativen Fähigkeiten. Mit ihnen kann sie sich emotional im Gleichgewicht halten, und sie ermöglichen ihr rationale Erklärungen. Bei unangenehmen Fernseherlebnissen versetzt sie sich rational und mit Phantasie in angenehme Bewußtseinszustände.

Sarah hat einen aktiven und selektiven Zugang zu den Inhalten des Fernsehprogramms. Zwar sieht sie - entgegen ihrer eigenen Einschätzung und der ihrer Umwelt - sehr viel und switcht wie die meisten Kinder, um eine ihr angenehme Sendung zu finden, sie konzentriert sich aber auf die Inhalte, die sie für sich als nützlich definiert hat, und das sind in erster Linie die Eigenschaften und Fähigkeiten weiblicher Heldenfiguren in Sendungen mit irrealem und märchenhaftem Charakter (vgl. Kapitel 1). Sendungen, die das für sie nicht erfüllen, wie alle realitätsnahen Sendungen, vermeidet sie konsequent: *"Wenn Tagesschau ist, dann mach ich aus ... dann geh ich in mein Zimmer"*. Sie kann sich aufgrund ihrer Intellektualität der Tatsache nicht entziehen, daß in der 'Tagesschau' wirkliche Ereignisse dargestellt werden, verweigert sich aber generell dieser Wirklichkeit und will ihre Vorliebe für Irreales und Märchenhaftes davon nicht tangieren lassen. Also entzieht sie sich durch Ausschalten und Weggehen, obwohl sie sonst den Fernseher laufen läßt und mithört, auch wenn Langweiliges kommt, um nur ja nichts zu verpassen.
Tauchen in den Sendungen, die sie gerne sieht, Elemente auf, die sie nicht mag, wie zum Beispiel Prügelszenen in Zeichentrickfilmen, nimmt sie den Handlungsverlauf vorweg: *"Guck ich weiter, weil, irgendwann hört's ja auf"*, oder sie greift auf ihr Wissen um das Muster dieser Sendungen zurück, wie bei Krimis: *"Ja, da weiß*

man's ja, der wird umgebracht".

Wird Sarah mit für sie belastenden Inhaltselementen konfrontiert, greifen ihre rationalen Strategien allerdings nicht mehr direkt. So träumt sie etwa von 'Die Schöne und das Biest', daß das Biest, dessen Verunstaltung und Kontakt zu einer *"so schönen Frau"* für sie unerklärlich und diffus bedrohlich ist (vgl. Kapitel 2), in ihr Zuhause eindringt und sie sich seiner erwehren muß (vgl. 5.2). Um mit dem Angstgefühl, das ihr der Traum offenbar eingeflößt hat, fertig zu werden und wieder einschlafen zu können, setzt sie wieder eine rationale Strategie ein: *"Da höre ich Kassette einfach"*. Die Kassetten, auf die sie dabei zurückgreift, z.B. 'Bibi Blocksberg' oder 'Benjamin Blümchen', sind ihrem Thema und der von ihr bevorzugten Art von Geschichten sehr nah und sie entsprechen der Struktur von Zeichentrickfilmen, mit denen sich Sarah auch sonst entspannt (vgl. Kapitel 1). Um gegen ein unangenehmes Fernseherlebnis anzugehen, nutzt sie also eine rationale Gegenstrategie, indem sie gezielt auf ein anderes ihr vertrautes Medium zurückgreift, sich über bekannte Geschichten emotional beruhigende Eindrücke verschafft und in ihre Phantasiewelten abtaucht.

Sarahs rationale Verarbeitung von Fernseherlebnissen ist wohl auch der Grund, warum sie von ihrer Umwelt nicht als Vielseherin, die sie eigentlich ist, wahrgenommen wird. Wenn sie von Sendungen erzählt, reproduziert sie nicht einfach, sie bezieht sich auf einzelne Inhaltselemente und schildert sie sehr lebendig. Ihre Bewertungen und Urteile sind abwägend und beinhalten auch kritische Elemente. Sie bezieht Inhaltselemente und Merkmale von ihren bevorzugten Figuren auf ihre eigenen Fähigkeiten und Eigenschaften und integriert sie phantasievoll und kreativ in ihre Spiele und ihr Auftreten. Sie vermittelt den Eindruck, mit dem Medium Fernsehen souverän umzugehen. Ihr gesamtes selbstbewußtes und redegewandtes Auftreten tut ein Übriges, daß niemand auf die Idee kommt, daß sie ihre freie Zeit überwiegend mit Fernsehen verbringt und so starke Bindungen daran hat, daß sie andere Aktivitäten zurückstellt. Das alles paßt nicht in das Bild oder das Vorurteil, das vom 'Vielseher' existiert. Da Sarah noch dazu aus einer sozialen Umgebung stammt, der das Vielsehersyndrom nicht zugeschrieben wird, kommt ihre Umwelt noch weniger auf den Gedanken, sie als Vielseherin wahrzunehmen.

So deutliche und durchgängige rationale Strategien im Umgang mit dem

Fernsehen wie Sarah zeigen die anderen Kinder nicht. Einzelne Elemente tauchen jedoch auch bei ihnen auf.

Mark (9) konzentriert sich in seinen bevorzugten Sendungen darauf, wie schwierige Situationen von den Helden mit ihren Fähigkeiten gemeistert werden, und bezieht dies auf sein eigenes Durchsetzungsvermögen. Er entwickelt dabei regelrechte Allmachtsphantasien, möchte ebenso wie die Helden Dinge können und besitzen, die ihm alles ermöglichen (vgl. Kapitel 1). Gleichzeitig formuliert er die Einsicht, daß seine Allmachtsphantasien nie Wirklichkeit werden können: *"Ja, ich würd alles gerne können, alles, was man tun könnte und machen ... Aber kann man ja nie sein!"*. Diese Einsicht, mit der er seine Allmachtsträume relativiert, hat jedoch nicht ausschließlich kognitive Hintergründe. Marks stärkster Wunsch ist der nach Zugehörigkeit, deshalb ist er ständig bestrebt, seiner Umwelt gerecht zu werden. Ein Weg, den er neben anderen versucht, ist, sich reflektiert und einsichtig zu zeigen.

Ebenso wie Sarah hat auch Mark die Strategie, sich bei belastenden Elementen klar zu machen, daß das, was er sieht, nicht wirklich ist. Allerdings bleibt er bei dem allgemeinen Hinweis, *"is doch nur ein Film"*, kann nicht wie Sarah mit den Mustern argumentieren. Auch bei anderen Sendungen verweist er auf das Fiktive des Geschehens und darauf, daß es nicht in die Wirklichkeit übertragbar ist: Auf die Frage, ob er selbst gerne so einen Protonenstrahler besitzen würde, der ihn in 'Ghostbusters' so begeistert, meint er: *"Ah, da müßte es ja auch Geister geben"*.

Seine Träume bewältigt er ähnlich wie Sarah für sich alleine, indem er das Licht anläßt und Musik hört, sich also durch den Rückgriff auf Bekanntes und Beruhigendes stabilisiert.

Wie Mark ist auch Haydar (12) besonders an Heldenfiguren und deren körperlichen Fähigkeiten orientiert. Er nutzt seine bevorzugten Karatehelden quasi als Lernmodelle, und vertraut dabei auf seine eigene Lernkompetenz: Über die Karatefilme will er seine eigenen Karatetechniken verbessern. Von gruseligen und gewalthaltigen Filmen läßt er sich nicht belasten, indem er die entsprechenden Elemente als zum Genre gehörig faßt oder die Dramaturgie dagegensetzt: Nightmare *"is'n Gruselfilm, aber sonst nix"* und er ist gut, *"weil das ja so mit viel Farbe is und so, da is richtig 'ne Action drin"*. Filmen, die ihn belasten, wie 'Jack the Ripper', weil sie zu nah an die Realität kommen, entzieht er sich ebenso bewußt wie Sarah: *"Die guck ich nicht"*.

Bei einigen Kindern wirken ihre Äußerungen zum Fernsehen auf den ersten Blick sehr reflektiert und rational, sieht man aber genauer hin, bleibt davon nicht viel übrig, wie bei Pamela (10):

> Pamela ist ständig bestrebt, im Mittelpunkt zu stehen und produziert sich verbal ebenso wie im Verhalten. Sie wirkt selbstbewußt und durchsetzungsfähig.
>
> Auch sie formuliert ihr Wissen um das Fiktive in Fernsehsendungen, wenn sie darauf hinweist, daß die Schlägereien ja nicht echt sind (vgl. 1.3), und ihren Willen, sich schwer verkraftbaren Sachen zu entziehen, *"dann träum ich davon, darum guck ich die auch nicht mehr"*. Daran allerdings hält sie sich nicht, sondern probiert immer wieder aus, wieviel sie aushalten kann.
>
> Auf den ersten Blick scheint Pamela mit ihrem beträchtlichen Fernsehkonsum ganz souverän umzugehen, beim zweiten Hinsehen allerdings wird klar, daß dem nicht so ist: Sie redet viel über Sendungen, meist aber nur, wenn sie einen Anstoß erhält. Dann reproduziert sie Inhaltselemente fast ohne Variationen. Das tut sie auch, indem sie Fernsehinhalte nachmalt oder mit ihren Puppen nachspielt. Auch in ihrem Theaterspiel reproduziert sie ihre gewählte Figur detailgetreu (vgl. 4.1).
>
> Ihre Bewertungen zu Sendungen und deren Protagonisten bleiben oft an der Oberfläche: *"weil ich das so witzig finde"*, *"da ist immer Action"*, *"er ist super"*, *"stark"*, *"cool"*. In ihre Urteile zum Fernsehen fließen ständig Redewendungen und Klischees ein, die von Erwachsenen bekannt sind: *"Wenn ich Kinder hätte, würde ich sie nur bis 19.00 Uhr fernsehen lassen, entweder nur Kinderfilme oder jedenfalls nicht allein"*, oder *"Spielen ist besser als vor der Glotze sitzen"*.
>
> Ihr oberflächlicher Umgang und das Reproduzieren von Klischees bedeuten, daß sie Fernseherlebnisse im Grunde nicht bearbeitet, in ihrem Kopf bleiben ungeordnet Eindrücke und Bilder, die über unbewußte Formen wie Träume wieder zutage treten (vgl. 5.2). Auch damit kann sie nur so umgehen, daß sie sich bei ihrer Bezugsperson emotionale Stabilisierung holt, indem sie ihr den Traum nacherzählt: *"Dann bin ich zu meiner Oma ins Bett gekrabbelt ... Dann hat sie gesagt, erzähl mir Deine Geschichte, dann denkst Du nicht mehr dran. Hab ich ihr erzählt und danach konnt ich schlafen"*.
>
> Der Schein eines souveränen Umgangs mit dem Fernsehen, den Pamela auf den ersten Blick erweckt, überdeckt das, was sie eigentlich tut, ihr Fernseherleben verdrängen.

Formen der rationalen und kognitiv gesteuerten Verarbeitung von Fernseherlebnissen haben die Kinder unserer Altersgruppe erst in begrenztem Umfang entwickelt. Bei den meisten Kindern sind nur mehr oder weniger sporadische Elemente vorhanden. Sie können sich beispielsweise klar machen, daß das Geschehen im Fernsehen nur fiktiv ist oder unangenehme Fernseherlebnisse bewußt vermeiden. Begegnen Kinder dem, was das Fernsehen ihnen bietet, mit rationalen Strategien, können sie zum Teil auch belastende Elemente bewältigen, indem sie sich stabilisieren und sich aktiv in angenehme Bewußtseinszustände versetzen. Dies gelingt auch ihnen allerdings nur, wenn die belastenden Eindrücke eine bestimmte Qualität nicht übersteigen.

Solche rationalen Umgangweisen mit dem Fernsehen zu entwickeln, ist ein ständiger Prozeß, in dem Kinder sich befinden. In diesem Prozeß setzen sich die wenigsten Kinder nur über den Kopf mit ihren Fernseherlebnissen auseinander. Die Mehrzahl tut dies in einer ganzen Palette unterschiedlicher Formen und trägt ihr Fernseherleben aktiv nach außen. Am Ende all dieser Be- und Verarbeitungsformen jedoch kann der Erwerb neuer rationaler Umgangsweisen mit dem Fernsehen und seinen Inhalten stehen.

3. Wie bewältigen Kinder ihre Fernseherlebnisse aktiv?

Fernseherlebnisse, egal welcher Art, ob nun erfreuliche, spannende oder beängstigende, werden nicht nur direkt und spontan und schon gar nicht nur rational bewältigt. Auch das kennt jeder: Viele Bilder und Szenen behält man lange im Kopf, erinnert sich in bestimmten Situationen daran, mit ganz unterschiedlichen Gefühlen. Einiges bringt uns auch nach langer Zeit noch zum Lachen, anderes löst weiterhin unangenehme Gefühle aus. Und bei einigen Bildern ist es uns lieber, sie kommen uns nicht in den Sinn, weil sie sehr negative Emotionen hervorrufen. Bei Kindern ist das nicht anders. Das Fernsehen liefert ihnen täglich Eindrücke, und viele davon bleiben in ihren Köpfen. Sie aktivieren sie in den unterschiedlichsten Formen: erzählen davon, integrieren sie in ihre Spiele, bauen darauf ihre Wunschträume und Phantasien auf, übernehmen einiges in ihr Verhalten und Handeln. Sie gehen in unterschiedlichen Formen damit um und tragen sie aktiv nach außen.

3.1 *"Das erzähl ich meinen Freunden"* - Kinder bearbeiten Fernseherlebnisse durch Reden

Über das, was sie im Fernsehen gesehen haben und natürlich besonders über das, was sie beeindruckt hat, reden Kinder am liebsten und am häufigsten mit ihren Freunden. An zweiter Stelle stehen andere Gleichaltrige, z.B. ihre Klassenkameraden. Dann erst kommen die Eltern - wobei die Mutter etwas wichtiger ist als der Vater - und die Geschwister.
Fernsehen ist also vor allem ein Gesprächsthema zwischen Gleichaltrigen. Bei ihnen finden die Kinder wohl am ehesten kompetente Partner mit ähnlichen Vorlieben und Meinungen. So redet z.B. Mark (9) mit seinen Klassenkameraden über Filme, *"wenn die gut sind"* und *"wenn die sie auch geguckt haben"*.
In der Familie, mit Eltern und Geschwistern über Fernseherlebnisse zu reden, scheint hingegen weniger interessant zu sein. Das kann daran liegen, daß hier Vorlieben auseinandergehen, oder daß die meisten Kinder mit Familienmitgliedern gemeinsam fernsehen, also ihre Fernseherlebnisse mit ihnen teilen.
Alter und Geschlecht beeinflussen die Bevorzugung gleichaltriger Gesprächspartner kaum. Bei den Mädchen aber scheint das Fernsehen insgesamt ein häufigeres Gesprächsthema zu sein, was nicht unbedingt heißt, daß es sie mehr beschäftigt. Sie zeigen dafür nämlich weniger handelnde Formen der Auseinandersetzung mit dem Fernsehen als die Jungen (vgl. 3.2). Unter dem Aspekt des familiären und sozialen Anregungsmilieus fällt auf, daß Fernsehen eher in Familien mit niedrigem Anregungsmilieu ein Thema ist. Kinder aus Familien mit höherem Anregungsmilieu hingegen nennen noch etwas häufiger als andere, Freunde als Gesprächspartner. Dies kann mit der Einstellung von sozial besser gestellten Familien zum Fernsehen zusammenhängen, die nach wie vor negativer ist. Die Kinder finden hier also weniger Bereitschaft, über ihr Fernseherleben erzählen zu können.

Wenn Kinder über Fernsehen reden, dann zuallererst über das, worauf sie generell stehen: Witziges, Spannendes und Actionreiches (vgl. Kapitel 1): *"Was es da gab, z.B. Bud Spencer und sowas. Da besprechen wir dann ..., wie das war. Meistens reden die über Prügeleien, die Prügelei ist ja immer lustig, wenn Bud Spencer mitspielt"*, so schildert der 9jährige Mark, wie er sich mit Gleichaltrigen über Fernseherlebnisse unterhält.

Über Witziges und Spannendes reden Jungen und Mädchen gleichermassen. Die Jüngeren erzählen davon noch etwas lieber als die Älteren, und bei Kindern aus Familien mit niedrigem Anregungsmilieu steht Spannendes etwas höher im Kurs als bei anderen Kindern. Action ist für die Mädchen ein etwas wichtigeres Thema als für die Jungen. Die jüngeren Kinder wissen hierzu offenbar mehr zu erzählen. Im Gegensatz zu den Mädchen erzählen die Jungen, vor allem die jüngeren, auch noch gerne von den Dingen, die für sie neu und interessant waren. Wurde hingegen etwas nicht verstanden, versuchen lediglich die älteren Kinder, vor allem die aus familiär und sozial besseren Verhältnissen, das im Gespräch zu klären.

Sehr viel geredet wird auch über Gruseliges und Unheimliches, und zwar ebenfalls von drei Viertel der Kinder, unabhängig von Geschlecht und Alter und auch weitgehend unabhängig von ihrer sozialen Herkunft. Unter letzterem Aspekt liegen Kinder aus familiär niedrigen Milieus aber deutlich höher als Kinder aus besser gestellten Familien. Allerdings ist hierbei zu bedenken, daß Kinder aus niedrigen Milieus auch häufiger Gruseliges konsumieren (vgl. Kapitel 2).

Im Reden über Fernseherlebnisse reproduzieren Kinder ihre Eindrücke, erzählen, was sie gesehen und wie sie es empfunden haben. Dies erfüllt für sie mehrere Funktionen: Sie können damit z.B. Aufmerksamkeit von Bezugspersonen erhalten, auf Gleichaltrige Eindruck machen, wenn sie etwas Besonderes gesehen haben, oder sie tauschen Tips aus, über das, was sehenswert ist. So erstattet Haydar (12) seinen Freunden Bericht, *"wenn ich sie (die Filme) sehe, und meine Freunde kennen die nicht, dann erzähl ich sie denen ..., fast den ganzen Film"*. Sie knüpfen ihre Phantasien an das Gesehene und stellen sich wie Mark (9) und seine Gesprächspartner vor, wie es wäre, wenn sie genauso wie 'Ultraman' fliegen könnten. Sie versichern sich dabei aber auch ihres Geschmacks, ihrer Wahrnehmung, ihrer Urteile. Sie teilen anderen ihre Meinung zu Gesehenem mit und erfahren, wie andere urteilen. Das unterstützt sie in ihrer Verarbeitung von Fernseherlebnissen auf der rationalen Ebene, aber in der Folge auch auf der emotionalen. Über Fernseherlebnisse mit anderen zu reden, bedeutet ein Stück Verarbeitung und Stabilisierung, auch und gerade bei problematischen Inhalten. Daß Kinder viel über das reden, was für sie gruselig und unheimlich war, hat diesen Hintergrund. Das Reden ermöglicht ihnen unter anderem, solche Fernseherlebnisse zu bewältigen, und vermutlich versichern sie sich dabei auch, daß nicht nur ihnen diese Inhalte mulmige Gefühle verursachen.

Wenn Kinder über ihre Fernseherlebnisse erzählen, dann vor allem über das, was sie beeindruckt hat. Sie tauschen sich am liebsten mit Gleichaltrigen aus, und zwar über das, was sie positiv wahrgenommen haben, und das, was ihnen negativ in Erinnerung geblieben ist. Sie reproduzieren dabei Fernsehinhalte und versichern sich ihrer Meinungen und Urteile. Dies unterstützt sie in ihrer rationalen und emotionalen Bewältigung von Fernseherlebnissen.

3.2 *"Dann probieren wir das aus"* - Kinder bearbeiten ihr Fernseherleben im Handeln

Handelnde Verarbeitung ist ein vorwiegender Modus der Jungen. Kaum eines der Mädchen läßt in ihrem Auftreten und Verhalten so deutliche Parallelen zu medialen Vorbildern erkennen, wie das bei den Jungen der Fall ist. Jungen agieren ihre Fernseherlebnisse größtenteils im Spiel, im Verhalten und im Handeln aus. Dies geschieht in unterschiedlichen Formen und ist immer mit mehr oder weniger direkter Identifikation mit Fernseh- und Filmhelden verknüpft.

> Mark (9) beispielsweise nutzt den Medienverbund aktiv: Er sammelt begeistert Bilder von seinen Lieblingssendungen und -figuren, *"fehlen noch 10 Pfennige, dann kann ich mir noch ein paar Ghostbustersbilder kaufen"*. Das, was ihn beeindruckt, erzählt er nicht nur, er spielt es auch mit seinen Freunden nach: *"Manchmal spielen wir Ghostbusters und manchmal auch Turtles"*. Dieses Nachspielen ist ebenfalls eines seiner Mittel, um Nähe und Anerkennung in seiner Umwelt zu finden. Er versucht also, sein Fernseherleben nach außen zu tragen und aktiv auszuagieren.
>
> Was ihn besonders beeindruckt, und das sind vorwiegend Karatehelden, setzt auch Haydar (12) primär auf der motorischen Ebene um. Seine bevorzugten Helden und das, was er an ihnen wahrnimmt, haben für ihn Vorbildcharakter, er bezieht ihr Handeln direkt auf seine Realität und nutzt sie als Lernmodelle. Seine Filmhelden führen ihm perfektes Karate vor, und er versucht, seine eigenen Karatetechniken zu verbessern, indem er nachspielt. Das perfekte Beherrschen solcher Kampftechniken gehört zu seiner Vorstellung von Männlichkeit und ist in seiner Umgebung und bei seinen Freunden gleichermaßen hoch angesehen (vgl. Kapitel 1). Er verschafft sich also damit soziale Anerkennung und braucht keine weiteren Recht-

fertigungen.

Jörg (11) ist insgesamt extrovertiert, körperbetont und agiert vor allem motorisch. Sein Fernseherleben findet entsprechend auf der Handlungsebene seinen Niederschlag: Sich Prügeln und Kräftemessen gehört zu seinem alltäglichen Verhaltensrepertoire. Damit dieses Verhalten nicht negativ wahrgenommen wird, besteht er zum einen auf Regelsicherheit, wie sie z.B. bei seinem bevorzugten Sport, dem Fußball, gegeben ist. Hier kann er in der Mannschaft nach festen Regeln agieren und durch besondere Leistung hervorstechen. Dadurch bekommt er trotz seines mangelnden Sozialverhaltens die Anerkennung, die er sucht. Zur Rechfertigung seines sonstigen, zum Teil gewalttätigen Verhaltens übernimmt er direkt die in seinen bevorzugten Sendungen angebotenen Klischees, z.B. 'den rauhen, aber im Grunde guten Kerl, der nur zuhaut, um sich seiner Haut zu wehren'.
Diese Übernahme von Kischees gilt nicht nur für sein körperliches Agieren, auch sonst sucht er Verhaltensattribute von Film- und Fernsehhelden direkt umzusetzen: Er markiert in seinem Auftreten, seinen Bewegungen und in seiner Sprache den starken Typen, den coolen Macker und den 'Frauenheld' (vgl. 4.2), der von allen umschwärmt wird: *"Heute hab ich Training. Da kommen ganz viele aus meiner Klasse. Alles nur Mädchen. Die sind alle in mich verknallt. Alle!"*

Die Übernahme von medialen Vorbildern in das eigene Auftreten und Verhalten und das spielerische Ausagieren von Fernseherlebnissen findet sich vor allem bei Jungen. Sie spielen Fernsehinhalte nicht nur nach, sondern versuchen einzelne Elemente auch direkt in ihre Realität zu übertragen. Sie orientieren sich dabei vor allem an ihren bevorzugten Helden, versuchen deren Merkmale und Besonderheiten in ihr eigenes Verhalten zu integrieren oder teilweise direkt zu imitieren.

Diese handelnden Verarbeitungsweisen, die häufig mit Identifikation verquickt sind, werden dort besonders deutlich, wo Kinder die Merkmale, die sie an Helden beeindrucken, wiedergeben, was sie in den Theater-Szenen in den Kindertagesstätten (vgl. Kapitel 5) tun konnten. Da diese Szenen gleichzeitig einen Alltagsbezug hatten, wird an dieser spielerischen Auseinandersetzung auch deutlich, welche Bedeutung die Helden für die alltäglichen Lebenszusammenhänge der Kinder besitzen.

4. Welche Rolle spielen Identifikationsprozesse bei der kindlichen Bewältigung von Fernseherleben?

Ob lautstark oder leise, geschminkt und verkleidet oder mit anderen Utensilien, das Spiel ist für Kinder eine wichtige Möglichkeit, ihre täglichen Eindrücke zu be- und verarbeiten; dazu gehören auch ihre Fernseherlebnisse. Fernseherlebnisse können Bilder im Kopf sein, besonders dann, wenn sie erst vor kurzem gesehen wurden oder einen besonderen Eindruck hinterlassen haben. Diese Eindrücke agieren Kinder im Spiel aus, was nicht selten als 'Wirkung des Fernsehens' interpretiert wird. Fernseherlebnisse können aber auch Identifikationsmöglichkeiten bieten, für Wunschträume und Phantasien oder auch für die eigene Realität.

Um feststellen zu können, in welcher Weise Kinder sich im Spiel mit ihren Fernseherlebnissen auseinandersetzen, führten wir mit den Kindern in den Kindertagesstätten ein **Theater-Rate-Spiel** durch: In einer von ihnen gewählten Alltagssituation sollten sie eine ebenfalls von ihnen gewählte mediale Figur spielen. Dazu konnten sie sich schminken oder verkleiden und mit oder ohne SpielpartnerInnen auftreten. Anhand ihrer Vorführung mußten die anderen Kinder dann erraten, welche mediale Figur in welcher Alltagssituation dargestellt wurde.
Dieses 'Theater-Rate-Spiel' besteht aus zwei Phasen: In der **Vorbereitung** überlegen sich die Kinder, mit welchen Elementen und Merkmalen sie ihre gewählte Figur und Situation vorführen wollen. In der **Vorführung** setzen sie um, was für sie an der Figur in welchem Alltagszusammenhang bedeutungsvoll ist.
Weitere Hinweise zur Umsetzung ihrer Spielfigur gaben die Kinder zum Teil beim anschließenden **Raten** von Figur und Situation durch die anderen Kinder. Begründungen zu ihrer Figurenwahl erhielten wir zusätzlich durch das **Reporterspiel** (vgl. Kapitel 5), bei dem die Kinder - als die Stars des Tages - von den BeobachterInnen zu ihrer Spielszene interviewt wurden.

Aus den Äußerungen, die die Kinder vor und nach ihrem Spiel machten, und aus dem, was sie in ihrem Spiel zeigten, wird deutlich, auf welche Merkmale 'ihrer' Fernsehfiguren sie sich beziehen, welche Rolle Identifikationsprozesse dabei spielen und wie sie sich mit Fernseherlebnissen spielerisch auseinandersetzen.

4.1 *"Manchmal spielen wir Ghostbusters"* - Kinder reproduzieren Fernseherlebnisse

Damit ihre Fernseherlebnisse nicht nur Bilder im Kopf bleiben, bearbeiten Kinder diese in ihren Spielen, indem sie fast detailgetreu das Gesehene reproduzieren. Ebenso wie im Gespräch mit Freunden (vgl. 3.1) vergegenwärtigen sich Kinder damit noch einmal ihr Fernseherleben, weil es so beeindruckend war, weil man es anderen Kindern vermitteln möchte und auch, weil damit verbundene Gefühle und Einstellungen überprüft werden können. Diese Reproduktion von Fernseherlebnissen fanden wir auch in den Theaterszenen einiger Kinder.

Pamela (10) wählt für das Theater-Rate-Spiel die Figur 'Teddy-Monster'. Daß sie davon beeindruckt ist, wird bereits während der Erstellung der Wandzeitung deutlich: *"Weißt du was ich sein möchte? Das Teddy-Monster"*.

> Das **Teddy-Monster** ist ein kleines blaues Wesen, das sowohl Ähnlichkeiten mit einem Teddybären als auch mit einem kleinen Monster besitzt. Es hat Hörner, einen Kugelbauch und ein freundliches Gesicht mit rosa Stupsnase und Augenbrauen. Auf dem Kopf hat es rostfarbene Haarbüschel. Am liebsten wühlt es im Müll und frißt denselben. Es macht gerne Quatsch und erschreckt Leute, ohne jedoch jemand ernsthaft etwas zuleide zu tun.
> In der Folge vom Wochenende hat Teddy-Monster einen Schnupfen und muß demzufolge häufig niesen. Dadurch wird es riesengroß, was auch für Teddy-Monster eine neue Erkenntnis ist. Diesc Größe nutzt es, um seine Freunde (2 Jungen, 1 Mädchen), und jeden, der ihm sonst über den Weg läuft, zu umarmen und mit ihnen zu schmusen. Dazu ruft es mit kreischender Kinderstimme: 'Umarmen, umarmen - Teddy-Monster will umarmen'. So sehr ihn seine Freunde lieben, so ist ihnen die Umarmung von dem riesenhaften Teddy-Monster doch zuviel, da sie ihnen fast die Luft abschnürt. Teddy-Monster ist deshalb keinewegs beleidigt, denn es ist ja ein liebes Monster, und immerhin kann es mit dieser Fähigkeit wieder einmal Biester, seinen Widersacher, verjagen. Biester haßt nämlich Umarmungen.

Die Figur 'Teddy-Monster' ist Pamela insgesamt sehr präsent und sie hat offensichtlich auch die Folge am Wochenende gesehen. Beides, Figur und Inhalt der Wochenendfolge, gibt sie in ihrer Spieldarstellung detailgetreu wieder.

Während der Vorbereitung endeckt Pamela blau Schminke und malt sich damit das Gesicht an. Edith, ihre Spielpartnerin, hat eine weiße Bluse an und weist Pamela darauf hin, daß diese Flecken bekommen könnte. Das jedoch hält Pamela nicht davon ab, sich auch noch die Arme blau anzumalen. Zusätzlich malt sie sich schwarz-weiße Flecken auf die Nase und setzt sich eine Narrenkappe auf, die wohl Teddy-Monsters Hörner symbolisieren soll. Um den Hals bindet sie sich einen weißen Spitzenkragen, der Teddy-Monsters Lätzchen ähnelt. Diese Verkleidungen können auch symbolisch für 'Quatsch machen' stehen, denn Pamela betont mehrmals, daß sie es besonders gut findet, daß Teddy-Monster immer Quatsch macht. Pamelas Inszenierung der Figur ist eine getreue Wiedergabe der medialen Vorlage, die es ihr in der Folge (wegen Ediths weißer Bluse) unmöglich macht, den Schwerpunkt ihrer Spieldarstellung -das Umarmen - umzusetzen.
In ihre Spieldarstellung bezieht Pamela den wesentlichen Inhalt der Folge vom Wochenende ein: Zu Beginn nimmt sie einen Schluck Wasser, plustert sich auf, das heißt, sie macht sich 'riesengroß' und breitet ihre Arme aus, um Edith zu umarmen. Dazu ruft sie "umarmen, umarmen". Edith ihrerseits wehrt sie lachend, doch erfolgreich ab.
Sowohl die Figur als auch der Inhalt der letzten Folge sind Pamela genau in Erinnerung, es sind Bilder in ihrem Kopf. Sie inszeniert sie über die äußere Erscheinung: Ebenso wie bei Teddy-Monster werden ihre Umarmungen abgewiesen. Bei Teddy-Monster wegen der Größe, bei Pamela wegen der blau geschmikten Arme. Eventuell inszeniert Pamela hierbei auch unbewußt ihr eigenes aktuelles Problem, zurückgestoßen zu werden (vgl. Kapitel 1).

Jenny (8) bezieht sich in ihrer Spielszene ebenfalls auf eine Sendung, die am Wochenende lief, die 'Biskitts'. Sie reproduziert daraus über ihre äußere Erscheinung gleich drei Figuren.

> Die **Biskitts** sind kleine Hunde, und nur durch ihre Kleidung und unterschiedlichen Rassen voneinander zu unterscheiden. Ihr Widersacher ist König Max, der in der Folge vom Wochenende mal wieder den Schatz der Biskitts klaut. Diesmal wendet er Zauberei an, und die Biskitts müssen extra in sein Schloß kommen, um den Schatz zu holen. Am Ende landet König Max auf der Nase, und dieselbe läuft rot-blau an.

In der Vorbereitung malt sich Jenny ihre Nasenspitze und den linken Nasenflügel rot und blau an. Auf die rechte Wange bis unter das Augenlid kommt ein weißer Fleck, die Wimpern werden getuscht und ein rotes Halstusch um den Hals gebunden. Die rot-blaue Nase bezieht sich

Bild 1: 'Teddy-Monster' aus 'Mein Teddy-Monster', Foto: TELE 5

auf König Max, während der weiße Fleck unter dem Auge und das Halstuch die Merkmale eines der Biskitthunde sind. Die getuschten Wimpern entsprechen 'Lady First', einem weiblichen Biskitthund, die besonders durch ihre schräg gestellten Wimpern auffällt und in der Folge vom Wochenende eine zentrale Rolle spielt.
In Jennys Spielszene hat diese Verkleidung - im Gegensatz zu Pamelas - jedoch keine Bedeutung mehr. Hier steht die von ihr gewählte Situation, 'Mit Freunden im Schwimmbad', im Vordergrund, deren Verlauf durch ihre zwei Spielpartner bestimmt wird.
Jennys mediale Erinnerungen werden in ihrer Begründung während des Reporterspiels deutlicher als in der Spieldarstellung: *"König Max hat die Biskitts mit der Schatztruhe gesehen und er wollte auf die Schatztruhe springen. Auf einmal war die Schatztruhe mit den Biskitts weg. König Max lag auf der Erde und seine Nase war rot-blau. Das war lustig".*

Für Pamela und Jenny sind ihre Fernseherlebnisse eindeutig mit den äußeren Erscheinungen der medialen Figuren verbunden, und im Spiel werden diese fast detailgetreu reproduziert. Bei Pamela sind die äußeren Merkmale wichtig, um damit die Handlungen der Figur und den medialen Inhalt inszenieren zu können. Jenny hingegen verbindet mit den von ihr reproduzierten Äußerlichkeiten keinerlei Handlungen. Hinweise auf die Handlungen und deren inhaltlichen Kontext gibt sie nur verbal.

Jürgen (11), ist die Anfangsszene des Spielfilms 'Howard - Ein tierischer Held' noch ganz genau in Erinnerung. Seine Theatervorführung ist ein Beispiel dafür, daß Kindern mediale Bilder auch nach längerer Zeit präsent sind, wenn sie davon sehr beeindruckt waren. Wir vermuten, daß Jürgen den Film oder auch nur den Beginn vor einiger Zeit gesehen haben muß, da der Spielfilm, und auch die dazugehörigen Trailer, erst nach unserer Erhebung im Fernsehen liefen.

> **Howard** ist eine vermenschlichte männliche Ente und hat die Größe eines Kindes. Er purzelt oft nach hinten und bleibt mit den Beinen in der Luft liegen. Das verleiht ihm einen hilflosen Eindruck, der jedoch täuscht, da er Meister im Quak-Fu ist.
> In der Anfangsszene des Films wird Howard von seiner Heimat, dem Entenplaneten, auf die Erde geworfen und landet vor einem Musikschuppen, in dem auch seine spätere Freundin Betty spielt. Er wird von drei Punks in den Musikschuppen geschleppt, jedoch schnell wieder rausgeworfen. Howard ist nun auf der Flucht vor Lastwagen und Autos und findet sich schließlich in einer Mülltonne wieder. Dort bleibt er erst mal, um zu verschnaufen. Als Betty

von ihrem Auftritt aus dem Musikschuppen kommt, wird sie von zwei männlichen Fans angemacht. Sie ruft nach Hilfe und Howard springt aus der Mülltonne und schreit: *"Laßt die weibliche Kreatur in Ruhe!"* Erst als er 'Quak-Fu' anwendet, wird er von den zwei Männern ernst genommen und sie hauen ab. Auch Betty will weggehen, doch nachdem sie Howard mit traurigem Blick im Regen stehen sieht, fordert sie ihn mit einem Augenzwinkern zum Mitgehen auf.

"Ich werde immer verfolgt und gejagt, und dann werfen die mich in die Mülltonne, da hocke ich dann. Dann klettere ich wieder raus. Dann kommt ein Mädchen und sagt: Oh wie süß, und komm doch mit nach Hause", so schildert Jürgen während der Vorbereitung, wie er diese Figur darstellen möchte. Jürgen ist der gesamte Inhalt dieser Szene in Erinnerung. Für die Inszenierung wählt er außerdem die entsprechende Alltagssituation, 'Du triffst ein Mädchen'. Wie lebendig ihm diese Filmszene ist, wird in seiner Darstellung deutlich: Zu Anfang ist Jürgen in Hockstellung und lacht sein Publikum an. Er läßt sich nach hinten fallen und bleibt mit den Beinen in der Luft liegen. Nach einer erneuten Hockstellung steht er auf und ruft: *"Hey, laßt die Kleine los!"* Um eine Antwort zu bekommen, tauscht er kurz die Rolle und sagt: *"Ey, wer bist Du denn, Du Kleiner?"* Wieder als Howard, verschränkt er daraufhin die Arme, deutet eine Faust an und sagt *"Ich kann Kung Fu"*. Dazu vollführt er zwei Karatebewegungen und Drehungen.
Jürgen reproduziert über die Handlungen der Figur detailgetreu den Inhalt der Anfangsszene aus 'Howard - Ein tierischer Held'. In seine Darstellung integriert er gleichzeitig die Legitimation für die Gewalthandlungen, denn er präsentiert sich als rettender Held, der die Angreifer des Mädchens mit Karate in die Flucht schlägt.

Ronny (11) hat deutliche Erinnerungen an ein mediales Erlebnis, in dem die Opfer von physischer Gewalt eine zentrale Rolle spielen. Für seine Spielszene wählt er 'Fred Krüger', der in dem Horrorfilm 'Nightmare' sein Unwesen treibt. Ronny hat 'Fred Krüger' *"erst einmal vor kurzem bei seinem Cousin auf Video gesehen"*.

Nightmare ist ein Horrorfilm, dessen Inhalt die Personifizierung des 'Bösen' ist. Der gesamte inhaltliche und dramaturgische Aufbau des Films ist auf das 'Erscheinen' von Fred Krüger ausgerichtet, der sich an den Menschen rächt, weil sie für seine Entstellung verantwortlich sind. Seine Rache vollführt er mit einem Handschuh mit Eisenkrallen. Damit schlitzt er seinen Opfern die Bäuche auf

> und holt ihre Eingeweide heraus. Fred Krüger taucht immer unvermutet aus der Erde auf, mit dem Schlachtruf 'Are you ready for Freddy?' Der Film besteht im wesentlichen aus der spekulativen und detaillierten Darstellung der Tötung und Zerstückelung von Menschen, und der Personifizierung des 'Bösen und Häßlichen' in der Person Fred Krügers.

Besondes die Eisenkralle Fred Krügers ist Ronny in Erinnerung, und ausführlich demonstriert er dies in seiner Spieldarstellung: Nach dem Ausruf *"Endlich habe ich Euch, Ihr beiden!"* faßt Ronny seine Spielpartner an der Gurgel. Er drückt Aydin zu Boden und hält Haydar mit der linken Hand an der Gurgel fest. Nun holt er leicht mit der rechten Hand aus, spreizt langsam die Finger und drückt sie Haydar in den Bauch; Haydar stöhnt und geht zu Boden. Ronny lacht, reibt sich die Hände und sagt: *"Die Arbeit wäre erledigt".*
Der Schwerpunkt in Ronnys Spielszene ist die genaue Übernahme der medialen Inszenierung, in der Fred Krüger erscheint und mit seiner Eisenkralle Menschen die Bäuche aufschlitzt. Physische Gewalt mit erkennbaren Opfern wird in dieser Umsetzung zum Mittelpunkt und Ronny reproduziert sie in allen Einzelheiten. Analog der genretypischen Inszenierung von Horrorfilmen stellt auch er in seiner Umsetzung keinen inhaltlichen Zusammenhang her. Im Gegensatz zu Jürgen gibt Ronny erst im Nachhinein während des Reporterspiels Erklärungen, und gleichzeitig eine Legitimation für die angewendete Gewalt: *"Fred Krüger ist so ein Typ, den haben die Menschen verbrannt, und jetzt möchte er die Rache aufnehmen".*

Jürgen und Ronny reproduzieren beide detailgetreu das Handeln ihrer gewählten Helden. Auf deren Äußerlichkeiten verschwenden sie keine Zeit, sie verkleiden und schminken sich nicht und nutzen auch keine Utensilien, um die Besonderheiten der Figuren darzustellen. Ihnen geht es ausschließlich um deren Handeln, in dem sich zwei verschiedene Typen präsentieren, der 'helfende Retter' und der 'gnadenlose Rächer'.

Die effektvoll in Szene gesetzte Verwandlung von Prinz Adam in 'He-Man', die er *"letztes Mal im Spielfilm"* 'Masters of the Universe' gesehen hat, ist Till (10) in allen dramaturgischen Feinheiten im Gedächtnis geblieben.
Während der Vorbereitungen zeigt Till mehrmals, wie er 'He-Man' darstellen möchte. Dazu greift er hinter sich, zieht pantomimisch das Schwert hervor und richtet es nach oben. Die dramaturgischen Beson-

derheiten der medialen Vorlage bezieht er mit ein, indem er sich im Stehen lang streckt, ein 'Zittern' des Körpers andeutet und 'Quietschgeräusche' von sich gibt bzw. lautlos den Satz 'Bei der Macht von Grayskull' hersagt.
"Wie He-Man das Schwert zieht und sagt 'Bei der Macht von Grayskull'" ist allerdings das einzige, was Till nach seinen eigenen Aussagen an diesem Film beeindruckt hat, möglicherweise deshalb, weil diese Szene die Verwandlung des schwachen Prinzen Adam zu dem starken 'He-Man' zum Inhalt hat. Till ist eher ein schüchterner Junge, der durch das dominante Auftreten der anderern drei Jungen in seiner Gruppe nicht so recht zum Zug kommt. Die Verwandlung eines Schwachen in einen Starken kann unter diesem Aspekt für ihn ein passendes Identifikationselement sein.

An Till zeigt sich, daß in das Nachspielen von Fernseherlebnissen nicht nur Reproduktionen einfließen, sondern daß die Kinder auch auf die angebotenen medialen Identifikationsfolien eingehen, um ihre Wunschträume umzusetzen oder bestimmte Verhaltensweisen zu erproben.

Fernseherlebnisse, die Kindern als Bilder präsent sind, werden im Spiel reproduziert. Mädchen legen dabei besonderen Wert auf die äußeren Merkmale der Figuren und geben diese durch Verkleiden und Schminken nahezu in allen Einzelheiten wieder. Sie beziehen sich nur am Rande auf die Handlungen der Figuren und die inhaltlichen Kontexte. Oft schildern sie diese nur in ihren verbalen Erklärungen und erzählen sie hier zum Teil genau nach. Anders verhält es sich bei den Jungen. Ihre Fernseherlebnisse beziehen sich vor allem auf die Handlungen der Figuren, die sie in ihren spielerischen Darstellungen fast identisch reproduzieren. Sie übernehmen dabei auch den inhaltlichen oder dramaturgischen Kontext in ihre Darstellung. Auf die äußeren Merkmale der Figuren gehen die meisten Jungen dagegen nur oberflächlich ein.

4.2 *"MacGyver wollt ich immer mal groß sein"* - Kinder identifizieren sich mit Fernsehhelden

Wenn Kinder Fernsehhelden imitieren, leben sie in diesem Spiel auch ihre eigenen Wunschträume und Vorstellungen aus, erproben Verhaltensweisen und Handlungsmuster. Sie spielen den Helden nicht einfach

Bild 2: 'He-Man' aus 'New Adventures of He-Man', Foto: RTLplus

nach, sondern beziehen einzelne Elemente seiner Persönlichkeit und seiner Handlungen auf sich selbst. Sie identifizieren sich mehr oder weniger stark mit der medialen Vorlage. Solche Identifikationen konnten wir in den Theaterszenen der Kinder feststellen.

Der 12jährige Haydar spielt seine Lieblingsfigur 'Jackie Chan'. Sich mit dieser Figur zu identifizieren, fällt ihm nicht schwer (vgl. Kapitel 1), denn er kann selbst ganz gut Karate und hegt eine ausgesprochene Bewunderung für die sportlichen und kämpferischen Fähigkeiten der Karatehelden. 'Jackie Chan' entspricht Haydars Wunschvorstellungen, repräsentiert das, was er im Moment selber leben möchte und zum Teil auch lebt, einen perfekten Karatekämpfer. Auch die von ihm gewählte Spielsituation, 'Auf der Straße Ärger mit einem Erwachsenen haben', entspricht sowohl seiner realen Lebensumwelt (einem Obdachlosenlager, in dem Kinder wohl öfter die Erfahrung machen, die Schwächeren zu sein) als auch dem medialen Handlungskontext, in dem 'Jackie Chan' agiert (Slum, Unterwelt, Straßenkämpfe, Bandenkriege). Die Spielszene ist jedoch eher dem medialen Handlungskontext angepaßt, da Raub bzw. Erpressung dargestellt wird.
In seinem Spiel setzt Haydar sowohl den Charakter, die Fähigkeiten als auch die Besonderheiten der medialen Figur um: Jackie Chan steht auf der guten Seite und kämpft nur, wenn er angegriffen wird. Seine Besonderheit ist seine Stärke und Wendigkeit in Karate (vgl. Kapitel 2). In der Theaterszene wird Haydar von zwei Straßenräubern überfallen. Er erhält einen Schlag auf die Wange, weicht zurück und warnt die beiden verbal: *"Wollt ihr Streit? Laßt die Finger von mir!"* Erst als die beiden nicht aufhören, wird Haydar wütend und geht zum Angriff über, indem er wie Jackie Chan Karate anwendet.
Haydars angedeutete Hand- und Fuß-Karateschläge zeigen seine gute Körperbeherrschung und seine eigenen Karatefähigkeiten: Er bremst haarscharf vor den Mitspielern ab, so daß bei gleichwertigen Mitspielern diese Kampfszene fast filmecht wirken würde. Haydar zeigt in seinem Spiel somit auch, was er selbst schon kann und gerne noch besser können würde.

Der 11jährige Jörg bekommt während der Vorbereitung ein schwarzes T-Shirt in die Finger, das er *"voll geil"* findet und behalten möchte. Wir vermuten, daß ihm das T-Shirt deshalb so gut gefällt, weil Sylvester Stallone in Jörgs Lieblingsfilm 'Over the Top' ein ähnliches trägt. Doch Jörg traut sich nicht, seine Lieblingsfigur für die Spielszene zu wählen. Das mag den Grund haben, daß Jörg weiß, was bei Erwachsenen ankommt, und es ihm sehr wichtig ist, als netter Junge wahrgenommen zu werden (vgl. Kapitel 1). Da Sylvester Stallone mit Gewalt verbunden ist, was einen schlechten Eindruck machen könnte, entscheidet er sich für eine harmlosere Figur: 'Hefti-Schlumpf' aus der Zeichentrickserie 'Die Schlümpfe'. Über diesen Umweg kann er zumindest ansatzweise seinen bevorzugten medialen Figurentyp darstellen. Die Figur 'Hefti-Schlumpf' entspricht weitgehend Jörgs Vorstellungen von Männlichkeit und zum Teil auch seiner Lebenspraxis: Ebenso wie Jörg spielt 'Hefti' Fußball und steht einer Mannschaft vor. Ebenso wie Jörg das für sich selbst tut, vertritt 'Hefti' die Ideologie vom 'rauhen, aber im Grunde guten Kerl, der nur zur Verteidigung handgreiflich wird'. Und ebenso wie Jörg gerne den Macker herauskehrt, hat 'Hefti' diesen Part bei den Schlümpfen inne.

In seiner Vorbereitung und im Spielen verliert die Figur 'Hefti-Schlumpf' jedoch weitgehend ihre Bedeutung, verwandelt sich in Jörgs eigentliche Lieblingshelden: Dies zeigt sich an seiner Verkleidung. Mit dem bereits erwähnten schwarzen T-Shirt, einem beigen Parka und angeklebtem Bart ähnelt Jörg mehr dem Tatort-Helden Schimanski mit seinem mackerhaften Auftreten oder aber Sylvester Stallone, dessen Outfit und Gehabe in seinen Filmen ähnlich ist.

In der Spieldarstellung baut sich Jörg denn auch breitbeinig und in typischer Mackerpose vor seinen Spielpartnerinnen auf und provoziert sie verbal so lange, bis er eine Ohrfeige kassiert. Nun darf er sich in gleicher Weise wehren, und genau darauf hat er es angelegt, denn Jörg will *"Scheiße bauen"*, und bereits in der Vorbereitung boxt er sich warm. Die Figur 'Hefti-Schlumpf' wird zur Nebensache. Im Vordergrund steht das körperliche Gerangel, das außerdem 'In der U-Bahn' stattfindet, ein öffentlicher Bereich, in dem man sich gut produzieren kann.

Obwohl Jörg viel Wert auf seine äußere Erscheinung legt, stehen dennoch die Handlungen im Vordergrund, mit denen er sich als Macker produziert und so sein Ideal von Männlichkeit imitiert. Außerdem darf er die in seinen Vorstellungen 'erlaubte' Gewalt anwenden, weil er sich ja wehren muß, und das Gerangel noch den spielerischen Charakter des Kräftemessens besitzt (vgl. Kapitel 2).

Jörg imitiert hier jedoch nicht nur seine bevorzugten Fernseh- und Filmhelden. Er imitiert über den Umweg der Darstellung von 'Hefti-Schlumpf' gleichzeitig seinen Vater, sein reales Vorbild, das er wegen seiner Stärke und Männlichkeit sehr bewundert. Ihn findet er vor allem in Sylvester Stallone wieder, der in 'Over the Top' mit seinem Sohn sogar den Kraftsport betreibt, den Jörg auch mit seinem Vater übt, nämlich Armdrücken, und auch noch denselben Beruf hat, nämlich Fernfah-

Bild 3: ‘Sylvester Stallone’ aus ‘Over the Top’, Foto: Scotia-Cannon

rer. Jörg stellt so nicht nur seine Wunschvorstellung von Männlichkeit dar, sondern ahmt seinen Vater, sein unmittelbares Vorbild, nach. Er erprobt im Spiel das Verhalten und Handeln, das er anstrebt.

Beide Jungen, Haydar und Jörg, zeigen eine starke Identifikation mit ihren gewählten Helden. Sie übernehmen deren Verhalten und Handeln in ihr Spiel und begeben sich selbst vollständig in diese Rollen. Im Spiel werden sie zu den starken Typen, als die sie ihre Helden wahrnehmen. Im Spiel erproben sie die Verhaltensweisen dieser Helden, die sie sich auch für ihre eigene Entwicklung zum Vorbild genommen haben.

Sarah (10) spielt ihre Lieblingsfigur 'Pippi Langstrumpf'. Diese Figur besitzt Eigenschaften, mit denen sich Sarah identifizieren kann. Wie Pippi Langstrumpf hat sie Phantasie, kann Spiele erfinden und übernimmt gerne die Regie. Zu Erwachsenen hat sie ein fast kumpelhaftes Verhältnis, und sie weiß genau, was sie will. Zum anderen verkörpert Pippi Langstrumpf aber auch Eigenschaften, die Sarahs Vorstellung von einer besonderen und starken Frau entsprechen (vgl. Kapitel 1).
Sarah legt bei der Inszenierung ihrer Szene viel Wert auf das Äußere von Pippi Langstrumpf. Sie malt sich Sommersprossen um die Nase, die Lippen rot, flicht sich Zöpfe, zieht sich ein langes Hemd an und setzt einen Strohhut auf. Sie imitiert fast vollständig das Aussehen von Pippi Langstrumpf.
Als Rahmen für ihre Spielszene wählt Sarah die Situation 'In der U-Bahn', ein öffentlicher Bereich, der genügend Publikum bietet, um aufzufallen. Daß es ihr darum geht, verkündet sie bereits während der Vorbereitung: *"Die hat einen Rock an, wir sind in der U-Bahn, und der ist es schon irgendwie peinlich wie die Leute so gucken"*. In ihrer Spieldarstellung symbolisiert sie diese Leute mit Stofftieren und Hüten, die sie auf mehrere Stühle verteilt, und im Spiel handgreiflich aus der U-Bahn wirft. Damit will sie wohl Pippis Stärke und Souveränität gegenüber Erwachsenen andeuten.
Insgesamt bleibt jedoch Sarahs Darstellung des Verhaltens und Handelns von Pippi Langstrumpf eher verhalten. Sie stakst zwar wie Pippi Langstrumpf herum, springt auf die Stühle und wieder runter, und fordert ihre Spielpartnerinnen zum Mitmachen auf, doch wird daraus nicht das heillose Chaos, das Pippi Langstrumpf veranstaltet.
Pippi Langstrumpfs kindlich burschikoses Handeln und Auftreten kann Sarah nicht umsetzen, wohl auch deshalb, weil sie sich damit im Gegensatz zu den anderen Eigenschaften dieser Figur nicht mehr eindeutig

Bild 4: 'Pippi Langstrumpf' aus 'Pippi Langstrumpfs neueste Streiche'

identifizieren kann. Sarah ist bereits dabei, das Stadium des Kindseins zu verlassen und sich eher an weiblichen Verhaltensweisen zu orientieren. Es fällt ihr deshalb nicht schwer, das an Auffälligem und Besonderem von Pippi Langstrumpf zu übernehmen, was sie sich selbst wünscht. Das kindliche Handeln der Figur kann sie jedoch nicht mehr übernehmen. Sarah identifiziert sich also nur in den Teilen mit ihrer gewählten Figur, die sie für sich selbst übernehmen und umsetzen kann.

Edith (11), hat die männliche Figur 'Stingray' für ihre Theatervorführung gewählt.
"Ich brauch nur eine Lederjacke und so eine Brille". Wie Edith ihn über seine äußeren Merkmale darstellen könnte, weiß sie genau und in der Vorbereitung erklärt sie unserer Beobachterin, daß *"Stingray immer so eine geile Brille hat"*. Den Vorschlag, diese mit ihrem Haarreif darzustellen, lehnt sie jedoch ab. Ohne die äußeren Merkmale der Figur zu übernehmen, versucht sie in ihrem Spiel, die Handlungen von 'Stingray' nachzumachen, indem sie mit Karate die Umarmungen ihrer Spielpartnerin abwehrt. Doch Ediths Karate ähnelt mehr einem vor die Brust stoßen, was sie folgendermaßen erklärt: *"Ja, war Karate, aber das konnte ich nicht"*.
Edith mag Stingray sehr, denn *"er hilft anderen und kämpft gegen das Böse"*. Anderen zu helfen, entspricht nach unseren Beobachtungen auch ihrem Wesen, sie kümmert sich z.B. während der Vorbereitung sehr um die schüchterne Özlem. Stingrays Aussehen und seine Männlichkeit, zu der auch Karate gehört, gefällt Edith aber wohl auch sehr. Sie identifiziert sich einerseits mit bestimmten Eigenschaften von Stingray, und ist anderseits aber auch von seinem Äußeren und seinen Kampffähigkeiten sehr angetan. Auf ersteres jedoch nimmt sie in ihrer Spielszene keinen Bezug, letzteres kann sie nicht umsetzen, weil ihr Mädchen-Sein sie daran hindert. Sie will sich weder durch einen Haarreifen als Brillenersatz verunstalten lassen noch hat sie eine Vorstellung von Karate.

Ähnlich ergeht es Özlem (8), die als Spielfigur 'Jill' wählt, eine Rettungsschwimmerin aus ihrer Lieblingssendung 'Baywatch'. 'Jill' entspricht Özlems Heldenvorstellungen (vgl. Kapitel 1), denn als Rettungsschwimmerin hilft sie anderen, besitzt außergewöhnliche Fähigkeiten und hat außerdem Freunde. 'Jill' wird von medialer Seite als verletzlich und sanft dargestellt, und drängt sich nicht in den Vordergrund. Solche Züge hat auch Özlem. 'Jill' erfüllt ihre Aufgaben gekonnt, sie besitzt Durchsetzungsfähigkeit und geht aktiv mit Konflikten um. Dies sind Züge, die Özlem selbst gerne hätte.

In der Vorbereitung konzentriert sich Özlem darauf, die äußeren Merkmale von 'Jill' zu imitieren: Sie löst ihren Pferdeschwanz, denn auch 'Jill' trägt ihr langes Haar meist offen. Sie lackiert sich die Fingernägel, läßt sich von ihrer Spielpartnerin die Wimpern tuschen und Lidschatten auflegen und zieht einen Tüllrock an. Sie macht sich schön, denn auch 'Jill' hat ein angenehmes Äußeres. Dazu setzt sie sich eine Freizeitsonnenkappe auf, um die Kleidung der Rettungsschwimmerin anzudeuten. Ihre gewählte Situation, 'Im Schwimmbad', ist dem Handlungskontext der Figur angepaßt.
In ihrer sehr kurzen Spielszene rennt sie auf den Hilferuf ihrer Spielpartnerinnen herbei, und zieht die beiden Mädchen an den Armen aus dem Wasser. Diese Rettungsaktion wirkt jedoch insgesamt sehr hilflos, und ihr leiser Vorwurf an die beiden Mädchen, daß sie nun klatschnaß seien, wird von diesen patzig zurückgewiesen, was Özlem widerspruchslos hinnimmt. Özlems Schüchternheit und Zurückhaltung hindert sie daran, bei dieser Aktion so aufzutreten wie 'Jill' das in 'Baywatch' tut. Der Wunsch, im Spiel als starke Retterin aufzutreten und damit ein Verhalten zu erproben, das sie gerne hätte, ist für sie aufgrund ihrer Persönlichkeitsstruktur nicht umzusetzen.

Alle drei Mädchen identifizieren sich mit ihren medialen Figuren, anders als die Jungen jedoch wiederum sehr stark über deren Äußerlichkeiten und Eigenschaften und nur in Teilen mit deren Handlungen. Wenngleich die von den Mädchen gewählten Figuren in den Serien handeln, werden sie von ihnen nahezu durchgängig als eher inaktiv dargestellt. Bei allen dreien kommen dabei die Brüche zwischen ihren medialen Vorbildern und ihren eigenen Persönlichkeiten zum Ausdruck. Sie bleiben mehr sie selbst, auch wenn sie versuchen, das Verhalten und Handeln ihrer Vorbilder nachzumachen.

In der spielerischen Umsetzung ihrer Fernseherlebnisse tritt besonders deutlich zutage, mit welchen Elementen ihrer bevorzugten Fernsehfiguren sich Kinder identifizieren. Das läßt Rückschlüsse auf ihre Wunschträume und Vorstellungen zu und in einigen Fällen sogar auf ihre reale Entwicklung. Bei den Jungen fällt dabei auf, daß sie sich nahezu in Gänze mit 'ihren' Helden identifizieren, sowohl mit dem Typus als auch mit den Handlungen. Nicht selten weisen diese Figuren auch Ähnlichkeiten mit der Alltagspraxis der Jungen auf, haben direkte Vorbildfunktion. Die Mädchen hingegen identifizieren sich nur mit Teilen ihrer bevorzugten Heldenfiguren. Es sind dies wiederum vor allem äußere Merkmale und bestimmte

Eigenschaften, nicht jedoch der gesamte Typus und sein Handlungsspektrum. Bei den Identifikationsprozessen der Mädchen bleiben die Anteile der eigenen Person präsent. Sie übernehmen mediale Vorbilder nicht vollständig, sie integrieren nur bestimmte Teile in ihr Wunschdenken, setzen aber sehr wenig davon auf der realen Handlungsebene um. Dies hat seinen Grund sicher auch darin, daß das Fernsehen den Jungen eine breitere Palette von männlichen Vorbildern anbietet als umgekehrt den Mädchen brauchbare weibliche. Mädchen finden im Fernsehen weniger Identifikationsobjekte.

Die Formen, in denen Kinder ihr Fernseherleben nach außen tragen, es ausagieren im Reden, Spielen und in ihrem Verhalten und Handeln erzeugt bei Erwachsenen oft Mißmut. Sie sehen darin nur die sichtbare 'Wirkung' des Fernsehens, finden bestätigt, wie schädlich das ständige 'Vor-der-Glotze-Hocken' für Kinder ist. Vor allem LehrerInnen und ErzieherInnen beklagen immer wieder dieses Verhalten der Kinder, daß nach ihrer Beobachtung am Montag besonders ausgeprägt ist. Sie sehen darin nicht die Versuche der Kinder, ihre Fernseherlebnisse zu bewältigen, die wir in den vorangegangenen Punkten beschrieben haben. Sie akzeptieren nicht, daß es für die Kinder wichtig ist, ihre vielen Eindrükke nach außen zu tragen, um damit fertig zu werden, auch und gerade nach dem Wochenende. Wir wollen deshalb an dieser Stelle kurz auf das sogenannte Montagssyndrom eingehen.

Exkurs: Was ist dran am Montagssyndrom?

"Montags geht nichts. Das Fernsehen am Wochenende macht die Kinder nervös und kaputt, unaufmerksam und fahrig". So ähnlich lautet eines der Argumente montagsgestreßter LehrerInnen und ErzieherInnen. Wir wollten in unserer Untersuchung auch wissen, was an diesem Argument richtig ist, und haben sie deshalb auf einen Montag gelegt.

Tatsache ist, die Kinder sehen am Wochenende fern. Nur knappe zehn Prozent unserer Kinder haben, nach eigenen Angaben und nach Überprüfung ihrer Sendungsnennungen, am Sonnabend und Sonntag nicht ferngesehen. Alle anderen nannten uns Sendungen, die am Wochenende gelaufen sind. Tatsache ist auch, daß die Kinder am Wochenende viel sehen und daß sie bis in die späte Nacht hinein sehen. Sarah (10) erklärt, sie sehe am Wochenende bis *"um elf, halb zwölf oder halb eins, weil da am nächsten Tag keine*

Schule ist". Auch Mark (9) erinnert sich, am Wochenende sehr lange ferngesehen zu haben, *"weil, da war ich ja auch schon müde".* Wenn sie bis in die tiefe Nacht vor dem Apparat sitzen, sehen die Kinder natürlich auch so manche Filme und Szenen, die sie kaum verstehen und nur schwer verkraften können.
Aber die Kinder sehen nicht nur fern am Wochenende. Sie machen, mehr oder weniger freiwillig, Unternehmungen mit der Familie, oder haben wie Jörg (11) und Haydar (12) wichtige Fußballspiele zu absolvieren. Auf jeden Fall, und das gilt für alle Kinder, ist das Wochenende mit Erlebnissen prall gefüllt, und eben auch nicht zu knapp mit Fernseherlebnissen. Sie haben Erinnerungen an Sendungen, die sie erklären oder erklärt haben müssen. Sie haben Szenen im Kopf, die sie nacherzählen oder nachspielen müssen, weil sie so beeindruckend waren. Sie haben 'ihre' Helden genossen, mit denen sie sich identifiziert haben, und sie müssen ausprobieren, ob sie sich im Alltag genauso überlegen verhalten können. Kurz, die Kinder bringen aus dem Wochenende ein Bündel von unbewältigten Gedanken und Gefühlen mit.

Der ausgeprägte Fernsehkonsum am Wochenende könnte dafür sprechen, daß die Kinder am Montag überreizt sind. Tatsächlich kommen sie am Montag früh, den Kopf voller Dinge, über die sie reden müssen, in die Schule und am Nachmittag in die Kindertagesstätte. Das Wochenende unterscheidet sich nämlich auch noch in einem anderen Punkt von der übrigen Woche. Die Kinder erleben nicht nur sehr viel, sie müssen auch noch auf ihre wichtigsten Partner verzichten, mit denen sie sonst, gleich am nächsten Tag, alles durcharbeiten. Sie haben also montags besonders viel zu erzählen, zu fragen, zu zeigen und vorzuspielen. Vieles von dem, was sie erlebt haben, müssen sie in Worten und im Handeln nachzeichnen. Dieses Nachzeichnen ist für sie - aber auch für Erwachsene - eine entscheidende Voraussetzung, um Dinge zu verarbeiten.
Montags jedoch, mit dem ersten Läuten, regiert die Schule und diese fordert die volle Aufmerksamkeit der Kinder. All die wichtigen Dinge, die noch rausmüssen, dürfen nicht gesagt werden. Schule ist Schule und Fernsehen ist Fernsehen. Die künstlich zurückgehaltenen Erlebnisse drücken und machen die Kinder nervös, unaufmerksam und fahrig. Das 'Montagssyndrom' ist ein Stauproblem. Dürften die Kinder ihre Erlebnisse verarbeiten, darüber erzählen, damit spielen, malen usw., dann wäre der Stau wahrscheinlich bald weg, die Aufmerksamkeit könnte sich wieder vom Leben auf die Schule wenden.

Für diese Interpretation des Montagssyndroms sprechen unsere eigenen Erfahrungen. In den Schulen und in den Kindertagesstätten, wo die Kinder die Möglichkeit hatten, schreibend, sprechend und spielend ihr Wochenende zu verarbeiten, waren sie vergnügt und

sehr konzentriert bei der Sache. Selbst die zwei bis drei Stunden, die sich die Erhebung in den Kindertagesstätten hinzog, standen die Kinder ohne Ermüdung, Unterbrechung und mit voller Kraft durch. Wir waren am Ende schlaff, die Kinder aber voll da. Die LehrerInnen und ErzieherInnen, die an unserer Untersuchung teilgenommen haben, waren über ihre 'Montagskinder' jedenfalls einigermaßen erstaunt. Einige überlegten im Anschluß, den Montagsstau produktiv einzubeziehen, um sich selbst und den Kindern das Arbeiten angenehmer zu machen.
Wenn man das Montagssyndrom ansieht als die Notwendigkeit der Kinder, ihre Wochenenderlebnisse zu verarbeiten, dann ist es möglicherweise aufzulösen, verschwindet als Montagsphantom.

5. Was passiert, wenn Kinder ihr Fernseherleben nicht aktiv verarbeiten können?

Die bisher beschriebenen Verarbeitungsweisen sind weitgehend von den Kindern selbst steuerbar, über eher rationale Herangehensweisen oder im direkten Handeln und in spielerischer Auseinandersetzung. Nicht immer aber haben Kinder ihr Fernseherleben im Griff. Manche Kinder haben kaum rationale Strategien zur Verfügung und auch nur wenig handelnde Formen der Auseinandersetzung. Sie reagieren auf die Eindrücke, die das Fernsehen ihnen bietet, vorwiegend mit diffusen Gefühlen. Fernseherleben kann dann problematisch werden, da es kaum bearbeitet wird. Aber auch Kinder, die ihr 'normales' Fernseherleben in verschiedenen Formen bewältigen, werden in ihrem Fernsehkonsum immer wieder mit Elementen konfrontiert, die sie emotional stark berühren, unangenehme Empfindungen hervorrufen oder sie ängstigen. Die wenigsten können solche Eindrücke be- und verarbeiten. Entsprechende Bilder und Szenen bleiben ihnen jedoch im Gedächtnis und dringen bei passenden Gelegenheiten wieder ins Bewußtsein.

5.1 *"Es ist immer so schön"* - Kinder reagieren auf Fernsehinhalte emotional

Fernsehen zielt auf die Emotionen, provoziert Gefühle und Empfindungen, das weiß jeder aus eigener Erfahrung. Kinder sind beim Fernsehen immer und sehr stark gefühlsmäßig engagiert, das ist normal. Problematisch allerdings kann es werden, wenn sich der kindliche Umgang mit dem Fernsehen nur auf gefühlsmäßige Reaktionen beschränkt, Fernseherlebnisse nicht in anderen Formen weiter be- und verarbeitet werden. Die 8jährige Özlem ist hierfür das Beispiel:

Özlem ist für ihre 8 Jahre noch sehr kindlich. Als Mädchen in einer türkischen Familie erfährt sie wohl wenig intellektuelle Förderung und ist aufgrund der Familiensituation oft auf sich allein gestellt (vgl. Kapitel 1). Ihr Auftreten ist zurückhaltend und eher schüchtern, und sie kann sich nicht gut ausdrücken.

Özlem hat kaum rationale Herangehensweisen an das Fernsehen. Was sie sich ansieht, bestimmt überwiegend ihre ältere Schwester, ihr Zugang zum Programm ist also fremdbestimmt. Über das, was sie sieht, denkt sie nicht viel nach, sie gibt Inhalte wieder und ihre Bewertungen bewegen sich vorwiegend auf der Gefühlsebene: *"Es ist so schön, da passiert immer sowas"*, oder *"da ist ein Opa, den find ich doof"*.

Zudem kann sie Fiktion und Realität nicht sicher trennen: Nach Aussagen ihrer Mutter hat Özlem nach gruseligen Sendungen *"Angst, in die Küche oder ins Bett zu gehen, weil sie denkt, daß die Figuren auch zu ihr kommen würden"*. Sie verlegt also ihre Angstgefühle in Orte ihrer Realität. Auch die Sache mit den Geistern ist für sie nicht ganz geklärt: *"Aber die (Freundin ihrer Schwester) hat gesagt, ich hab so einen Geist zuhause, in so einer kleinen Flasche ... Wenn Du das aufmachst, dann fliegt er rum ... Ich hab das nicht geglaubt .... Sie hat mir auch die Flasche gezeigt, ... da ist Ghostbuster drauf"*. Zwar betont sie, daß sie das nicht geglaubt hat, aber sehr überzeugt klingt es nicht, und nachgesehen - was Kinder in ihrem Alter eigentlich tun würden -, um sich zu überzeugen, hat sie vorsichtshalber auch nicht, *"darf ich gar nicht, das gehört ja ihr"*.

Özlem nimmt das Geschehen im Fernsehen zumindest teilweise als bare Münze. Ihr Umgang ist nahezu ausschließlich beschränkt auf emotionale Reaktionen: Sie nutzt das Fernsehen als Mittel der Flucht vor ihrer Realität und als Stimulans für ihre Wunschträume. Entsprechend bevorzugt sie Sendungen, die eine 'heile Welt' darstellen, überträgt diese in ihre Wunschträume und taucht in sie ein. Sie übernimmt dabei alle in den Sendungen angebotenen Klischees, auch für Gewaltanwendung (vgl. Kapitel 2).

Da das Fernsehen sie kognitiv verunsichert, sie nicht sicher zwischen Fiktion und Realität unterscheiden kann, aber auch keine Entzugs- und Vermeidungsstrategien hat bzw. anwendet, reagiert sie auf unangenehme Inhaltselemente mit Verunsicherung und sehr schnell mit Angst. Sie überträgt das Gesehene auf ihre wirkliche Umgebung und befürchtet, daß ihr dort ähnliches passieren könnte. Özlem ist von Fernsehinhalten, die nicht in ihrer 'Heile-Welt-Vorstellung' bleiben, überfordert. In ihrer Familie wird sie jedoch offenbar häufiger mit solchen Inhalten konfrontiert. Da sie auch in ihrem Alltag keine emotionale Stabilität besitzt, können belastende Inhaltselemente bei ihr eigentlich nur zu Gefühlen der Unsicherheit und Angst führen, denen sie nichts entgegenzusetzen hat. Belastende Szenen bleiben ihr im Kopf. Wenn sie von solchen erzählt, ist ihre Betroffenheit ungebrochen, auch wenn sie schon einige Zeit zurückliegen.

Solche nur emotional orientierten Umgangsformen, die nicht in andere - rationale oder handelnde - Umgangsweisen integriert sind, zeigen die anderen Einzelfallkinder nicht. Özlem allerdings ist die Jüngste und noch sehr kindlich, was diese Umgangsform eventuell erklären kann. Emotionale Reaktionen haben natürlich auch andere Kinder, jedoch sind sie in andere Verarbeitungsformen integriert.

So kompensiert Mark (9) mit dem Fernsehen fehlende Sozialbeziehungen und lebt mit seinen bevorzugten Sendungen seine Allmachtsphantasien aus. Er relativiert diese aber und weiß - im Gegensatz zu Özlem -, daß sie nicht wirklich werden können.

Jörg (11) bezieht Fernsehinhalte, vor allem die herausragenden Fähigkeiten seiner Helden, stark auf seine eigene Person, was man eigentlich vorwiegend bei jüngeren Kindern findet. Er unterstellt dabei seinen Helden auch Fähigkeiten, mit denen diese gar nichts zu tun haben, die nur er für sich selbst gerne hätte. Auf die Frage, ob er die Fähigkeiten von 'Ultraman', die ihn begeistern, selbst gerne hätte, antwortet er: *"Ja, stark sein, schnell laufen, gut in der Schule, schnell schreiben, alles, ja würde ich auch gerne"*. Mit Schule und Schreiben hat 'Ultraman' wenig zu tun, wohl aber Jörg, der Schulprobleme und große Schwierigkeiten mit der Rechtschreibung hat. Ansonsten aber gibt Jörg sich mit Gefühlen nicht viel ab, das paßt nicht zu seinem Selbstbild des starken Mannes, deshalb leugnet er sie oder verdrängt sie, vor allem die unangenehmen.

Auch Haydar (12) kann unangenehme Emotionen kaum zugeben. Nur widerwillig räumt er ein, daß auch er gelegentlich beim Fernsehen Angst empfindet: *"und immer, wenn ich auf's Klo muß, muß ich immer das Licht anmachen (lacht verlegen) ..., weil im Dunkeln hab ich Angst, allein zu gehen ... nicht immer, nur manchmal".* Gefühle oder Angst zu zeigen, paßt nicht zu Haydars Helden, die er sich zum Vorbild nimmt, und damit auch nicht zu ihm.

Da das Fernsehen Emotionen anspricht, gehen Kinder mit den Inhalten auch auf der Gefühlsebene um. Sie freuen sich über Sendungen, verbinden damit angenehme und unangenehme Gefühle oder empfinden Angst. Bei den meisten Kindern ist der gefühlsmäßige Umgang mit Fernseherlebnissen in andere Umgangsweisen integriert. Mit dem Fernsehen kompensieren sie Defizite ihrer Realität oder träumen sich in Wunschvorstellungen hinein. Bleibt die emotionale Herangehensweise jedoch die einzige Form der Auseinandersetzung, führt das bei Kindern schnell zu Verunsicherung und zur Verstärkung vorhandener emotionaler Instabilität.

5.2 *"Dann träum ich davon"* - Kinder werden von ihrem Fernseherleben im Unterbewußten eingeholt

Wenn die Verarbeitung mit Kopf, Gefühl und Handeln nicht funktioniert, oder wenn Kinder ihr Fernseherleben verdrängen, ist die häufigste Form, daß sich dieses Erleben in ihren Träumen wieder in Erinnerung bringt.
Solche Träume allerdings geben nur die Mädchen unumwunden zu. Die Jungen empfinden das offenbar als 'unmännlich' und weisen es weitgehend von sich, wie Mark (9), der Träume nur bezogen auf früher zugibt, als er noch kleiner war. Da habe er nach dem Hören von Horror-Kassetten *"einmal einen schrecklichen Traum"* gehabt. Das aber passiert ihm jetzt nicht mehr: *"Ich mach das nicht so einfach schreien und so, wie ein Schlafwandler"*.

Die Mädchen hingegen geben ihre Träume zu. Selbst Sarah (10), die ausgeprägte rationale Verarbeitungsstrategien besitzt und anwendet (vgl. 2.), ist davor nicht geschützt. Dies kann als ein Hinweis darauf gelten, daß Träume vor allem dann einsetzen, wenn Kinder mit Fernseherlebnissen nicht fertig werden:

Sarahs Traum von 'Die Schöne und das Biest' macht das deutlich: *"da hab ich mal davon geträumt. Ich dachte, wir haben so ein Biest zu Hause. ... Dann denk ich, ich bin nicht im Bett, sondern ich denke, es ist morgens und ich gehe um das ganze Haus und da seh ich das Biest und dann klopf ich das mit meinen Pantoffeln. Dann schmeißt es sich hin, und dann denkt man, das ist tot, aber es ist hinter der Badetür. Und dann bin ich vor Schreck einmal aufgewacht"*. Für Sarah ist 'das Biest' bedrohlich, denn es *"ist so ähnlich wie ein Mensch, der mal verbrannt ist oder so, sieht so aus"* und außerdem *"ist da eine ganz schöne Frau und die kennt ihn"*. Sie kommt weder mit dem Äußeren dieser Figur zurecht, noch mit ihrer Verbindung zu einer schönen Frau, die für Sarah ein potentielles Indentifikationsobjekt ist (vgl. Kapitel 1). Beides hat sie an der Sendung verunsichert, und sie konnte es offenbar nicht in ihrer üblichen Art rational bewältigen. Im Traum wird sie erneut mit diesem Erleben konfrontiert. Das Biest dringt in ihre unmittelbare - in Sarahs Fall sehr geschützte - Umgebung ein. Es wird zur Bedrohung für sie selbst. Sarah muß sich dagegen zur Wehr setzen. Sie tut das mit körperlicher Gewalt, was erstaunlich ist, sieht man sich ihren Gewaltbezug (vgl. Kapitel 2) an. Damit allerdings bringt sie 'das Biest' nicht zum Verschwinden.

Sarah kann sich aufgrund ihrer Rationalität zwar den Schrecken nehmen, indem sie sich selbst emotional stabilisiert, den belastenden Eindruck jedoch, den die Sendung bei ihr hinterlassen hat, kann sie dadurch nicht bewältigen. Dies wäre in ihrem Fall wohl nur möglich, wenn sie eine rationale Erklärung für die sie belastenden Elemente finden könnte.

Was sich bei Sarah bereits andeutet, daß in Träumen Fernseherlebnisse in die reale Umgebung integriert werden, wird bei Pamela (10) noch deutlicher, in einer drastischen und bedrückenden Form. Sie vermischt im Traum ihre unbewältigte Realität mit ebenso unbewältigten Fernseherlebnissen:

Pamela sieht viel und reichlich Actionhaltiges, auch von der härteren Sorte. Sie versucht sich damit von ihrer problembelasteten Wirklichkeit abzulenken, ein von den Eltern abgelehntes Kind zu sein (vgl. Kapitel 1). Sie switcht außerdem kontinuierlich durchs Programm. Das heißt, ihr begegnet eine Fülle von Bildern und Szenen, deren Kontext sie nur in Andeutungen oder gar nicht mitbekommt. Da sie im Grunde keine Verarbeitungsstrategie hat, Sendungselemente nur reproduziert, oberflächlich oder mit Klischees bewertet (vgl. 2.2), bleiben in ihrem Kopf diese Fragmente ungeordnet und unverarbeitet zurück.

Im Interview erzählt Pamela, sie habe *"gestern noch einen Film geguckt, der war so gruselig, und dann hab ich davon geträumt ...,*

daß jemand ertrinkt. Weil ein Mörder will von einem Mann Geld haben, und der Mann will das nicht, der gibt das dem nicht, und dann schmeißt er die Kinder, äh, den Mann ins Wasser. Und ich hab davon geträumt, daß der Mann meine kleine Schwester ins Wasser schmeißt, in die Elbe. Und dann bin ich aufgewacht".
Pamela schildert in diesem Traum bedrohliche Elemente aus einem Film: Ein Mörder erpreßt und bedroht einen Mann und schmeißt ihn schließlich ins Wasser, wo er ertrinkt. In dieses Geschehen webt sie das vorrangige und absolut bedrohliche Element ihrer aktuellen Lebenssituation ein: ihre kürzlich geborene Schwester, die im Gegensatz zu ihr selbst bei der Mutter leben darf. Diese wird in die Elbe geschmissen und ertrinkt. Sie verquickt also belastende und unbewältigte Eindrücke aus dem Fernsehen mit ebenso belastenden und unbewältigten Erfahrungen ihrer Lebenswelt. Umgehen kann Pamela mit diesem Traum ebensowenig wie mit ihren Fernseherlebnissen und ihren realen Erfahrungen. Ihre einzige Strategie besteht darin, sich emotional von einer Bezugsperson soweit stabilisieren zu lassen, daß sie schlafen kann: *"Dann bin ich zu meiner Oma ins Bett gekrabbelt, und dann hat die gesagt, was ist denn? Ich hab gesagt, ich hab so schlecht geträumt ... Dann hat sie gesagt, erzähl mir mal deine Geschichte, dann denkst du nicht mehr da dran. Hab ich ihr erzählt, und danach konnt ich schlafen"*. Wie bei Fernseherlebnissen beschränkt sich Pamela auf das Reproduzieren ihres Traumes, um sich zu beruhigen und überdeckt damit dieses Traumerlebnis ebenso wie alle anderen Erlebnisse und Erfahrungen.

Den Film, von dem Pamela in ihrer Traumschilderung erzählt und den sie am Tag vor dem Interview gesehen haben will, konnten wir nicht auffinden. Da wir aber von Pamelas Fernsehverhalten und Verarbeitungsweisen wußten, daß sie erstens viel switcht und zweitens vor allem unmittelbar vorher Gesehenes reproduziert (vgl. 4.1), hatten wir die Vermutung, daß die medialen Bestandteile ihres Traumes vor nicht langer Zeit von ihr aufgenommen wurden und nicht unbedingt aus einem einzigen Film stammen müssen. An ihrem Wochenendsehverhalten konnten wir feststellen, daß sie am Sonntagabend wenigstens drei Filme parallel gesehen haben muß: 'Die Rache des Sandokan' (20.00 Uhr, SAT.1), 'Eis am Stiel 8 - Summertime Blues' (20.15 Uhr, RTLplus) und 'Thomas Crown ist nicht zu fassen' (20.15 Uhr, ZDF). Zwei Filme stuft Pamela als gruselig ein: 'Eis am Stiel', *"da sind solche Männer, 'wenn Ihr mir nicht Geld gebt bis morgen, mache ich Euer Land, dann wird alles kaputt gemacht', aber lustig war's auch"*, und 'Thomas

Crown', *"ist so ein gruseliger Film"*. Bei Sandokan hingegen bezieht sie sich nur auf die Figur und bezeichnet sie als *"nett"*. Diese drei Filme haben wir analysiert, um nachzuprüfen, ob sie Elemente enthalten, die in Pamelas Traum auftauchen. Hier das Ergebnis:

In allen drei Filmen kommt Wasser vor, Meer und Strand:
'Eis am Stiel' spielt fast ausschließlich am Strand, da es um eine Strandbar geht, und die ProtagonistInnen sich häufig beim Baden vergnügen. In zwei Szenen kann - wenn man den Kontext nicht vollständig mitbekommt - der Eindruck entstehen, jemand ertrinke: (1) In der ersten Szene (21.10) üben Polly und der 'Dicke' Rock'n Roll im Wasser. Sie purzeln übereinander, schlucken Wasser, prusten, sind unter den Wellen. (2) In der zweiten Szene (21.37) klettert Polly auf die Klippen, der Dicke hinterher. Die Musik wird dramatischer. Der 'Dicke' ruft: 'Polly, bitte tu's nicht! Sei vernünftig, komm runter!' Polly steht oben, holt tief Luft und springt. Der Dicke schreit 'Polly!', rutscht ab und fällt mit einem lauten Schrei hinterher - ins Wasser.
In 'Sandokans Rache' greift Sandokan vom Meer aus an, es sind Kämpfe auf Schiffen zu sehen. (3) In einer Szene (20.15) wird ein Schiff geentert und es beginnt ein typischer Piratenkampf. Dabei fallen Verletzte und Tote ins Wasser, werden Männer im Zweikampf ins Waser gestoßen usw.
'Thomas Crown' fährt gegen Ende des Films mit seiner Geliebten nächtens ans Meer (4), wobei hier allerdings nur Strand und Dünen, aber kein Wasser zu sehen sind.

Um Geld geht es in zwei Filmen: 'Thomas Crown' gelingt ein perfekter Bankraub, allerdings weitgehend gentlemanlike. Der Film ist jedoch insgesamt dramatisch und spannend inszeniert. (5) In einer Szene (20.18) heuert er einen Gangster für den Bankraub mit folgendem Dialog an: Gangster: 'Was wollen Sie dafür springen lassen?' Crown: '50.000, vielleicht mehr. 50 auf jeden Fall. In monatlichen Raten, damit Du nicht leichtsinnig wirst'. Gangster: 'Ich hab' kein ...'. Crown: 'Jetzt hast Du welches'. Er wirft ihm braunes Päckchen mit Geld zu.
In 'Eis am Stiel' taucht Bedrohung und Erpressung im Zusammenhang mit Geld in zwei Szenen auf: (6) In der ersten Szene (20.57) erzählt Polly: 'Da sind so'n paar Rocker, und die wollen immer Geld dafür, daß sie aufpassen, und wenn sie's nicht kriegen, dann zertrümmern sie immer alles. Das letzte Mal haben sie aber nur den Besitzer zusammengeschlagen'. (7) In der zweiten Szene (21.32) bedrohen die Rocker den 'Dicken' direkt, mit folgendem Dialog: Rocker: 'Wenn Du 50 Prozent abdrückst, sorgen wir dafür, daß nichts passiert.' Dicke: '50 Prozent wovon?' Rocker: 'Jedenfalls

nicht von einem Gedicht. Du könntest gleich mal 'ne Anzahlung rüberreichen!' Dicke: 'Wir haben aber nichts!' Rocker: 'Was hast Du gesagt?' Anderer Strandbarpächter: 'Wir sind ziemlich blank!' Rocker: 'Du willst mich wohl verarschen, Mann! Ohne Startkapital kann man doch keine Bar aufmachen.' Der 'Dicke': 'Wir schon, das siehst Du doch.' Rocker: 'Jetzt denk mal ganz schnell nach, Dicker, wie Du bis morgen früh die Kohle auftreibst. In der Zwischenzeit genehmigen wir uns erst mal'n Schluck. Oder hast Du was dagegen? Los Leute, freie Auswahl!'

Der Mörder schließlich taucht gleich zu Beginn bei 'Sandokan' auf (20.03): (8) In einer Rückblende wird die Eroberung des Palastes gezeigt. Ein Wache wird umgebracht und schreit 'Mörder'.

Zwar läßt sich nicht mit Sicherheit sagen, daß es diese Filme sind, aus denen sich die medialen Elemente von Pamelas Traum zusammensetzen, weil natürlich in Träumen auch länger zurückliegende Eindrücke zum Vorschein kommen, und Pamela viel fernsieht und fast nichts verarbeitet. Bedenkt man jedoch, daß sich Pamela in ihren Schilderungen und in der Umsetzung ihrer Spielfigur vorwiegend auf unmittelbar Zurückliegendes bezieht, daß sie zwischen verschiedenen Filmen switcht und dies auch am Sonntagabend getan hat, haben die in den drei Filmen vorkommenden Szenen eine gewisse Plausibilität, vor allem, da sich alle für ihren Traum relevanten Elemente nicht überschneiden.
Anzunehmen ist, daß Pamela am ausführlichsten 'Eis am Stiel' gesehen hat. Die Dialoge in 'Eis am Stiel' (5) und (6) zwischen den Rockern und dem Dicken beinhalten die Erpressung und Bedrohung, die Pamela bei der Bewertung des Films - *"da sind solche Männer, 'wenn Ihr mir nicht Geld gebt bis morgen, mache ich Euer Land, dann wird alles kaputt gemacht'"* - und in der Schilderung ihres Traumes erwähnt - *"will von einem Mann Geld haben, und der Mann will das nicht, der gibt das dem nicht"*. Fast unmittelbar darauf folgt im selben Film die Szene, in der Polly und der Dicke mit lautem Schreien ins Wasser springen, so daß hiervon Pamelas Schußfolgerung, *"und dann schmeißt er die Kinder, äh, den Mann ins Wasser"*, rühren könnte. Elemente aus den anderen beiden Filmen füllen diese beiden Szenen auf, wie der 'Mörder' aus Sandokan, oder verstärken sie, wie die Piratenkämpfe aus 'Sandokan' oder die gesamte Inszenierung von 'Thomas Crown ist nicht zu fassen'. Faßt man diese Elemente und Pamelas derzeit vorrangiges persönliches Problem zusammen, lassen sich ihre Traumelemente folgendermaßen rekonstruieren:

- **daß jemand ertrinkt**: 'Eis am Stiel', (1) und (2), verstärkt durch 'Sandokan', (3), und eventuell durch 'Thomas Crown', (4). In ihrem Kopf könnten sich vor allem die Badeszenen aus Eis am Stiel festgesetzt haben, unterstützt durch das in allen drei Filmen vorkommende Element Wasser.
- **weil ein Mörder**: 'Die Rache des Sandokan', (8). Der gellende Ruf 'Mörder!' zu Beginn des Films könnte ihr im Gedächtnis haften geblieben sein. Sie überträgt ihn auf die für sie bedrohlichen Figuren aus den anderen Filmen, vor allem auf die Rocker aus 'Eis am Stiel'.
- **will von einem Mann Geld haben, und der Mann will das nicht, der gibt das dem nicht**: 'Eis am Stiel', (6) und (7), unterstützt durch Thomas Crown, (4). Die in den beiden Dialogen aus 'Eis am Stiel' deutlich werdende Erpressung und Bedrohung ist Pamela offenbar im Gedächtnis geblieben, denn sie bezieht sich auch in ihrer verbalen Aussage darauf. Der Dialog aus 'Thomas Crown' und die gesamte Inszenierung dieses Films kann die Empfindung der Bedrohung unterstützt haben.
- **und dann schmeißt er die Kinder, äh, den Mann ins Wasser**: 'Eis am Stiel', (2), unterstützt von 'Sandokan' (3). Dafür, daß es vor allem die zweite mit Baden verbundene Szene aus 'Eis am Stiel' ist, die sich bei Pamela festgesetzt hat, spricht, daß diese Szene unmittelbar auf die Erpressung folgt, und ihr Versprecher *"die Kinder, äh, den Mann"*. Die Piratenkampfszene aus Sandokan, wo Männer ins Meer fallen oder geworfen werden, kann zusätzlich verfestigende Wirkung gehabt haben.
- **und ich hab davon geträumt, daß der Mann meine kleine Schwester ins Wasser schmeißt, in die Elbe**: Hier überträgt Pamela das Geschehen aus den Filmen in zwei Punkten auf ihre Realität: Sie verlagert es an einen ihr bekannten Ort, aus dem Meer wird die *"Elbe"*, und sie bezieht es auf ihr aktuelles Problem, aus den Kindern wird ihre kleine *"Schwester"*.

Vergleicht man die Träume von Pamela und Sarah, so fällt auf, daß sie zwar verschiedene Muster haben, daß aber beide Mädchen auch in ihren Träumen die Probleme - die sehr unterschiedlich sind - nicht bewältigen können.
Pamela wird im Traum vor allem von ihrer Realität eingeholt und vermischt diese mit Fernseherlebnissen. Ihre derzeit größte reale Belastung, die kleine Schwester, wird sie im Traum dadurch los, daß diese 'ins Wasser geschmissen wird und ertrinkt'. Den Rahmen für diese 'Lösung'

ihres Problems liefern ihr Medienfragmente, die sie als bedrohlich empfunden hat. Mit ihrem Erwachen allerdings wird ihr klar, daß ihre Realität unverändert ist. Ihre Flucht in die Welt der Medien, die sie generell betreibt, hilft ihr nur im Traum weiter.
Sarahs Traum hingegen bringt ihr ein Fernseherlebnis zurück, das für sie unangenehm und belastend war. Im Traum verlagert sie ein Element dieses Fernseherlebnisses, die für sie erschreckende Figur 'das Biest', an einen realen Ort, ihr Zuhause. Dadurch wird die Bedrohlichkeit dieser Figur so gesteigert, daß sie sich gezwungen sieht, dagegen handelnd vorzugehen, 'es mit ihren Pantoffeln zu klopfen'. Allerdings ohne Erfolg, denn sie kann 'das Biest' damit nicht zum Verschwinden bringen. Diese Figur und das Fernseherlebnis verlieren durch den Traum nicht ihren Schrecken für Sarah.

Wenn Kinder ihr Medienerleben nicht aktiv, im Reden, Handeln und Spielen bewältigen können, holt es sie im Unterbewußten, vor allem in ihren Träumen wieder ein. Dies gilt insbesondere für Fernseherlebnisse, mit denen sie nicht fertig werden, die sie emotional belasten und ängstigen. In ihren Träumen verpflanzen sie Elemente des Fernseherlebens in ihre reale Umgebung oder beziehen sich selbst als Personen in das Geschehen ein. In den seltensten Fällen gelingt es ihnen, über ihre Träume das Erlebnis zu bewältigen. Es verliert in der Regel nichts von seinem Schrecken.

5.3 *"Damit werd ich nicht fertig"* - Was Kinder nicht verarbeiten können

An Sarahs Traum wird deutlich, daß bestimmte Fernseherlebnisse den Kindern im Kopf bleiben, nicht bewältigt werden können und sie im unbewußten oder bewußtem Zustand immer wieder einholen. Welche Fernseherlebnisse das sind, hängt ab von der Persönlichkeit des Kindes, seiner sozialen Umgebung, seinen Erfahrungen, seinen Vorlieben, seinen Gewaltbezügen und seinen Verarbeitungsstrategien. Je nach der Art dieser Bedingungen unterscheiden sich die Fernseherlebnisse, mit denen Kinder nicht fertig werden, für die sie keine Formen der Verarbeitung und Bewältigung haben. Sarah wird bereits mit dem 'Biest' nicht fertig, weil ihr diese Figur aufgrund ihres gesamten Lebenszusammenhangs und aufgrund ihrer Fernseh-Konsum-Stukturen fremd, unheimlich und unbegreiflich bleibt. Anderen Kindern mit anderen Hintergründen macht diese Figur und die Sendung keinerlei Schwierigkeiten. Bei ihnen setzen sich andere - meist drastischere - Inhalte und Elemente fest, mit denen sie nicht umgehen können.

In Kapitel 2 wurde bereits darauf hingewiesen, daß diese Inhalte in einer engen Verbindung mit Gewaltdarstellungen stehen. Sie betreffen vor allem solche Gewaltdarstellungen, in denen die Kinder mit drastischen Folgen konfrontiert sind, die mit unbegreiflichen und mysteriösen Elementen verquickt sind, oder die in realitätsnahe Kontexte eingebunden sind. Zu letzterem gehört für Kinder offenbar auch die Abbildung gewalthaltiger Realität im Informationsbereich. Für Bilder und Szenen, die solche Momente beinhalten, haben Kinder unserer Alterstufe kaum Be- und keine Verarbeitungsformen, weder in ihrer Rationalität, noch in ihren Gefühlen, noch in ihrem Handeln. Sie bleiben in ihren Köpfen und Bäuchen, unbewältigt und unerklärt. Sie lassen sich nicht verdrängen, verlieren nichts von ihrem Schrecken, auch über lange Zeit hinweg, und rufen sich immer wieder in ihre Erinnerung zurück. Davids Erlebnis mit 'Indiana Jones' (vgl. Kapitel 2, 3.6) ist hierfür beispielhaft. Die detailgetreue Schilderung der Szene aus 'Indiana Jones', die er abgibt, und die Betroffenheit, Aufgeregtheit, Verunsicherung und Angst, die bei seiner Schilderung zu sehen und zu hören sind, verweisen auf den nachhaltigen und negativen Eindruck, die dieser Film und speziell diese Szene bei ihm hinterlassen haben.

Bestimmte Fernseherlebnisse sind für Kinder nicht zu bewältigen. Dies sind in erster Linie solche Fernseherlebnisse, in denen Kinder mit drastischer Gewalt konfrontiert sind, deren Qualität sie gefühlsmäßig oder rational überfordert, sei es, weil sie die Leiden der Opfer nachempfinden können, sei es, weil sie Realität wiedererkennen, sei es, weil sie die Geschehnisse nicht begreifen können. Den Kindern fehlen in solchen Fällen nicht nur Erklärungsmöglichkeiten, sie haben auch keine Möglichkeiten der Bewältigung und auch nicht der Verdrängung. Solche Eindrücke und Erlebnisse bleiben den Kindern in Erinnerung, sie sind für sie nicht zu bewältigen, jedenfalls nicht ohne Hilfe von außen.

KAPITEL 4

UNTERM STRICH: ERGEBNISSE UND SCHLUßFOLGERUNGEN

Was unterschiedliche Kinder in den Sendungen des Fernsehens suchen, was sie mögen und was sie ablehnen, welche Gewaltdarstellungen sie wahrnehmen und wie sie sie bewerten und in welchen Formen sie mit den Inhalten des Fernsehprogramms umgehen - diese Fragen wurden in den vorangegangenen Kapiteln erörtert und in ihren Zusammenhängen begründet. Die wesentlichen Ergebnisse unserer Untersuchung werden in diesem Teil zusammengefaßt. Auf ihrer Grundlage wollen wir Hinweise darauf geben, wie Programm-Verantwortliche und PädagogInnen den Kindern ihren Umgang mit dem Fernsehen erleichtern können.

A ZUSAMMENFASSUNG DER ERGEBNISSE

1. Wie Kinder an das Fernsehen herangehen und was sie sich auswählen

1.1 Wann Kinder fernsehen und was sie dann zu sehen bekommen

Die Sehzeiten der Kinder sind während der Woche durch ihren Alltag festgelegt. Kinder sehen deshalb vorwiegend am späteren Nachmittag fern, wenn ihre 'Pflichten' erledigt sind, und insbesondere vom frühen Abend bis zum Schlafengehen. Das Angebot, das sie zu diesen Zeiten in ihren Lieblingssendern, den privaten, finden, sind Zeichentrickserien im Nachmittagsblock, alle Arten von Serien im Frühabendblock und Unterhaltsames in Form von Serien, Spielfilmen und Shows im Abendblock. Dieses Angebot unterstützt die bei Kindern ohnehin vorhandene Vorliebe für Unterhaltung, und die regelmäßig, zum Teil mehrmals täglich ausgestrahlten Serien verstärken ihre Bindungen an die entsprechenden Sender. Da Kinder Sendungen selten gezielt auswählen, sondern sich durchs Programm switchen, um Action, Spannung und Spaß zu finden, kommt ihnen das reichhaltige Angebot an Serien entgegen, da es ihnen das Wiederauffinden und Wiedererkennen erleichtert. Es ist mithin kaum verwunderlich, daß Kinder Serien besonders lieben.

Am Wochenende weiten sich die Sehzeiten der Kinder beträchtlich aus: In den frühen Morgenstunden haben sie den Fernseher für sich allein und finden in den privaten Sendern ihre bevorzugten Genres, nämlich Zeichentrick- und Realserien. Der Frühabend - wie unter der Woche eine wichtige Sehzeit - bietet ihnen auch hier Unterhaltsames, vorwiegend in Form von Serien. Am Wochenende sehen viele Kinder außerdem - meist gemeinsam mit der Familie - bis in den späten Abend hinein fern und zum Teil bis in die Nacht. In dieser Zeit werden Programme angeboten, die auf die Vorlieben Erwachsener abzielen: Show, Krimi, und am späteren Abend harte Action und Erotik. Diese Erwachsenenprogramme sind jedoch von der tatsächlichen Nutzung her Familienprogramme, also auch Kinderprogramme.

1.2 Was Kinder gerne sehen und woran sie sich in 'ihren' Sendungen orientieren

Kinder sehen am liebsten Animations- und Actionserien. Die qualifizierten Kinderprogramme der öffentlich-rechtlichen Anbieter haben demgegenüber bei unserer Altersgruppe kaum eine Chance. Die Kinder unterscheiden sich in ihren Vorlieben nach Alter und Geschlecht: Während die Jüngeren Zeichentrickserien mit märchenhaften und irrealen Inhalten bevorzugen, liegen die Vorlieben der älteren Kinder auf Realfilmserien mit actionreichen Inhalten. Jungen sind insbesondere fasziniert von Serien mit ausführlich inszenierten Kampfhandlungen, Mädchen hingegen beziehen sich auch in Actionserien auf komische Elemente und die älteren Mädchen richten ihr Augenmerk besonders auf soziale, im weitesten Sinne mit Hilfsbereitschaft verbundene Handlungselemente.

Insgesamt jedoch orientieren sich die Kinder weniger an den Handlungskontexten, sondern in erster Linie an den herausragenden Protagonisten. Die Bindung an Figuren schafft ihnen Kontinuität, denn Geschichten von Serien ändern sich, nicht aber deren zentrale Handlungsträger. Auf welche Protagonisten und auf welche ihrer Merkmale Kinder ihren Blick richten, ist geschlechts- und altersabhängig, bei Jungen spielt zum Teil auch das soziale Milieu eine Rolle.

Jüngere Kinder orientieren sich vorwiegend an phantastischen Figuren oder an mystifizierter Technik wie sie in Zeichentrickserien und in einigen Actionserien zu finden sind. Ältere Kinder haben hingegen deutlicher reale Figuren im Blick, vor allem die Protagonisten aus Actionserien und -filmen, die Mädchen zum Teil die aus Familienserien.

Jungen sind eindeutig an einen bestimmten Figurentypus gebunden, den männlichen 'Actiontyp'. Dieser ist stark und tapfer, oft ein Einzelkämpfer, er kann sich durchsetzen und besitzt Fähigkeiten, mit deren Hilfe er sich Anerkennung verschafft und jede schwierige Situation souverän meistert. Helden wie 'He-Man' oder 'Teen Wolf', die sich aus einem eher schwachen Jungen in einen starken Helden verwandeln können, imponieren den Jungen besonders. Jungen aus belasteten sozialen Milieus, die auch selbst Anerkennung durch körperliche Kraft und Geschicklichkeit zu gewinnen suchen, orientieren sich an siegreichen Kämpfern wie z.B. den Karatehelden.

Mädchen sind weniger auf die Kampffähigkeiten der Protagonisten fixiert. Sie orientieren sich am 'sozialen Typus', der sowohl weiblich als auch männlich sein kann. Dieser ist umgänglich, selbstbewußt, hat besondere Fähigkeiten, agiert oft in einer sozialen Gruppe, und ist vor allem hilfsbereit. Wichtig ist für die Mädchen auch das äußere Erscheinungsbild der Helden und Heldinnen.

Die Unterschiede in der Vorliebe für bestimmte Merkmale der Protagonisten können dazu führen, daß die gleichen Figuren von Jungen und Mädchen unter verschiedenen Blickwinkeln bevorzugt werden, z.B. der Protagonist von 'Knight Rider' von Jungen als der starke 'Michael Knight' und von Mädchen als der schöne David Hasselhoff.

1.3 Welche Auswahlkriterien Kinder haben

Die unterschiedlichen Orientierungen der Kinder an Programminhalten und an den Protagonisten werden bestimmt durch ihr handlungsleitendes Thema. Dieses ist durch die persönliche Reife und Situation sowie durch das soziale Umfeld beeinflußt. Kinder unserer Altersgruppe sind auf dem Wege, 'groß' zu werden und sie nutzen u.a. auch das Fernsehen, um dafür Anschauungsmaterial und Hilfestellungen zu bekommen.

Jungen wählen aus dem Fernsehen unter der Fragestellung aus: 'Wie werde ich ein Mann?' Hierzu finden sie ein äußerlich vielfältiges, aber inhaltlich einseitiges Angebot. Auf dem Bildschirm agieren 'Serienmänner', die unterschiedlich aussehen, aber gleich perfekt konfektioniert sind, stereotyp starke Typen, denen alles gelingt, ohne Brüche und

Schwächen.

Mädchen suchen eher nach Mustern von Verhaltensweisen und Weltsichten. Diese Muster finden sie im Fernsehen sowohl bei Frauen als auch bei Männern. Ihr Thema lautet nicht '**wie** werde ich eine Frau', sondern '**welche** Frau werde ich'. Die 'Serienfrauen'jedoch, die sie im Fernsehen finden, sind in der Regel untergeordnet oder sie verhalten sich wie Männer mit sekundären weiblichen Geschlechtsmerkmalen wie die '7-Millionen-Dollar-Frau'. Außerordentliche Frauen gibt es fast nur als mystische Angebote, als Hexen und Zauberinnen. Das stereotype Angebot zwingt die Mädchen, weiträumiger zu suchen, aber sie finden nicht viel.

Mädchen und Jungen sind in den Angeboten des Fernsehens gleichermaßen auf der Suche nach Vorbildern und Anschauungsmaterial, mit denen sie ihre realen Erfahrungen überprüfen und erweitern können. Ihrer Unsicherheit auf dem Weg zu einer eigenen Identitätsfindung begegnet das Fernsehangebot vorwiegend mit Stereotypen von Personen, Verhaltensmustern und Lebensbildern und fixiert insbesondere ein Männer- und Frauenbild, das rückwärtsgewandt ist.
Die angebotenen Stereotypen sind so eng, daß Kinder, die sich in speziellen Problemlagen befinden und spezifische Fragen haben, keinerlei Anhaltspunkte für Orientierungen finden. Die Programm-Angebote unterstützen diese Kinder nur in ihrem Bestreben, sich von ihrer Realität abzulenken.

2. Wie es Kindern mit Gewaltdarstellungen im Fernsehen ergeht

2.1 Was Kinder unter Gewalt verstehen

Gewalt ist für Kinder in erster Linie **physische** Gewalt. Dort, wo sie Gewalt negativ beurteilen, geschieht dies ausschließlich mit Blick auf die Opfer. Stößt jemandem durch Gewaltanwendung etwas Schlimmes und Ernsthaftes zu, provoziert das bei den Kindern Ablehnung. Im Gewaltverständnis der Kinder gibt es geschlechtsspezifische Unterschiede. Die Jungen lassen nur drastische und existentielle körperliche Verletzung als Gewalt gelten. Bei den Mädchen beginnt Gewalt hingegen bereits bei 'harmloseren' Aktionen wie Prügeln. Dieser Unterschied schlägt sich in den Vorlieben für bestimmte Sendungen ebenso nieder wie in der Wahrnehmung und Beurteilung medialer Gewaltdarstellungen.

2.2 Woher das kindliche Gewaltverständnis rührt

Hintergrund des kindlichen Gewaltverständnisses sind das Lebensumfeld, die Alltagserfahrungen und die hier erworbenen Orientierungen. Daß Kinder unserer Alltagsgruppe Gewalt vor allem an der Opferperspektive festmachen, spiegelt ihr reales Erleben und Erfahren wieder. Im Alltag sind sie sehr häufig die Schwächeren, geraten selbst in die Rolle des Opfers. Meist sind sie jedoch nicht Opfer physischer Gewalt - diese Erfahrung beschränkt sich mit wenigen Ausnahmen vorwiegend auf spielerische Rangeleien -, sondern Opfer psychischer Gewalt.

Das enge Gewaltverständnis der Jungen hat seinen Hintergrund zum einen in ihrer alltäglichen Lebenspraxis, die bei dieser Altersgruppe mit spielerischen Kämpfen und Angeben verbunden ist. Für ihr eigenes Verhalten können sie den negativ besetzten Begriff Gewalt nicht gelten lassen. Zum anderen spielen auch ihre Idealvorstellungen vom 'Mann-Sein' eine Rolle, an denen neben realen Vorbildern auch die Medienbilder nicht unbeteiligt sind. 'Mann-Sein' heißt für sie stark und überlegen, erfolgreich und siegreich sein. Im Fernsehen suchen sie sich für diese Idealvorstellungen Material, die darin verwobenen Gewaltaspekte geraten ihnen nicht in den Blick.

Der Alltag von Mädchen hingegen beinhaltet Elemente des 'Sich-körperlich-beweisen-müssens' nicht in dem Maße, und auch zum Bild der Frau gehören solche Aspekte nicht. Gewalt beginnt wohl deshalb für Mädchen schon früher, nämlich bei der körperlichen Verletzung. Mädchen machen in ihrem Alltag eher psychische Gewalterfahrungen, indem ihnen z.B. wenig zugetraut wird. Für den Umgang mit diesen Erfahrungen jedoch finden sie im Fernsehen kaum Verhaltensmuster und Anschauungsmaterial. Ihnen dient das Angebot des Fernsehens oft als Ablenkung und Fluchtmöglichkeit vor ihrer Realität. In den Sendungen, die diese Funktion für sie erfüllen, geraten ihnen Gewaltelemente auch nicht in den Blick.

2.3 Was Kinder mit Gewaltdarstellungen im Fernsehen tun

Bei der Wahrnehmung und Beurteilung medialer Gewalt legen Kinder eine 'Schwelle' an, die eng mit ihrem Gewaltverständnis verknüpft, und deshalb von Kind zu Kind unterschiedlich ist.

Gewaltdarstellungen, die 'ihre' Schwelle nicht überschreiten, tangieren die Kinder nicht besonders

In ihren bevorzugten Sendungen - Animations- und Actionserien - werden die Kinder selten mit Gewaltdarstellungen konfrontiert, die ihre Schwelle überschreiten. Dies hat weniger mit der mangelnden Sensibilität der Kinder als vielmehr mit der Art der Darstellung von Gewalt in diesen Sendungen zu tun: Gewaltfolgen werden in aller Regel ausgespart oder verharmlost. Es gibt keine Opfer, es werden keine Leiden gezeigt. Das also, was für die Kinder nach ihrem Gewaltverständnis problematisch wäre, bekommen sie in diesen Sendungen nicht zu sehen. Gewalthandeln begegnet den Kindern hier als 'Saubermanngewalt'.
Darüber hinaus wird Gewalt in diesen Sendungen durchgängig legitimiert nach dem Motto: Gewalt geht von den 'Bösen' aus, die 'Guten' müssen sich dem erwehren; wenn sie dazu ebenfalls Gewalt anwenden, ist das nur recht und billig. Dieses Legitimationsklischee kommt den Kindern entgegen. Auch 'ihre' Helden langen gelegentlich härter zu, um zu verhindern, daß das 'Böse' die Oberhand gewinnt. Dieses Klischee von der gerechtfertigten 'guten' Gewaltanwendung kann sich in den Köpfen der Kinder festsetzen. Damit verbunden ist die Gefahr, daß sie dies als Muster der Konfliktlösung begreifen und übernehmen. Auf Hinweise einer Übernahme solcher Klischees in das eigene Denken und Verhalten sind wir in unserer Untersuchung z.B. dort gestoßen, wo ein Junge im Spiel solange provoziert, bis er das Zuschlagen als Gegenreaktion rechtfertigen kann. Solche Prozesse der Übernahme medialer Klischees bei Kindern wären jedoch in künftigen Untersuchungen noch genauer zu erforschen.

Gewaltdarstellungen, die 'ihre' Schwelle überschreiten, belasten Kinder

Werden Kinder im Fernsehen oder in anderen Medien mit Gewaltdarstellungen konfrontiert, die über 'ihrer' Schwelle liegen, reagieren sie mit emotionaler Betroffenheit, mit Verunsicherung und mit Angst. Für fast alle Kinder ist die Schwelle überschritten, wenn

- Gewalthandlungen mit drastischen, sichtbaren Folgen verbunden sind, sie die Situation der Opfer nachempfinden und mit ihnen mitleiden können. Solche Bilder bleiben ihnen nachhaltig im Gedächtnis, auch wenn sie nur Ausschnitte gesehen haben.
- Gewalthandlungen von ihrer Art und ihrem Kontext her die Kinder an die Realität erinnern oder sie Realitätsnähe auch nur vermuten.

Der Rückzug auf das Fiktive der medialen Darstellung gelingt ihnen dann auch bei harmloseren Formen von Gewalt nicht mehr.
- Gewalthandlungen in mysteriöse Kontexte eingebettet sind, für die Kinder keine Erklärungen haben. Dieses 'Unbegreifliche' führt bei Kindern ausnahmslos zu Angstreaktionen. Solche Bilder bleiben auch über lange Zeit in ihren Köpfen und verlieren nichts von ihrem Schrecken.

Im Kontext der Gewaltdarstellungen, die für Kinder belastend und zum Teil mit Angst besetzt sind, sind wir in unserer Untersuchung auf einige Aspekte gestoßen, die Fragen für weitere Forschungen aufwerfen. Zum Beispiel die Frage, ob die Ablehnung der Kinder gegenüber realitätsnaher Gewaltdarstellung im Fernsehen etwas zu tun hat mit ihrer insgesamt festgestellten Verweigerung gegenüber den realitätsnahen Angeboten des Fernsehens, auch gegenüber dem gesamten Informationsbereich. Oder die Frage, warum einige Kinder zwar Kreaturen wie 'Fred Krüger' durchaus noch genießen können, bei Monstern aber das Zittern bekommen.

3. Wie Kinder ihr Fernseherleben bewältigen

Wie auch Erwachsene reagieren Kinder auf bestimmte Fernsehinhalte, vor allem spannende und gruselige, mit starken, aber kurzzeitigen Emotionen. Ihre spontanen Verhaltensweisen bestehen vor allem darin, sich emotional zu distanzieren, sich über Körperkontakt zu stabilisieren oder sich mit ihrem Wissen über Fernsehen selbst zu beruhigen.

Kinder haben außerdem aus ihren Erfahrungen als Fernsehzuschauer bereits Konsequenzen gezogen und sich für bestimmte rationale Umgangsweisen mit dem Angebot des Fernsehens entschieden. Sie vermeiden z.B. Sendungen, die sie nicht mögen oder die ihnen nicht gut bekommen, oder sie bewältigen unangenehme Fernseherlebnisse mit rationalen Erklärungen. Allerdings ist das Spektrum rationaler Umgangsweisen mit dem Fernsehen bei unserer Altersgruppe noch sehr begrenzt.

Neben Spontanreaktionen und eher sporadischen rationalen Umgangsweisen zeigen Kinder eine breite Palette, ihr Fernseherleben längerfristig und im Nachhinein zu be- und verarbeiten.

3.1 Kinder tragen ihr Fernseherleben aktiv nach außen

Kinder reden häufig über Fernseherlebnisse, und zwar am liebsten mit Gleichaltrigen. Mit ihnen tauschen sie sich über das aus, was sie besonders beeindruckt hat und auch über das, was ihnen zu schaffen gemacht hat. Sie versichern sich dabei ihres Geschmacks, ihrer Urteile, ihrer Vorlieben und Abneigungen.

Kinder integrieren ihr Fernseherleben aber auch ausgiebig in ihr Spiel - ein Aspekt, den viele Erwachsene als störend empfinden. Das Spiel jedoch ist für Kinder unserer Altersgruppe von besonderer Bedeutung und generell eine Form, in der sie ihre Erfahrungen und Beobachtungen aufarbeiten. Entsprechend wichtig ist es für sie, sich mit ihren Fernseherlebnissen, mit dem an ihren Helden beobachteten Verhalten und Handeln spielerisch auseinanderzusetzen. Im Spiel reproduzieren sie die Fernsehbilder, die in ihren Köpfen präsent sind, zum Teil detailgetreu. Mädchen legen hierbei besonderen Wert auf die Wiedergabe der Äußerlichkeiten ihrer bevorzugten Figuren. Jungen, bei denen das spielerische Ausagieren insgesamt häufiger ist als bei Mädchen, beziehen sich hingegen fast ausschließlich auf das Handeln der Figuren.

Nicht nur im Spiel, sondern auch im eigenen Verhalten und Handeln bearbeiten Kinder ihr Fernseherleben. Elemente handelnder Verarbeitung zeigen fast ausschließlich die Jungen. Vorwiegend bei ihnen läßt sich die Übernahme einzelner Merkmale, Verhaltens- und Handlungsstereotypen in ihr alltägliches Auftreten und Handeln feststellen. Das geht zum Teil bis hin zu direkten Imitationen. In allen Fällen jedoch treffen die Vorbilder aus dem Fernsehen zusammen mit realen Vorbildern oder bereits vorhandenen Verhaltensdispositionen.

3.2 Kinder identifizieren sich mit Fernsehhelden

In ihrer spielerischen Auseinandersetzung mit Fernsehinhalten und am alltäglichen Verhalten der Kinder lassen sich auch die Identifikationsprozesse ablesen, die Kinder in ihrem Fernsehkonsum vornehmen. Hier zeigen sich ihre Wunschträume und Idealvorstellungen, aber in einigen Fällen auch, was sie in ihre Realität bereits übernommen haben und praktizieren.
Die Jungen identifizieren sich mit 'ihren' Helden vorwiegend ganz, sowohl mit dem Typus als auch mit dem Handeln. Oft weisen ihre bevor-

zugten Helden Nähen zu ihrer Alltagspraxis auf und erfüllen Vorbildfunktion für ihr eigenes Verhalten und Handeln. Die Mädchen hingegen greifen vorwiegend auf Teilaspekte ihrer bevorzugten Fernsehfiguren zu, auf äußere Merkmale und bestimmte Eigenschaften. Sie integrieren nur einzelne Aspekte der medialen Vorgaben, vor allem in ihr Wunschdenken, weniger in ihr reales Verhalten und Handeln. Dieser Unterschied liegt auch daran, daß die Jungen im Programm ein bedeutend größeres Spektrum an Identifikationsmaterial finden als die Mädchen.

3.3 Kinder versuchen ihr Fernseherleben mit sich auszumachen

Wenn Kinder ihre Fernseherlebnisse nicht nach außen tragen können, sei es, weil ihnen der dazu notwendige soziale Kontakt fehlt, sei es, weil sie nicht über ausreichende verbale, spielerische oder handelnde Umgangsweisen verfügen, sei es, weil sie ihr Fernseherleben verdrängen, kann es für sie problematisch werden.

Da das Fernsehen auf die Emotionen zielt, haben Kinder bei den Sendungen, die sie sehen, mehr oder weniger starke Empfindungen, angenehme, aber auch unangenehme. Bearbeiten Kinder dieses emotionale Fernseherleben nicht in anderen Formen weiter, kann es ihnen passieren, daß sie sich in einem Wust diffuser Gefühle verlieren. Sie werden von Fernsehinhalten leicht verunsichert und reagieren schnell mit Ängsten.

Wenn Kinder ihr Fernseherleben nicht be- und verarbeiten können, holt es sie vor allem in ihren Träumen wieder ein. Dies ist besonders bei belastenden Erlebnissen und Bildern der Fall. In diesen Träumen transportieren sie Elemente des medialen Geschehens an Orte ihrer Realität oder bringen sie in Zusammenhang mit sich selbst. Mit dem Träumen ist jedoch in der Regel das Erleben nicht bewältigt.

Aber auch wenn Kinder nicht vom Fernsehen träumen, bleiben ihnen bestimmte Bilder und Eindrücke nachhaltig im Gedächtnis. Meist sind das solche, die sie emotional stark berührt und belastet haben und die mit drastischen Gewaltdarstellungen verknüpft sind. Kinder sind davon überfordert, weil sie sie nicht erklären, nicht einordnen, aber auch nicht vergessen können. Die Erlebnisse rufen sich ihnen immer wieder in Erinnerung zurück, ohne etwas von ihrer Bedrohlichkeit zu verlieren.

B KONSEQUENZEN FÜR DIE PROGRAMMANBIETER

Den Empfehlungen, die sich aus unserer Untersuchung für eine verantwortliche und Kindern angemessene Programmgestaltung ableiten lassen, sei ein genereller Grundsatz vorangestellt: **Kinder haben ein Recht auf ein eigenes unterhaltsames, qualitativ hochstehendes und differenziertes Programm.** Ein solches Programm muß den Entwicklungs- und Altersstufen von Kindern ebenso Rechnung tragen wie ihren Lebenszusammenhängen, Interessen und Emotionen. Es muß darüber hinaus einkalkulieren, daß Kinder das Fernsehen zur Erweiterung ihrer alltäglichen Erfahrungen und Orientierungen nutzen. Für ein solches Programm reicht es nicht, die Richtlinien des Jugendschutzes einzuhalten, es erfordert auch das Engagement der Programm-Macher.

1. Rücksichtnahme auf kindliche Sehzeiten

Die Programme, die vor allem die privaten Anbieter zu den Sehzeiten der Kinder ausstrahlen, fixieren die Kinder häufig auf fragwürdige und zum Teil rückwärtsgerichtete inhaltliche Stereotype. Sie bieten den Kindern nicht das, was sie suchen und brauchen: Elemente, die sie in der Bewältigung ihrer Umwelt unterstützen, ihnen die Entwicklung eines differenzierten Weltbildes ermöglichen und ihnen bei der Findung einer eigenen Identität weiterhelfen. Angebote, die Kindern für diese Aspekte Orientierungen bieten, müßten von jedem Sender gemacht werden. Das Argument, die Kinder könnten ja auf die 'besseren' Angebote anderer umschalten, trägt nicht, da die Kinder selbst noch nicht ausreichend differenzieren können und nicht zuletzt aufgrund der Angebotsstruktur ihrer Lieblingssender an bestimmte Sendungsarten, vor allem an die regelmäßig ausgestrahlten Serien gebunden werden. Kinder sind mithin auch auf die Verantwortung derjenigen angewiesen, die sie mit Programmen versorgen.

Das Faktum, daß das Wochenendprogramm Familienprogramm ist, sollten alle Anbieter berücksichtigen. Man mag es bedauern oder verurteilen, daß die Kinder mit ihren Eltern bis spät abends vor dem Fernsehapparat sitzen. Wenn die Behauptung der Programmanbieter, dem Zuschauer zu Diensten sein zu wollen, tatsächliche Maxime ist, dann müssen sie auch der Realität in den Familien Rechnung tragen und dürfen an den Abenden des Wochenendes keine Programme anbieten, die Kinder ängstigen und verunsichern, da sie sie weder verstehen noch verarbeiten können.

2. Angebot differenzierter Inhalte

Ein differenziertes Programmangebot zu den Sehzeiten der Kinder kann sich nicht auf Animations- und Actionserien beschränken. Die Bindung der Kinder an solche konfektionierte Massenware enthält ihnen die Vielfalt der Formen und Inhalte vor, die Fernsehen bieten kann. Kindern Qualität vorzuenthalten heißt, sie zu mißachten. Die Inhalte der Serien bieten häufig Stereotype, beispielsweise die von Mann und Frau, die sich an vergangenen Zeiten orientieren und den Normen unserer Gesellschaft widersprechen, oder die Verherrlichung des Kämpfens und Siegens, was in unserer heutigen sozialen Gesellschaft ebenso dysfunktional wie gefährlich ist. Es besteht die Gefahr, daß Kinder, die u.a. auch im Fernsehprogramm die Möglichkeit suchen, sich in diese Gesellschaft zu integrieren und sich in ihr zu orientieren, durch das Angebot solcher Muster eher desorientiert werden. Kinder suchen im Fernsehen vorwiegend Unterhaltung und dieses Bedürfnis soll ihnen keinesfalls beschnitten werden. Aber Kinder haben ein Recht auf qualitätsvolle und abwechslungsreiche Unterhaltung, die sie nicht mit Klischees und Stereotypen überhäuft.

3. Verantwortlicher Umgang mit Gewaltdarstellungen

Vor allem die Actionserien, die Kinder zu ihren Sehzeiten konsumieren können, reduzieren Gewalt auf körperliche Gewalt, die von einem stets im Dienst des 'Guten' stehenden Helden ohne sichtbare Folgen für die Opfer exekutiert werden darf. Das hier vermittelte Gewaltverständnis ist naiv. Jede Verteidigung und schon eine vermutete Gefahr legitimieren die Gewalt des 'starken Guten'. Die differenzierten Arten von Gewalt, die Vielfalt und Komplexität ihrer Ursachen, das Leiden der Opfer, all das bleibt ausgespart. Die Kinder, in einer anderen Welt lebend, in der sie sehr wohl Gewalterfahrungen unterschiedlicher Art machen und auch die Leiden an Gewalt erfahren und beobachten, bekommen im Fernsehen nur 'saubere' Gewalt angeboten.

Andererseits wird Kindern in Fernsehsendungen auch Gewalt in einer Weise präsentiert, die sie weder verstehen noch verarbeiten können, die sie nur ängstigt. Trailer werden häufig so zusammengeschnitten, daß sie ohne Kontext nurmehr die gewalttätigen Szenen eines Films beinhalten und während der Sehzeiten der Kinder ins Programm eingestreut. Im Abendprogramm werden Filme ausgestrahlt, in denen Gewalt dadurch legitimiert wird, daß Böses, Fremdes, Unbegreifliches brutal angreift und ebenso brutal vernichtet wird. Hier wird Gewalt in einer drastischen Form und in einem für Kinder unbegreiflichen Kontext offeriert. Auch hierauf reagieren Kinder mit Verunsicherung und Angst.

Schließlich werden Kinder sowohl in Spielhandlungen, z.B. in Krimis, als auch im Informationsbereich, z.B. in den Nachrichten, mit realitätsnaher und realer Gewalt konfrontiert. Sie beziehen diese Gewalt auf ihr eigenes Leben und ihre Erfahrungen und werden davon irritiert. Der Grund dieser Verunsicherung, die auch zu Angst führen kann, liegt wohl hauptsächlich darin, daß ihnen diese Gewalt nicht angemessen erklärt wird und sie sie folglich auch nicht einordnen können. Das Problem, das Kinder mit realen Gewaltdarstellungen im Fernsehen haben, ist von der Programmseite schwer zu beheben, denn die Information über gewalthaftes Geschehen in der Wirklichkeit gehört zum Programmauftrag. Allerdings ist eine angemessene Vermittlung zu fordern, die Verständnis unterstützt und Sensationsgier vermeidet. Ansonsten scheint es uns notwendig, diesem Phänomen, der Ablehnung von Realitätsnähe und realer Gewaltdarstellung im Fernsehen durch die Kinder, in weiteren Untersuchungen nachzugehen, um adäquate Umgangsweisen vorschlagen zu können.

Der Tatsache, daß Gewalt für Kinder ein höchst schwieriges Problem ist, sollten die Anbieter insgesamt Rechnung tragen. Es ist zu überlegen, ob es nötig ist,
- in Serien, die Kinder bevorzugt sehen, fast ausschließlich Lösungen zu zeigen, die auf körperlicher Gewalt beruhen und die Folgen der Gewalthandlungen auszusparen;
- in Zwischenprogrammen Trailer reißerisch zusammenzuschneiden;
- im Hauptprogramm und vor allen Dingen an den Wochenenden Filme auszustrahlen, die mit brutaler Gewalt in unbegreiflichen Kontexten operieren;
- realitätsnahe Gewaltdarstellungen in Spielhandlungen zu Sehzeiten der Kinder zu senden;
- wirkliche Gewalt zu Sehzeiten der Kinder zu zeigen, ohne sie zu erklären und für die Kinder in einen verständlichen Kontext zu stellen.

C KONSEQUENZEN FÜR DIE PÄDAGOGISCHE ARBEIT

Auch den Empfehlungen, die aus unserer Untersuchung für die pädagogische Arbeit mit Kindern schlußzufolgern sind, wollen wir einen allgemeinen Grundsatz voranstellen: Das Fernsehen ist im Alltag von Kindern ein Bestandteil von erheblicher Bedeutung. **Kinder haben ein Recht darauf, daß ihr Fernseherleben ein Gegenstand ihrer alltäglichen Interaktionsbezüge ist, der ernstgenommen wird und auch in ihren institutionalisierten Bezügen, der Schule und dem Kinderhort, zugelassen wird.** Hierbei ist zu berücksichtigen, daß Kinder Formen der Be- und Verarbeitung ihrer Fernseherlebnisse haben, die Erwachsenen oft fremd, für die Kinder aber bedeutsam sind, etwa das spielerische Nachvollziehen und Ausagieren von Fernsehinhalten. Vor allem aber müssen die erwachsenen Bezugspersonen eine Sensibilität dafür entwikkeln, welche Fernseherlebnisse für Kinder problematisch und schwer zu bewältigen sind, um sie gezielt unterstützen zu können.

1. Das Fernseherleben der Kinder in die Arbeit einbeziehen

Ob Kinder Fernsehinhalte konsumieren, die man selbst gutheißen kann oder ob es solche sind, denen man ablehnend gegenübersteht, darf in der pädagogischen Arbeit keine Rolle spielen. Auch die negativ zu bewertenden Programmangebote, die Kinder konsumieren, sind im pädagogischen Prozeß zu berücksichtigen. Um ihre Fernseherlebnisse aufarbeiten zu können, brauchen die Kinder einerseits den notwendigen zeitlichen Rahmen, andererseits sollten ihnen aber auch alle Ausdrucksformen zur Verfügung stehen: Reden, Malen, Schreiben, Spielen usf.
Insbesondere gilt dies für die Aufarbeitung der Fernseherlebnisse des Wochenendes, an dem die Kinder nicht nur viel, sondern häufig auch Programme sehen, die für sie kaum zu verstehen und zu verkraften sind. Es ist auch ratsam, mit den Eltern über den Fernsehkonsum (besonders am Wochenende) der Kinder zu sprechen, ohne ihnen Vorwürfe zu machen, aber mit dem Hinweis auf die Schwierigkeiten, die Kinder mit manchen Sendungen haben.

Entscheidend für die pädagogische Auseinandersetzung ist, die Erfahrungen und Erlebnisse, die die Kinder mitbringen, ernst zu nehmen. Kinder haben Spaß am Fernsehen. Die Freude muß man ihnen nicht nur lassen, sondern auch der pädagogische Prozeß ist so zu gestalten, daß er Kindern und PädagogInnen Spaß macht.

2. Den Horizont der Kinder erweitern

Dafür, daß das Programmangebot so ist, wie es ist, können die Kinder nichts. Man sollte Ihnen daher auch nicht den Vorwurf machen, daß sie zu viele schlechte Sendungen sehen. Wichtig ist vielmehr, sich sachkundig zu machen, das zu kennen, wovon die Kinder reden. Erst dann wird es möglich, zu verstehen, was die Kinder in 'ihren' Sendungen suchen und was sie daran fasziniert.

Da die Kinder im Fernsehen auch Orientierungen für Fragen suchen, die mit ihrem Alter, Geschlecht oder mit ihren aktuellen Problemlagen zusammenhängen, ist das Wissen um ihre Fernsehvorlieben eine wichtige Voraussetzung, um ihnen bei der Auseinandersetzung mit diesen Fragen Hilfestellungen geben zu können. Diese Unterstützung muß auch inhaltliche Ergänzungen beinhalten, die das häufig eingeschränkte Orientierungsangebot des Fernsehens erweitern, z.B. der Einfalt der medial präsentierten Rollenklischees und Konfliktlösungsmuster die Vielfalt der Möglichkeiten entgegensetzt, sich als Mann oder Frau zu verhalten, Konflikte zu verstehen und zu lösen. Eine Möglichkeit, die kindlichen Erfahrungen zu erweitern, besteht darin, den Kindern durch andere mediale Produkte Alternativen aufzuzeigen oder sie selbst mit Medien aktiv Erfahrungen sammeln zu lassen. Das Material, das die Kinder zu ihren Fernseherlebnissen selbst mitbringen, ermöglicht vielfältige und lebendige pädagogische Prozesse.

3. Das Gewaltverständnis der Kinder erweitern

Gewalt ist ein Bestandteil des Alltagserlebens der Kinder. Sie müssen sich mit Aggressionen auseinandersetzen, erproben, wie stark sie sind, und sie werden als 'Kleine' auch ständig mit Unterdrückung in verschiedensten Formen konfrontiert. Sie lieben ihre Fernsehhelden, die stark sind, als 'Gute' Gewalt ausüben dürfen und sich durchsetzen können. Sie haben aber auch Angst vor Gewalt, vor allem dann, wenn sie deren Opfer sehen und wenn sie die Gewaltdarstellungen nicht verstehen.
Die Pädagogik sollte ihren Beitrag dazu leisten, daß Kinder sich einerseits mit ihren Bedürfnissen auseinandersetzen können und andererseits lernen, daß es mit der Gewalt nicht so schön und einfach ist, wie es in vielen Fernsehserien dargestellt wird. Die Kinder müssen sich selbst Maßstäbe erarbeiten können, welche Arten von Gewalt es gibt, welche Folgen Gewalt hat, ob und wann sie abzulehnen ist und warum, und

auch welche Alternativen es zu Gewalthandeln gibt.

Die Pädagogik wird Gewalt - reale und medial präsentierte - nicht aus der Welt schaffen. Statt die Erfahrungen, die Kinder mit Gewalt in ihrer Realität und mit Gewaltdarstellungen in den Medien täglich machen, auszuklammern, ist es eine pädagogische Verantwortung, die daraus entstehenden Fragen und Probleme der Kinder aufzunehmen und mit ihnen gemeinsam zu bearbeiten.

KAPITEL 5

WIE DIE UNTERSUCHUNG DURCHGEFÜHRT WURDE

1. Wenn man genauer hinsieht, erfährt man mehr - Ausgangsbedingungen und Voraussetzungen

'Wie rezipieren und verarbeiten Kinder Fernsehinhalte, insbesondere Darstellungen von Gewalt?' Die Fragestellung des Projektes bereits gab die Methoden vor. Wäre nach dem 'Was' und nur nach dem 'Rezipieren' gefragt worden, wir hätten eine der vorliegenden Untersuchungen wiederholen können. Wir hätten uns des so gut bewährten und statistisch vielseitig verrechenbaren Fragebogens bedient. Wir hätten erfaßt, was welche Kinder wann sehen und wie sie es beurteilen. Aber wir wollten eben nach dem 'Wie' und dem 'Verarbeiten' fragen und auf solche Fragen geben statistische Methoden keine Antwort. Wir mußten uns also anderer Methoden bedienen, solcher nämlich, die es erlauben, die Oberfläche zu durchstoßen und nicht allein herauszufinden, was von außen zu sehen ist, sondern wie es zustandegekommen ist und vor allem wie es mit anderen Einflußfaktoren zusammenspielt.

Solche Fragen zu beantworten ist aufwendig. Sie schlüsseln sich nämlich in viele Unterfragen auf und können nicht mit dem weiten Blick über eine Menge von Kindern beantwortet werden. Man muß das einzelne Kind ansehen und zwar sehr genau, um alle Facetten zu erkennen: Warum es etwas tut, wie es das tut, und welche inneren und äußeren Einflüsse es zu seinem Handeln veranlassen. Das aber kann man nur erfahren, wenn man sich mit dem Kind zusammentut, ihm die Möglichkeit gibt, sich auf seine Weise auszudrücken, es in seinem Handeln beobachtet, also es zu verstehen sucht. Methoden, mit denen man das 'Wie' und das 'Warum' menschlichen Verhaltens und Handelns erfaßt, nennt man daher verstehende oder auch - weil sie nicht nach der grossen Zahl fragen - qualitative Methoden.
Solche Methoden gibt es. Kolleginnen, Kollegen und auch wir selbst haben sie entwickelt. Sie finden immer mehr Anwendung, vor allem bei denen, die aus ihren Forschungen auch einen praktischen Nutzen ziehen wollen. Wenn ich beispielsweise die Befürchtung habe, daß unsere Kin-

der zuviele schlechte Fernsehsendungen sehen, und ich möchte wissen, wie man das ändern kann, genügt es nicht allein, zu wissen, was Kinder tatsächlich sehen, sondern ich muß wissen, warum sie es sehen und was sie mit dem Gesehenen anfangen, wie sie es verarbeiten.

Das Problem aber ist, wie gesagt, daß man solche komplexen Fragen nur beantworten kann, wenn man sich den zu untersuchenden Kindern widmet. Das ist sehr aufwendig und geht deshalb nicht mit einer großen Anzahl. Man hätte auch wenig davon, wenn man mit riesigem Geldaufwand hunderte von Kindern im Detail untersucht, denn die allgemeinen Prozesse der Wahrnehmung und Verarbeitung kann man beispielhaft an einzelnen Kindern beschreiben. Die persönlichen Prozesse aber sind so unterschiedlich, daß sie bei jedem Kind wieder anders sind. Will man aus der Forschung praktischen Nutzen, zum Beispiel für die Erziehung, ziehen, so wird man sich das exemplarisch untersuchte Kind ansehen und sich fragen: Was ist bei meinem Kind gleich, was anders, und wie muß ich mein erzieherisches Handeln darauf beziehen?

Auf den dargestellten Annahmen basiert auch die Methoden-Konkretisierung in unserer Untersuchung. Ihre Grundlage ist die Auffassung, daß Medienhandeln grundsätzlich soziales Handeln darstellt. Das heißt, Rezeptionsprozesse sind als soziale Handlungen zu begreifen, die, in die Routinen alltäglicher Lebensbewältigung eingebettet, von deren Bedingungen motiviert sind und wieder auf sie zurückwirken. Medienhandeln ist in seinem Sinn deshalb nur zu erschließen, wenn die Handlungsbedingungen und -gründe in die Analyse einbezogen werden. Dem äußeren Kontext von Medienhandeln wird also konstituierende Bedeutung beigemessen. Das bedeutete für uns, daß auf keiner Verfahrensebene nur nach der Rezeption von Fernsehinhalten gefragt werden konnte, sondern immer auch nach den sie einbettenden alltäglichen Bedingungen.

Aber die meisten Menschen glauben an die große Zahl. Umgeben von Statistiken können sie sich nur das als exakte Wissenschaft vorstellen, was sich in Prozenträngen ausdrücken läßt. Auch wir standen der Argumentation gegenüber, daß man mit einigen wenigen Kindern doch keine allgemeinen Aussagen über Medien und ihre Verarbeitung machen kann, auch oder vielleicht gerade wenn man intensiv mit ihnen zusammenarbeitet. Wir wurden gebeten, die Aussagen, die sich über eine große Zahl von Kindern machen lassen, auch an einer größeren Zahl, nämlich einhundert Kindern, zu erfassen.

Für die Untersuchung der Rezeption und Verarbeitung von Fernsehinhalten durch Kinder ergaben sich daraus drei Blickwinkel, die eingebracht und aufeinander bezogen werden mußten:

Der Blick auf den kindlichen Medienkonsum im Trend

Um herauszufinden, ob denn das, was die verstehenden Methoden bei jener kleinen Zahl von Kindern, mit denen wir intensiv zusammenarbeiten konnten, an Erkenntnissen ergeben, zumindest im Trend mit dem übereinstimmt, was eine größere Zahl Hamburger Kinder aussagt, hatten wir uns hier einen Überblick zu verschaffen, indem wir einhundert Kinder befragten. Wir hatten darauf zu sehen, welche Vorlieben die Kinder im Durchschnitt haben, wie sie diese Vorlieben erläutern und begründen, und ob sie in einem Zusammenhang mit ihrem Lebensumfeld stehen.

Der Blick auf den Nutzen

Das Ziel unserer Untersuchung, die Wahrnehmungs- und Verarbeitungsweisen der Kinder herauszufinden, um Aussagen machen zu können, die auf eine Verbesserung der Praxis rückwirken, gebot es, hier den Blick auf den pädagogischen Nutzen und auf die Kinder selbst zu richten. Die Kinder sind ja einerseits diejenigen, die uns die Einsichten über die Wahrnehmung und Verarbeitung der Medieninhalte geben, und andererseits auch diejenigen, die - sollte unsere Absicht, pädagogisches Handeln und das Programmangebot zu verbessern, realisierbar sein - mit den Ergebnissen der Forschung wiederum direkt konfrontiert sind. In einen Forschungsprozeß, der auf pädagogisches Handeln abzielt, müssen deshalb auch pädagogische Methoden integriert werden, also Methoden, die den Beteiligten Reflexionen und Bewertungen ermöglichen. Damit aber Kinder zum Nach- und Überdenken angeregt werden, muß man ihre Motivation wecken, und was motiviert Kinder mehr, als die Möglichkeit, all ihre Fähigkeiten spielerisch zu entwickeln. Methoden, die Verständnis initiieren und Verstehen ermöglichen, müssen den Adressaten, also in unserem Fall den 8-13jährigen Jungen und Mädchen, Spaß machen.

Eine Erzieherin zum Erhebungsnachmittag

"Ich war ganz schön kaputt gestern abend, muß ich ja ehrlich sagen. Aber es hat mich auch nicht losgelassen. Zum Beispiel Jürgen, der zieht sich sonst immer zurück und macht eigentlich bei nichts mit. Und gestern, da war er die ganze Zeit dabei, und daß er auch noch vorgespielt hat, das hätte ich nie gedacht!" So das Erstaunen einer Erzieherin, die am Tag zuvor zweieinhalb Stunden die Erhebung in ihrer Kindertagesstätte miterlebt und mitgemacht hat.

Den Forschungsprozeß so zu gestalten, daß nicht nur wir unsere Daten, sondern die Kinder auch ihren Spaß finden konnten, bedeutete, in die Erhebungsmethoden einige pädagogische Phantasie zu investieren.

Der Blick auf die Inhalte des Fernsehens

Da unsere Fragestellung auf die Wahrnehmung und Verarbeitung medialer Inhalte gerichtet ist, ist es schließlich unerläßlich, auch die Programminhalte selbst anzusehen. Ein Zusammenhang zwischen medialen Angeboten und dem kindlichen Umgang mit diesen läßt sich nur dann herstellen, wenn wir wissen und beurteilen können, was die Kinder gesehen haben. Ich kann wenig Aussagen über kindliche Wahrnehmung und Verarbeitung von Fernsehinhalten machen, wenn ich die Sendungen nicht kenne, von denen die Kinder reden und beeinflußt werden. Wenn sich ForscherInnen und Kinder über die Programmangebote des Fernsehens verständigen wollen, so setzt dies die gleiche Ausgangsbasis voraus, nämlich die Kenntnis des Programms. Und wenn die ForscherInnen nachvollziehen wollen, welche Details des Programms die Kinder in besonderer Weise beeindrucken, wenn sie die einzelnen Aussagen in Bezug zum Angebot setzen wollen, so macht dies auch die Analyse der Programminhalte notwendig.

2. Die Medienwelt der Kinder tut sich auf - Die Methoden der Erhebung

Verstehendes Forschen kann man vergleichen mit dem Kennenlernen einer Stadt. Wenn ich zum ersten Mal da bin, dann schaue ich mir möglichst viel an, schaffe mir einen Überblick über die Stadt und ihre Viertel. Dann beginnen mich Details zu interessieren. Ich spaziere durch die einzelnen Viertel und fange an, diese miteinander zu vergleichen.

Ich ahne nun, daß diese Stadt eine Menge Gemeinsamkeiten, aber auch viele Unterschiede hat. Jetzt gehe ich an bestimmte Orte, die mir typisch erscheinen, ich nehme sie genau in Augenschein und ich suche Kontakt mit den Menschen an diesen Orten. Schließlich komme ich an bestimmte Orte, Plätze, Gaststätten, Geschäfte, Kulturstätten immer wieder zurück, sehe häufig die gleichen Menschen, tausche mich mit ihnen aus und beginne mit ihnen und der Stadt zu leben. Nun weiß ich, daß ich die Stadt kenne.

Der Entdecker einer Stadt, dem sich allmählich auftut, daß das Meer an Häusern in Wirklichkeit ein eigener, lebender und sich wandelnder Organismus ist, bewegt sich Schritt für Schritt vom Großen, in Straßen und Plätzen Wohlgeordneten, aber noch sehr Unverständlichen in das Kleine, Lebendige, das Eigentliche und Typische der Stadt. Einen ähnlichen Weg sind wir bei der Erforschung der kindlichen Wahrnehmung und Verarbeitung von Fernsehinhalten gegangen. Wir haben erst das Gesamte aufgenommen und sind über weitere Schritte bis hin zum Exemplarischen gelangt. Dieser Weg soll anhand der verwendeten Methoden nachvollzogen werden.

Erhebungsmethoden im Überblick

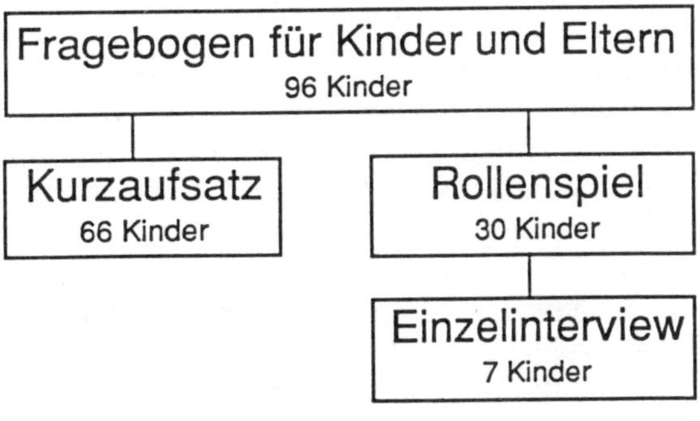

Jedes Kind konnte sich auf zwei Methodenebenen äußern, die Einzelfallkinder auf drei.

2.1 Der Fragebogen

Mit den Fragebögen für Kinder und Eltern wollten wir uns einen Überblick verschaffen, Erscheinungen erfassen und erste Informationen über die 96 Kinder, die ihn ausgefüllt haben, gewinnen.

WAS ICH MIR IM FERNSEHEN ANSEHE:

14) Ich sehe fern:

	oft	selten	nie
am Vormittag	❒	❒	❒
am Nachmittag	❒	❒	❒
zwischen 17.30 und 20 Uhr	❒	❒	❒
nach 20 Uhr	❒	❒	❒
nach 22 Uhr	❒	❒	❒

(Auszug aus dem Kinderfragebogen)

Über den Kinderfragebogen erfuhren wir z.B., welche Programme und Sendungen die Kinder kennen und mögen, was sie am Wochenende gesehen haben, warum ihnen manches gefällt und manches nicht. Das gibt uns einen ersten Einblick in ihre Fernsehvorlieben. Da die Kinder zwischen verschiedenen Antworten wählen und an einigen Stellen auch selbst kurze Begründungen schreiben konnten, erhalten wir auch erste Hinweise auf Gründe für ihre Vorlieben.
Wir erfuhren weiter, wann, mit wem und aus welchen Motiven sie fernsehen, mit wem sie über das Fernsehen reden und was sie tun, wenn's ganz spannend wird. So erhalten wir Einblick in die Fernsehgewohnheiten der Kinder und erste Hinweise auf ihre Umgangsweisen mit Fernsehinhalten.
Wir erfuhren aber auch etwas über die Kinder selbst, ihr Alter, ihr Geschlecht, und welche Schule sie besuchen, über ihre Familie, ob sie bei nur einem Elternteil wohnen und wieviele Geschwister sie haben, und über ihre Wohnumgebung. Über den persönlichen und sozialen Hintergrund der Kinder gaben uns zusätzlich die Antworten der Eltern genaueren Aufschluß. Aus dem Elternfragebogen erfuhren wir - zumindest teilweise - auch die Meinung der Eltern zum Fernsehen, z.B. welche Sendungen sie für ihr Kind gut oder schlecht finden. Damit bekommen wir einen ersten Eindruck von den Lebensbedingungen der Kinder.

2.2 Die Kurzaufsätze

In den Kurzaufsätzen, die von 66 Kindern in 3 Schulklassen (4. Klasse Grundschule, 6. Klasse Gesamtschule und 7. Klasse Gymnasium) geschrieben wurden, wurden einige Fragenbereiche aus dem Kinderfragebogen nochmals aufgenommen. Wir wollten hierüber Argumente und Begründungen der Kinder selbst und in ihren eigenen Worten bekommen. Wir haben die Kinder zur Beantwortung dieser Fragen mit einer kurzen Geschichte angeregt:

Du wachst morgens auf und neben Deinem Bett sitzt ein seltsames Wesen. "Ich heiße Wok", sagt das Wesen, "und ich komme vom Planeten Borg".

Wok will sich mit Dir über das Fernsehen auf der Erde unterhalten. Was ein Fernseher ist, weiß er, denn solche Geräte gibt es auch auf Borg. Allerdings kann er dort nur Wetterberichte und die Flugbahnen von Ufos sehen. Aber Filme, Cartoons und Serien, das gibt es im Fernsehen auf Borg nicht.
Wok ist deshalb sehr neugierig. Er will wissen, wie das mit dem Fernsehen auf der Erde ist, was Du Dir ansiehst und was Dir daran gefällt. Am liebsten möchte er sich auch ein paar Sendungen mit nach Borg nehmen und dazu will er Tips von Dir haben. Er löchert Dich mit Fragen und will alles ganz genau wissen.

(Auszug aus der Vorlage für die Kurzaufsätze)

Der Außerirdische 'Wok' war die Figur, die die jüngeren Kinder aus Grund- und Gesamtschule zum Schreiben animieren sollte, bei den älte-

ren Gymnasiasten war es 'Agathe', eine Zeitreisende aus dem 19. Jahrhundert. Beide haben aufgrund ihrer Herkunft von unserem heutigen Fernsehen keine Ahnung und stellen den Kindern die Fragen, die sie in kurzen Aufsätzen beantworten sollen.
Über die Kurzaufsätze haben wir noch einmal etwas darüber erfahren, welche Sendungen die Kinder am Wochenende gesehen haben, aber auch welche Sendungen sie besonders gern mögen und was ihnen daran gefällt, welche Protagonisten sie besonders beeindrucken und warum, und wie die Entscheidung für bestimmte Sendungen in der Familie fällt. In den Worten der Kinder erhalten wir so einige Aufschlüsse über Hintergründe für Sendungsvorlieben und Rezeptionsweisen.
Nur, das müssen wir selbstkritisch anmerken, der Aufsatz ist nicht die beste Methode, Schulkinder zur Reflexion zu motivieren. Vom Schulaufsatz und den engen Vorgaben geprägt, die im Schulalltag die Phantasie eher beschneiden als beflügeln, konnten die Kinder sich auch mit unseren Aufsatzthemen nicht so recht anfreunden und einige erledigten ihre Pflicht so schnell und kurz wie möglich, was den Informationswert für uns natürlich beschränkte.

Rückmeldungen der LehrerInnen

Allerdings hatten die LehrerInnen etwas davon: Erstaunen, weil die Kinder *"einen Heidenspaß hatten"*, sich in der Schule mit etwas beschäftigen zu dürfen, das zu ihrem Alltag gehört. Einsichten, nämlich daß Medienpädagogik als Unterrichtsthema durchaus brauchbar und machbar ist. Und auch zusätzliche Arbeit, weil die Eltern durch die Aktivitäten ihrer Kinder aufmerksam geworden, nun Interesse an medienpädagogischen Fragen und Informationsbedarf entwickelten, was in Elternabenden befriedigt werden mußte.

2.3 Das Rollenspiel

In den Kindertagestätten siedelten wir die aufwendigste Erhebungsmethode an, das Rollenspiel, das eigentlich aus drei Teilen bestand:

Der Erstellung einer **Wandzeitung**, in der die Kinder Sendungen, die sie gesehen hatten, aufschreiben und mit Hilfe von 'Schlumpf-Aufklebern', die all das repräsentieren, was Kinder im Fernsehen mögen und nicht mögen, bewerten konnten. Die Sendung, die sie am besten fanden, konnten sie zusätzlich mit einem 'Joker' auszeichnen.

Dem **Theater-Rate-Spiel** (vgl. Kapitel 3), in dem jedes Kind einen Fernsehhelden seiner Wahl in einer alltäglichen Situation (auszuwählen aus 14 Vorgaben) spielen konnte. Die anderen Kinder mußten raten, wer und was dargestellt wurden.

③	⑭
Du bist ________________	Du bist ________________
Es ist große Pause in der Schule.	In Deiner Gruppe gibt es Streit.

Dem **Reporterspiel**, in dem unsere BeobachterInnen in bekannter Hörfunk- und Fernsehmanier den Kindern ein Mikrofon unter die Nase hielten und sie zu der soeben von ihnen gespielten Rolle interviewten. Das ganze Rollenspiel wurde von zwei MitarbeiterInnen beobachtet und auf Video aufgezeichnet. Das machte den Kindern Spaß, denn sie konnten sich hinterher nochmal selbst sehen und es war fast wie im Fernsehen. Uns gab es die Möglichkeit, Bild und Ton detailliert zu analysieren und auch das in unsere Interpretation einzubeziehen, was wir im Trubel mit den Kindern vergessen oder übersehen hatten.

Mit diesen Rollenspielen, die in fünf Kindertagesstätten in verschiedenen Hamburger Stadtteilen durchgeführt wurden, wollten wir in die Tiefe gehende Informationen sammeln, detaillierte Beschreibungen und Bewertungen zu Sendungen und Protagonisten, Begründungen für Vorlieben und Alltagsbezüge der Kinder.

Die Erhebungssituation aus dem Blickwinkel einer Forscherin

Sechs Kinder - drei Mädchen, drei Jungen - kommen in den Raum. Das erste Interesse gilt der Kamera. Selbstbewußt postiert sich Pamela direkt davor: *"Hallo Helga, hallo Sabine"* - die Kinder wissen unsere Namen, wir tragen sie ebenso wie sie selbst auf Schildchen an der Jacke. Nun begrüßen uns alle wild durcheinander und wir unsererseits begrüßen die Kinder mit ihren Namen.
Dann geht's los. Die Erzieherin hält sechs Packen farbige Karten in der Hand. *"Ich will rot"*, *"ich nehm gelb"*, jedes Kind bekommt 10 große Kartei-Karten in 'seiner' Farbe. Darauf sollen sie alle Sendungstitel schreiben, die sie am Wochenende gesehen haben und an die sie sich erinnern. *"Schreibt so, wie Ihr es könnt. Die finden schon raus, was Ihr meint"*, ermuntert die Erzieherin. Die Jungs verziehen sich an einen Tisch in der Ecke, zwei Mädchen besetzen einen anderen Tisch, ein Mädchen kauert sich auf die Fensterbank. Sie schreiben drauf los, reden miteinander *"Hast Du das auch gesehen? Thomas Crown, das war mit so'ner Frau"*. *"Wie schreibt man Knight Rider?"*. Wir schreiben auch, obwohl die Kamera läuft, denn wir wollen möglichst viel mitkriegen von den Interaktionen der Kinder. *"Ich bin fertig"*, ruft Edith stolz, und auch die anderen haben ihre Karten bald beschrieben.
Nun kommen die Schlümpfe. Die Erzieherin erklärt, was mit ihnen zu tun ist, und zeigt die einzelnen Schlümpfe auf großen Karten: *"Jetzt bekommt Ihr einen Bogen mit Abziehbildern von Schlümpfen, damit sollt ihr die Sendungen bewerten, die ihr aufgeschrieben habt. Wenn Ihr etwas ganz komisch findet, dann nehmt ihr diesen Schlumpf, das ist der 'Lachschlumpf', und klebt ihn auf die Karte. Wenn etwas gruselig und unheimlich war oder Ihr sogar ein bißchen Angst hattet, dann nehmt ihr den 'Zitterschlumpf'. Und die Sendung, die Ihr am allerbesten findet, da klebt Ihr den 'Joker' drauf, das ist der Schlumpf mit der Krone. Ihr könnt auch zwei oder mehr Schlümpfe aufkleben, z.B. wenn eine Sendung zum Lachen war und zwischendrin mal gruselig"*. *"Guck mal wie süß, nein die klebe ich nicht auf, die will ich behalten!"* Özlem, eine kleine Türkin, ist erst bereit, ihre Schlümpfe aufzukleben, nachdem ich ihr verspreche, daß sie von jedem Schlumpf nachher ein Bildchen von mir bekommt. *"Ich kann nicht eine Sendung am besten finden, ich brauch noch mehr Joker"*. *"Joker gibt's nur einen"*, erklärt die Erzieherin, *"da mußt Du Dich entscheiden"*. *"Dann kleb ich ihn über vier Karten, weil die find ich alle am besten!"*. Es geht lebhaft zu. Einige Kinder kleben ihre fertigen Karten schon an die Wand. Andere schwanken noch, welche Sendung nun den Joker bekommt oder ob sie den Zitter- oder den Actionschlumpf nehmen sollen.

"Das lief doch gar nicht am Wochenende! Das gibt's Dienstags".

"Ist aber ganz toll". Als alle Karten an der Wand kleben, gibt's Debatten. Die Erzieherin hat alle Hände voll zu tun. Und ich hoffe, daß der Strom nicht ausfällt und das Video was wird. Sechs Kinder gleichzeitig beobachten, ihre Interaktionen möglichst genau festhalten und auch noch besonderes Augenmerk auf die Einzelfallkinder richten - da schwirrt der Kopf. Und es wird noch härter. Denn nun erzählen die Kinder etwas zu den Sendungen, die sie aufgeschrieben haben. *"Du hast da einen Zitterschlumpf hingeklebt. Ist das eine gruselige Sendung?"* fragt die Erzieherin Özlem. *"Ja, das ist so'n Gruselfilm"*. *"Das ist kein Gruselfilm!"*, empört sich David, *"der ist ganz normal, überhaupt nicht zum Gruseln"*. *"Doch, das ist ganz gruselig"*, beharrt Özlem, *"das ist mit Geistern und so"*.

Zwischen zwei und zweieinhalb Stunden dauert die Erhebung in den Kindertagesstätten. Im Anschluß an diese Wandzeitung spielen die Kinder kleine Szenen: Da rettet 'MacGyver' in bekannter Manier 'in der U-Bahn' die Fahrgäste vor einer Bombe, die ein verrückter U-Bahn-Fahrer ins Abteil geworfen hat. 'Hefti-Schlumpf' klaut einer alten Dame 'in der U-Bahn' die Handtasche, 'Teddy-Monster' ärgert seinen Vater, indem er den Müll rumschmeißt, und 'Jackie Chan' löst seinen 'Ärger auf der Straße' souverän mit Karate. Beim Raten kommt Begeisterung auf: *"Ganz klar, original Teddy-Monster"*, freut sich Jürgen, als er die von Pamela gespielte Figur erkennt. Aber auch Kritik wird geäußert: *"Das konnte man gar nicht raten, so hättest Du das spielen müssen"*. Pamela drängt kurzerhand David zur Seite und zeigt, wie man Indiana Jones richtig darstellen muß.

Die Kinder sind bei der Sache, in allen fünf Kindertagesstätten wird das Programm vollständig absolviert. Erschöpft sind die ErzieherInnen und wir, die Kinder nicht die Spur. *"Willst Du mich noch was fragen?"*, Pamela kommt aus dem Waschraum, ihre blaue Farbe ist nicht ganz abgegangen. *"Oder soll ich Dir noch ein Bild malen?"*, sie malt schon, bevor ich antworten kann und schreibt in wunderschönen Schnörkeln ihren Namen drunter. *"Machen wir das morgen wieder?"*, Jürgen fragt das leise und schüchtern. *"Hat es Spaß gemacht?"* *"Na ja, war mal was ganz anderes"*.

Durch die verschiedenen methodischen Bestandteile des Rollenspiels erfahren wir viel über die 30 Kinder, die daran teilnehmen, erhalten eine Fülle von wörtlichen Schilderungen und Bewertungen zu Sendungen, erfahren, welche Figuren sie warum besonders schätzen, welche Merkmale dieser Figuren ihnen im Gedächtnis sind, wie sie diese spielerisch umsetzen und in welchen Zusammenhang mit ihnen bekannten Situationen sie diese stellen. Außerdem erhalten wir Hinweise darauf, wie sie nicht nur in ihren Gedanken, sondern auch in ihrem Handeln ihre Fernseherlebnisse verarbeiten. Wir sehen, wie sie agieren, ihre Mimik und Gestik, hören, wie sie reden, merken, bei welchen Sendungen sie aufgeregt und betroffen werden, bekommen mit, wie sie miteinander umgehen, und vieles mehr. Wir lernen die Kinder kennen, können mit ihren Äußerungen konkrete Personen verbinden.

2.4 Das Einzelinterview

Mit sieben Kindern aus den Kindertagesstätten führten wir am folgenden Tag Einzelinterviews durch. Ausgewählt wurden diese sieben Kinder (eigentlich 14, da wir für jedes Einzelfallkind vorsichtshalber noch einen Ersatz bestimmt hatten) aufgrund von Angaben der ErzieherInnen zu allen 30 Kindern. Die sieben Kinder sind typisch in Bezug auf Alter, Geschlecht, Nationalität, Milieu und Fernsehverhalten. Da gibt es z.B. ein Mädchen, das - nach Ansicht der Erzieherin - viel sieht oder den türkischen Jungen, der harte Actionfilme bevorzugt. Typisch sind sie für bestimmte Annahmen über Fernsehverhalten, aber untereinander sind sie sehr verschieden. Bei der Auswertung sind es dann aber nur noch sechs Kinder, denn ein Mädchen ist auch noch typisch für diejenigen, die sich nichts trauen und zutrauen. Im Rollenspiel sagt und macht es nur das, was die anderen Kinder ihm vorgeben und beim Interview gelingt es dem Interviewer nicht, sein Vertrauen zu gewinnen. Für solche Fälle hilft auch die ausführliche Schulung der InterviewerInnen und ein präziser Leitfaden nicht, der sogar die Probleme eines Bayern in Hamburg thematisiert.

...

- **Der bayerische Dialekt ist zu vermeiden!!!**
- Die Fragen sollen so gestellt werden, daß nicht zuviele Antwortmöglichkeiten vorgegeben werden. ...
- Zur Anregung und Unterstützung von Erzählphasen, von symbolischen Repräsentationen und von unbewußten Eindrücken können auch je nach Möglichkeit assoziative Verfahrensweisen eingesetzt werden; z.B. kleine Geschichten bzw. Situationsschilderungen ("Stell' dir mal vor, ..."), Bilder zeigen oder malen lassen, Situation vorspielen lassen (z.B. Fernsehrezeptionssituation in der Familie darstellen), Geschichte erzählen und ab einer bestimmten Stelle weitererzählen lassen ... .

(Auszug aus dem Interviewleitfaden)

Die Leitfragen für das Interview waren in fünf Blöcke gegliedert. Den Einstieg fanden wir über die Rollenspiele vom vorherigen Tag, an die sich die Kinder noch gut erinnerten. Die Kinder kamen hierbei meist selbst auf ihre Fernsehvorlieben, schilderten, warum sie etwas besonders gut finden oder was sie an anderen Sendungen stört. Wir fragten die Kinder weiterhin nach den Verarbeitungsweisen, danach, was sie mit den Fernsehinhalten machen, ließen uns all das schildern, was um das Fernsehen herum geschieht.

Block 4a): *Kontext der Fernsehnutzung, -verarbeitung, -umgang*

---

a) **Hast du einen eigenen Fernseher?**
Kannst du mir mal das Zimmer, in dem der Fernseher steht, aufzeichnen/beschreiben und schildern/vorspielen/zeigen, was so alles abläuft, wenn du fernsiehst (alleine/mit Familie/ mit Freunden).
b) *- Wer ist beim Fernsehen dabei? Mit wem schaust du am liebsten, warum; mit wem nicht so gern, warum?*

(Auszug aus dem Interviewleitfaden)

Wir unterhielten uns mit den Kindern auch über ihre Freizeit, ließen uns erzählen, was sie außer Fernsehen noch gerne tun.

Mit den Einzelinterviews wollten wir den gesamten Kontext von Fernsehrezeption, -wahrnehmung, -beurteilung und -verarbeitung eruieren, an den sechs beispielhaften Kindern. Über die Einzelinterviews erhalten wir nicht nur in die Tiefe gehende Informationen zu allen Bereichen unserer Untersuchung, wir finden auch Erklärungen für bestimmte Präferenzen, Wahrnehmungs- und Verarbeitungsformen. Da wir von diesen sechs Kindern zusätzlich die Beobachtung aus den Rollenspielen und die Fragebögen haben, sind sie am Ende der Erhebung gute Bekannte für uns.

3. Was die Äußerungen der Kinder anregt - Die Programmbeschreibung

Fernsehen ist eine der Hauptbeschäftigungen von Kindern und sie sind Fachleute: *"Wir gucken besser fernsehen ... mehr, mein ich so mit besser"*, behauptet der 9jährige Mark und deutet damit an, daß sie das Fernsehen ganz genau kennen. Das zeigt auch die Menge der Sendungen, die die Kinder uns in der Untersuchung nannten. Die Versiertheit

der Kinder in Sachen Fernsehen stellt ForscherInnen durchaus vor ein Problem: Zu den Zeiten, zu denen die Kinder vor dem Apparat sitzen, arbeiten wir an unseren Schreibtischen. Um mit ihnen reden zu können und ihr Fernsehverhalten und ihre -verarbeitung zu verstehen, mußten wir uns also fachkundig machen. Dies geschah auf mehrere Arten: Wir konsumierten das gesamte am Wochenende in Hamburg empfangbare Programm und zeichneten es auf Video auf. Um Ausfällen durch technische Defekte vorzubeugen, wurde das gesamte Programm in München parallel aufgezeichnet.
Wenn man das Vorgehen so schildert, dann sieht es recht einfach aus, aber ganz so war es nicht. Der **Wochenendfernsehmarathon** war eine harte Prüfung. Die gesamte aus München angereiste Truppe hatte sich in einer Hamburger Tagungsstätte einquartiert. In jedem Zimmer stand ein Fernseh- und ein Videogerät. Von Samstag früh um acht Uhr bis Sonntag um Mitternacht saßen alle in ihren Zimmern, switchten durch alle Programme und zeichneten jeweils eines auf. Zugleich zeichnete eine Hamburger Kollegin, die Kabelfernsehen empfangen kann, PRO 7 auf. Auf diese Weise hatten wir am Montag noch mehr ferngesehen als die Kinder und am eigenen Leib erfahren, was Fernsehen bedeuten kann. Aber wir waren auf dem Laufenden und das kam uns bei den Rollenspielen sehr zugute.

Der Fernsehmarathon aus dem Blick eines Forschers

Am Samstagabend fing es an. Es war vereinbart, daß wir zu getrennten Zeiten Abendessen, damit wir möglichst wenig vom Programm verpassen. Um sieben jedoch saßen alle sechs in der Halle. *"Ich brauch' jemand, mit dem ich reden kann"*; *"das nervt ganz schön, dauernd vor dieser Glotze zu hängen"*. So und ähnlich lauteten die zaghaften Begründungen für die vorsätzliche Regelverletzung. In der nächsten Dreiviertelstunde bis zur Primetime wurde kein Wort mehr über das Fernsehen geredet, sondern schöngeistige Unterhaltung gepflegt. Kurz vor acht verschwanden alle wieder, um die Nacht mit ihrem Fernseher zu verbringen.
Am Sonntag morgen spitzte sich die Situation zu. Am Samstag hatte es geregnet und es war trübe, genau das Wetter, das Münchner in Hamburg erwarten. Aber nun strahlte die Sonne und eine Brise blies über die Stadt. Das gibt es nur hier, und es muß jeden verlocken an Elbe oder Alster spazieren zu gehen. Um zwölf dann meldete sich die erste ab. *"Ich muß fünf Minuten an die frische Luft"*. Innerhalb einer Stunde brauchten alle ihre fünf Minuten und dann begannen bei den Zimmerbesuchen die ersten 'theoretischen' Diskussionen: Man brauche doch eigentlich nur das zu kennen, was

zu den Hauptsehzeiten der Kinder laufe, also könne man ruhig über die Mittagszeit abschalten. Es genüge doch, wenn einige ständig switchen und den anderen Bericht erstatten würden. Der Verfechter des letzgenannten Arguments hatte vergessen, daß wir alle am Montag in verschiedenen Kinderstagesstätten sein und deshalb auch alle über das gesamte Programm informiert sein mußten.
Um vierzehn Uhr beschlossen wir, unsere Gesundheit über die Wissenschaft zu stellen und fuhren nach Ovelgönne, wanderten an der Elbe entlang und tollten herum wie die Kinder, die dort mit ihren Eltern spazierten. Der Rat, den wir als MedienpädagogInnen schon so oft Eltern gegeben hatten, die Kinder vom Fernseher weg ins Freie zu schicken, und der uns immer etwas simpel erschienen war, dünkte uns jetzt als einer unserer besten. Bis in die Nacht hielten wir es noch vor dem Fernseher aus, um mit dem Aufseufzer *"Nie wieder"* bei einem Mitternachtsbier das Flimmern vor den Augen zu vertreiben.

Aus der Programmaufzeichnung erfaßten wir alle Sendungen, die zu kinderrelevanten Zeiten liefen. Diese wurden beschrieben und inhaltlich analysiert. Von Sendungen, die uns die Kinder genannt hatten, die wir aber, weil sie zeitlich weiter zurück lagen, nicht aufgezeichnet hatten, besorgten wir uns Aufzeichnungen und beschrieben sie ebenfalls. Mit diesen Beschreibungen konnten wir die von den Kindern genannten Sendungen identifizieren und ihre Schilderungen von Einzelszenen in Bezug zu den Inhalten der Gesamtsendungen setzen.

Das **Auffinden von Medienspuren**, von Sendungen und einzelnen Szenen, war teilweise ein fast kriminalistischer Vorgang, denn die Kinder machten es uns nicht leicht. Sie nannten oft die Namen von Protagonisten, nicht die von Sendungen. In einem ersten Schritt mußten wir dann die Namen und in einem zweiten die Sendungen herausfinden. Da das Fernsehen ein audiovisuelles und kein literarisches Medium ist, prägen die Kinder sich diese Namen phonetisch ein, was dazu führte, daß wir mit den abenteuerlichsten Schreibweisen konfrontiert waren: Wer weiß schon auf Anhieb, daß *"bewach"* 'Baywatch' bedeutet, daß sich hinter *"bie retuns schweme"* die 'Die Rettungsschwimmer' aus Baywatch verbergen, oder daß *"Laun wensche"* den 'Lone Ranger' und *"Fashen of Wear"* die 'Fashion Affairs' meint. Trotzdem gelang es uns - zum Teil mit Unterstützung unserer eigenen Kinder -, fast 100% aller Nennungen zu identifizieren und die wichtigsten Sendungen zu sichten und zu beschreiben.

4. Wir beginnen die Medienwelt der Kinder zu verstehen - Die Auswertung

Zur Veranschaulichung des Vorgehens bei der Auswertung läßt sich das Bild von der Stadt nochmals aufnehmen. Zu einer ersten Orientierung und zur Verortung der entdeckten Besonderheiten nutzt der Spaziergänger einen Plan, die - mehr oder minder - exakte Abbildung der Oberfläche der Stadt. Der Plan führt ihn, wenn er Verbindungen zwischen den Stadtteilen sucht, er hilft ihm, wenn er seinen momentanen Standort in Bezug zum Ganzen setzen will oder wenn er die Richtung sucht, in die er sich weiter fortbewegt. Wenn er dann tiefer in den Organismus Stadt eindringt und etwas über den Stadtteil, ein Gebäude, einen Park wissen möchte, dann wird er sich an Fachkundige wenden, an Literatur oder besser noch an Menschen, die ihm helfen, die Dinge, die er sieht, zu verstehen und einzuordnen. Er wird umso mehr erfahren, je mehr Fachkunde er heranzieht. Und dann, wenn er sich an das Wesen Stadt heranwagt, wenn er das Typische der Stadt und ihrer Menschen herausfinden will, dann wird er sich bei vielen Menschen, die gleich ihm in die Stadt hineingewachsen sind, erkundigen, wird Interpretationen formulieren, diese diskutieren, anderen Interpretationen begegnen, am Gesicht der Stadt deren Berechtigung überprüfen, seine Interpretation differenzieren ... Das tut er so lange, bis er sich sicher ist, nun kennt er seine Stadt, er kann sie beurteilen und kann dies anderen mitteilen und es begründen.

Der Stadtplan unserer Auswertung ergab sich aus dem mit den verschiedenen Methoden erfaßten Datenmaterial. Zunächst wurden alle statistisch verarbeitbaren Daten eingegeben: Die persönlichen Daten der Kinder, ihr familiäres und soziales Umfeld[10], ihre Aussagen zu Sehgewohnheiten und -bedingungen usw. Alle von den Kindern genannten Sendungen aus Fragebögen, Aufsätzen und Rollenspiel wurden ebenso wie die Angebote des Wochenendprogramms mittels einer Genre-Einteilung (vgl. Kapitel 1) geordnet und erfaßt. Die Beziehung dieser Datenebenen vermittelte uns Aufschlüsse darüber, welche Kinder unterschiedlichen Alters und Geschlechts und aus unterschiedlichen Lebens-

[10] Es sei nicht verschwiegen, daß uns v.a. die Ordnung der sozialen Umfelddaten einiges Kopfzerbrechen bereitete, womit wir aber derzeit kaum alleine stehen, denn es gibt keine brauchbare Strukturierung von Sozialdaten. Unser Versuch, das klassische, aber nicht mehr tragfähige Schichtenmodell aufzulösen, und statt dessen ein familiäres Anregungsmilieu über die Schulbildung und Berufsstellung der Eltern, und ein soziales Anregungsmilieu über die Wohnumfeldbedingungen zu bestimmen, löst nicht alle Probleme und erfordet einigen Aufwand in der Konstruktion.

zusammenhängen welche Arten von Programmangeboten kennen und bevorzugen.

Alle Aussagen, die die Kinder zu Sendungen gemacht hatten, wurden mit Hilfe von Bewertungskategorien (vgl. Kapitel 1), in die auch die 'Bewertungsschlümpfe' aus den Rollenspielen integriert waren, gebündelt. Ebenso wurden die von den Kindern genannten Lieblingsfiguren unter Figurentypen (vgl. Kapitel 1) zusammengefaßt. Zusätzlich wurden die Spielszenen aus den Kindertagesstätten einer genauen Analyse unterzogen. Dieser Schritt vermittelte uns die Übersicht über alle in den verschiedenen Methoden gegebenen Äußerungen, Bewertungen und Begründungen. Über die Konfrontation mit der Programmseite konnten wir hieraus analysieren, auf welche Sendungselemente Kinder ihr Augenmerk richten, worauf sie sich bei ihren Urteilen zu Sendungen und Figuren in erster Linie beziehen, womit also ihre Faszination oder Ablehnung zusammenhängt. Über die Analyse der Spielszenen erhielten wir zusätzlich erste Hinweise zur Umsetzung medialer Inhalte durch die Kinder. Speziell untersuchten wir in diesem Schritt auch, ob und welche Gewaltaspekte bei den Spitzenreitern der Sendungs- und Figurenvorlieben der Kinder aufscheinen und wie sich die Kinder auf diese beziehen.

Auf dieser Ebene der Auswertungen konnten wir schon recht genaue Aussagen darüber machen, wo die Vorlieben der Kinder liegen, worin sich die Kinder mit ihren Vorlieben unterscheiden, inwieweit Alter, Geschlecht, sozialer Hintergrund dabei eine Rolle spielen, mit welchen Argumenten die Kinder ihre Einschätzungen, ihre Vorlieben und Abneigungen begründen und welche Figurenmerkmale sie wie und in welchen Situationen umsetzen.

Welchen Einfluß jedoch all dies auf ihr alltägliches Handeln hat, und wie umgekehrt der Alltag ihre Aussagen und Begründungen strukturiert, das erfuhren wir noch nicht. Die Komplexität sozialen Handelns, auch die des medialen Handelns, das ja ein Teil des sozialen Handelns ist, die Vielfalt der Motive und Einflüsse, das komplizierte Zusammenspiel verschiedenster Faktoren, das erst Handeln und Verhalten erklärbar macht, all das konnten wir erst durch eine differenzierte Betrachtung der **Einzelfälle** herausfinden. Die Analyse all dessen, was wir von unseren sechs Kindern wußten, war allerdings auch der schwierigste Schritt der gesamten Auswertung. Wie leicht konnte es uns geschehen, daß wir im Schwange der Interpretation dem einzelnen Kind etwas unterstellten, was wir selbst gern in ihm sehen wollten. Wie leicht konnten uns unsere eigenen theoretischen Vorannahmen dazu verleiten, die Aussagen des Kindes unseren Theorien anzupassen, statt diese durch die Aussagen der Kinder zu prüfen. Um der Vielschichtigkeit der kindlichen Entäußerungen ebenso wie der Vielzahl möglicher Interpretationen gerecht zu werden, überlegten wir uns einen vielstufigen Weg der Interpretation der Einzelfälle.

Zuerst sammelten wir alles, was wir über das einzelne Kind wußten. Wir kannten das Kind aus den Fragebögen, die es selbst und seine Eltern ausgefüllt hatten. Wir hatten es bei den Rollenspielen beobachtet, alles in Bild und Ton sowie in einem Gedächtnisprotokoll aufgezeichnet. Wir hatten die ErzieherInnen über das Kind befragt und wir hatten das Kind interviewt, das Interview auf Band aufgezeichnet und ein Protokoll über unsere Beobachtungen gemacht.

Im ersten Schritt hielt die InterviewerIn alle ihre Beobachtungen und Eindrücke schriftlich fest und transkribierte die in ihren Augen zentralen Interviewpassagen.
Eine zweite AuswerterIn systematisierte sodann alle über das Kind verfügbaren Materialien unter sechs Gesichtspunkten: 1. fügte sie alles zusammen, was wir über das persönliche und soziale Umfeld, über Lebensbedingungen und Belastungen des Kindes wußten; 2. sammelte sie alle Einschätzungen des Kindes, die der ErzieherIn, der BeobachterInnen und der InterviewerIn; 3. beschrieb sie die Rezeptionsstrukturen, die Art und Weise, in der das Kind fernsieht; 4. ordnete sie die Sendungsnennungen den Bewertungen und allen sonstigen auf die Sendungen bezogenen Äußerungen des Kindes zu; 5. sammelte sie alle Hinweise zu den Verarbeitungsweisen des Kindes; und 6. stellte sie alle Aussagen und Beobachtungen zum Gewaltverständnis des Kindes zusammen. Dabei wurden die bereits transkribierten Interviewteile um weitere relevante ergänzt.

Auf der Grundlage des so geordneten Materials konnten wir im zweiten Schritt die Interpretation vornehmen. Um zu vermeiden, daß die Interpretation einseitig gerät, wurde jedes Kind von zwei jeweils wechselnden ForscherInnen interpretiert. Beide hielten das fest, was sie als sichere Annahme übereinstimmend sahen, Fragliches wurde als Einzelvotum gesondert notiert. Die Interpretation verlief dreistufig. Zuerst wurden aus der Durchsicht der vorliegenden Materialien Interpretationstendenzen formuliert. Für alle angenommenen Tendenzen suchten wir dann konkrete Belege, sei es in dem Material, das wir über das Kind hatten, sei

es in den Sendungen, auf die das Kind sich bezog. Hierbei wurde auch der Medienbezug jedes Kindes genau betrachtet. Die dem Kind wichtigsten Sendungen analysierten wir unter dem Aspekt der inhaltlichen Beurteilungsschwerpunkte. Genauso verfuhren wir mit der Figur, die das Kind im Theater-Rate-Spiel ausgewählt und dargestellt hatte. In der letzten Stufe wurden die Interpretationstendenzen als belegte Interpretationen formuliert.
Die Ergebnisse dieser Schritte wurden dann in die Gesamtgruppe getragen. Alle lasen alle Interpretationen und sichteten das diesen zugrundeliegende Material. In einem intensiven Aushandlungsprozeß wurden die endgültigen Ergebnisse festgehalten, und zwar nur solche, die allen einsichtig und mit dem vorhandenen Material zu belegen waren.

Die Interpretation selbst bezog sich auf drei inhaltliche Ebenen, die über theoretische Grundannahmen fundiert waren:

Auf der ersten Ebene wurde das **handlungsleitende Thema** jedes der sechs Kinder in seinen verschiedenen Facetten erfaßt. Die theoretische Grundannahme dazu lautete: Kinder bringen bei allen Beschäftigungen in irgendeiner Form das Thema, das sie im Moment am meisten beschäftigt, zum Ausdruck. Sie gehen auch an das Fernsehen mit dieser thematischen Voreingenommenheit heran. Spuren des handlungsleitenden Themas in seinen verschiedenen Facetten sind entsprechend auch in ihren Äußerungen zum Fernsehen zu finden. Mit Rückbezug auf den individuellen und soziokulturellen Hintergrund wird das handlungsleitende Thema in seinen Facetten belegbar.

Auf der zweiten Ebene wurde der **Gewaltbezug** bestimmt. Hier hieß die theoretische Grundannahme: Der Bezug, den ein Kind zu unterschiedlichen Formen medialer Gewaltpräsentation hat, bestimmt sich in erster Linie aus den Erfahrungen, die es in seiner alltäglichen Lebenswelt mit Gewalt macht. Das medienbezogene Gewaltverständnis ist mit dem alltagsbezogenen gekoppelt. Spuren des realen und des medialen Gewaltbezuges sind entsprechend auch in seinen Äußerungen zu medialen Gewaltpräsentationen zu finden. Der Gewaltbezug in seinen Facetten wird ebenfalls über den Rückbezug auf den individuellen und soziokulturellen Hintergrund belegbar.
Die dritte Ebene der Interpretation widmete sich der Bestimmung der allgemeinen **Verarbeitungsweisen** und der Verarbeitung von Gewaltelementen. Die theoretische Grundannahme dieser Ebene war: In die Verarbeitung von medialen (Gewalt-)Inhalten gehen das handlungsleiten-

de Thema und der Gewaltbezug als konstitutive Elemente ein, insofern sie die zentralen Bezugspunkte für Orientierungen, Wahrnehmungen und Beurteilungen benennen. Die Art der (Gewalt-)Verarbeitung läßt sich erst über das Hinzuziehen der individuellen Anlagen und der entwicklungspsychologischen und soziokulturellen Bedingungen bestimmen.

Die Auswertung der Einzelfälle ergab in der Zusammenschau detaillierte Aussagen über die Gemeinsamkeiten und die Unterschiede der Kinder, insbesondere bezüglich des Geschlechts. Aber es war nun auch möglich, an die Oberfläche der anderen Daten zurückzukehren und diese mit Erklärungen zu illustrieren und die dort nur gespiegelten Zusammenhänge in ihrer inneren Logik, in ihren Verbindungen zum sozialen Umfeld ebenso wie zu den je persönlichen Bedingungen und zum Programmangebot kenntlich und nachvollziehbar zu machen. Die Interpretation der Einzelfälle erst machte das statistische Material verständlich und gab uns darüber hinaus noch so viele Einblicke in die realen Verarbeitungsweisen realer Kinder, daß es gar nicht mehr möglich war, allen Spuren im Rahmen dieser Untersuchung nachzugehen. Die vielen spannenden Antworten, die wir fanden, stellten uns vor noch mehr spannende Fragen, die wir noch nicht beantworten können.

LITERATURHINWEISE

Für die Konzeption unserer Untersuchung erhielten wir Anregungen und Denkanstöße aus Ansätzen qualitativer Forschung und aus bereits vorliegenden Forschungsergebnissen. Die wichtigsten Grundlagen und Literaturangaben für unsere Untersuchung stellen wir hier zusammen.

Will man von Kindern etwas über ihre Fernsehwahrnehmungs- und -verarbeitungsweisen wissen, muß man Forschungsmethoden anwenden, die der kindlichen Sichtweise gerecht werden und gleichzeitig pädagogische Prozesse in Gang setzen. Bei unserer **Methodenkonzeption** bezogen wir uns u.a. auf folgende Arbeiten:

Baacke, D., Kübler, H.-D. (Hrsg.): Qualitative Medienforschung. Konzepte und Erprobungen. Tübingen 1989

Bachmair, B.: Symbolische Verarbeitung von Fernseherlebnissen in assoziativen Freiräumen. Werkstattberichte der Gesamthochschule Kassel, Fb Erziehungswissenschaft, 2 Bände. Kassel 1984

Bachmair, B., Mohn, E., Müller-Doohm, S. (Hrsg.): Qualitative Medien- und Kommunikationsforschung. Werkstattberichte der Gesamthochschule Kassel, Fb Erziehungswissenschaft. Kassel 1985

Charlton, M., Neumann, K.: Der Methodenstreit in der Medienforschung: Quantitative oder qualitative Verfahren?, in: Bohn, R. u.a. (Hrsg.): Ansichten einer künftigen Medienwissenschaft. Berlin 1988

Rogge, J.-U.: Erfahrungen mit einem am Alltagshandeln, an der Alltags- und Familienwelt orientierten medienwissenschaftlichen Vorgehen. Fragestellungen, Probleme, Gegenstandsbereiche und Perspektiven, in: Bohn, R. u.a. (Hrsg.): Ansichten einer künftigen Medienwissenschaft. Berlin 1988

Schorb, B. u.a.: Sozialisation durch (Massen-)Medien, in: Hurrelmann, K., Ulich, D. (Hrsg.): Neues Handbuch der Sozialisationsforschung. Weinheim, Basel 1991

Theunert, H., Schorb, B.: Videoproduktion mit Jugendlichen als qualitative Forschungsmethode. In: Baacke, D., Kübler, H. (Hrsg.): Qualitative Medienforschung. Konzepte und Erprobungen. Tübingen 1989

Theunert, H.: Quantitative versus qualitative Medien- und Kommunikationsforschung. Über Grundsätze, Gegensätze und Notwendigkeit der Ergänzung heutiger methodologischer Paradigmata. In: Swoboda, W., Hiegemann, S. (Hrsg.): Handbuch der Medienpädagogik. Theorie - Ansätze - Forschungsgeschichte - Perspektiven. Opladen 1991

Kinder sind in ihrer Fernsehwahrnehmung durch ihr Alltagserleben thematisch voreingenommen. Diese thematische Voreingenommenheit bestimmt sich aus ihrem **handlungsleitenden Thema**. Bei der Entwicklung unserer **Interpretationsgrundlagen** erhielten wir unter diesem Aspekt Anregungen vor allem von folgenden Autoren:

Charlton, M., Neumann, K.: Medienkonsum und Lebensbewältigung in der Familie. München, Weinheim 1986

Aufenanger, S.: Medienerfahrungen von Kindern unter geschlechtsspezifischen Aspekten. Sozialisationstheoretische Grundlagen und pädagogische Folgerungen. In: Deutsches Jugendinstitut (Hrsg.): Medien erziehung bei Vorschulkindern. München 1990

Aufenanger, S.: Kindheit als Medienkindheit am Ausgang unseres Jahrhunderts: Konformität in der Individuierung. In: Ullrich, H., Hamburger, F. (Hrsg.): Kinder am Ende ihres Jahrhunderts. Pädagogische Perspektiven. Langenau-Ulm 1991

Der medialen Gewaltwahrnehmung von Kindern liegen reale Gewalterfahrungen und ihr persönliches Gewaltverständnis zugrunde. Um Gewaltdarstellungen in den Medien und Gewaltwahrnehmung von Kindern differenziert erfassen zu können, muß darüber hinaus ein **Gewaltbegriff** angelegt werden, der physische und psychische Gewaltformen unterscheidet. Bei der Entwicklung unserer **Interpretationsgrundlagen** bezogen wir uns unter diesem Aspekt vor allem auf:

Theunert, H.: Gewalt in den Medien - Gewalt in der Realität. Gesellschaftliche Zusammenhänge und pädagogisches Handeln. Schriftenreihe des Institut Jugend Film Fernsehen. Opladen 1987

Schorb, B., Anfang, G.: Was machen "Airwolf" und "Knight Rider" mit ihren jugendlichen Zuschauern? Eine Untersuchung zweier Fernsehserien und ihre Beurteilung durch Jugendliche. In: Direktorenkonferenz der Landesmedienanstalten (DLM) (Hrsg.). Schriftenreihe der Landesmedienanstalten 1. München 1990